ESCENAS

MONTAÑESAS

JOSÉ M. DE PEREDA

DE LAS OBRAS COMPLETAS
TOMO V
MADRID
1.919

ADVERTENCIA

Ha llegado el momento de realizar el propósito anunciado en la que se estampa en el tomo I de esta colección de mis OBRAS; y le realizo incluyendo en el presente volumen los cuadros Un marino, Los bailes campestres y El fin de una raza, desglosados, con este objeto, del libro rotulado ESBOZOS Y RASGUÑOS, en el cual aparecerán, en cambio y en su día, Las visitas y ¡Cómo se miente!, que hasta ahora han formado parte de las ESCENAS MONTAÑESAS. Por lo que toca á La primera declaración y Los pastorcillos, si algún lector tiene el mal gusto de echar de menos estos capítulos en cualquiera de los dos libros, entienda que he resuelto darles eterna sepultura en el fondo de mis cartapacios, y ¡ojalá pudiera también borrarlos de la memoria de cuantos los han conocido en las anteriores ediciones de las ESCENAS!

Con este trastrueque, merced al cual ganan algo indudablemente ambas obras en unidad de pensamiento y en entonación de colorido, se hace indispensable la supresión del prólogo de mi insigne padrino literario, Trueba, el cual prólogo es un análisis de las ESCENAS, cuadro por cuadro, y en el orden mismo en que se publicaron en la primera edición; y suprimido este prólogo, claro es que debe suprimirse también el mío, que le precede en la edición de Santander y no contiene otro interés para los lectores que el engarce de unos párrafos de Menéndez y Pelayo, en los cuales se ventila á la ligera una cuestión de arte que el mismo ilustre escritor trata con la extensión debida en el estudio que va al frente del tomo I de estas OBRAS.

Y con esto, y con añadir que todos los cuadros de este libro que no lleven su fecha al pie, ó alguna advertencia que indique lo contrario, son de la edición de 1864, queda advertido cuanto tenía que advertir al público en este lugar su muy atento y obligado amigo,

J.M. DE PEREDA.
Septiembre de 1885.

ÍNDICE

SANTANDER (ANTAÑO Y OGAÑO)
EL RAQUERO
LA ROBLA
Á LAS INDIAS
LA COSTURERA (PINTADA POR SÍ MISMA)
LA NOCHE DE NAVIDAD
LA LEVA
LA PRIMAVERA
SUUM CUIQUE
EL TROVADOR
LA BUENA GLORIA
EL JÁNDALO
ARROZ Y GALLO MUERTO
EL DÍA 4 DE OCTUBRE
UN MARINO
LOS BAILES CAMPESTRES
EL FIN DE UNA RAZA

SANTANDER
(ANTAÑO Y OGAÑO)

I

Las plantas del Norte se marchitan con el sol de los trópicos.

La esclavizada raza de Mahoma se asfixia bajo el peso de la libertad europea.

El sencillo aldeano de nuestros campos, tan risueño y expansivo entre los suyos, enmudece y se apena en medio del bullicio de la ciudad.

Todo lo cual no nos priva de ensalzar las ventajas que tienen los Cármenes de Granada sobre las estepas de Rusia, ni de empeñarnos en que usen tirillas y fraque las kabilas de Anghera, y en que dejen sus tardas yuntas por las veloces locomotoras nuestros patriarcales campesinos....

Pero sí me autoriza un tanto para reirme de esas largas disertaciones encaminadas á demostrar que los nietos de Caín no supieron lo que era felicidad hasta que vinieron los fósforos al mundo, ó, mejor dicho, los fosforeros, ó como si dijéramos, los hombres de ogaño.

Y me río muy descuidado de la desdeñosa compasión con que hoy se mira á los tiempos de nuestros padres, porque éstos, en los suyos, también se reían de los de nuestros abuelos, que, asimismo, se rieron de los de sus antepasados; del mismo modo que nuestros hijos se reirán mañana de nosotros; porque, como es público y notorio, las generaciones, desde Adán, se vienen riendo las unas de las otras.

Quién hasta hoy se haya reído con más razón, es lo que aún no se ha podido averiguar y es probable que no se averigüe hasta que ría el último; pero que cada generación cree tener más derechos que ninguna otra para reirse de todas las demás, es evidente.

He dicho que el hombre se ríe de cuanto le ha antecedido en el mundo; y he dicho mal: también se ríe de lo que le sigue mientras le quedan mandíbulas que batir.

Resultado: que el hombre no halla bueno y tolerable sino aquello en que él toma parte, ó en que la toman los de su lechigada. Mientras es actor en los sucesos del siglo en que nace, todo va bien; pero desde el momento en que, gastado el eje de su vida, se constituye en mero espectador, nada es de su agrado.-Abrid la historia de las pasadas sociedades; leed al filósofo crítico más reverendo, y le veréis mientras se jacta de haber dado ensanche al patrimonio ruin de la inteligencia que heredó de sus mayores, lamentarse de los locos extravíos de la de sus hijos.

Y cuando á los nuestros entreguemos mañana el imperio del mundo, palparemos más evidente esta verdad. Una vez apoderados ellos del cetro, veréis lo que tarda nuestra generación, entonces caduca é impotente, en llamarlos dementes y desatentados; casi tan poco como en que ellos nos miren con lástima, y, alumbrados por el sol de la electricidad, se rían á nuestras encanecidas barbas de los resoplidos del vapor de nuestras locomotoras.

Y esto ¿qué significa?

Que la humanidad siempre es la misma bajo los distintos disfraces con que se va presentando en cada siglo.

Y si el lector al llegar aquí, y en uso de su derecho, me pregunta á qué conducen las anteriores perogrullescas reflexiones, le diré que ellas son lo único que saqué en limpio de mi última sesión con mi buen amigo don Pelegrín.

Don Pelegrín Tarín es un señor fechado aún más allá de la última decena del siglo XVIII, uno de esos hombres cuyo conocimiento se hace en el café con motivo de una jugada á las damas, ó la duda de una fecha, ó el relato de un episodio de la guerra de la Independencia; un señor chapado y claveteado á la antigua, y en cuyo ropaje y fachada se puede estudiar la historia civil y política de su tiempo, del mismo modo que sobre un murallón cubierto de grietas y de musgo se estudia el carácter de la época en que se construyó ... y no sé cuántas cosas más, según es fama.

La verdad es, sin que importe el cómo, que don Pelegrín se hizo amigo mío, y que raro es el día en que no me echa un párrafo de historia antigua, apenas entro en el café, su morada habitual desde las tres de la tarde hasta las ocho de la noche, y me siento en mi rincón preferido... Y ahora recuerdo que la coincidencia de buscar los dos el ángulo más apartado, á la vez que el sofá más mullido del café, dió origen á nuestro conocimiento.

Comenzó el buen señor por aburrirme muchas veces, hablándome de la guerra del francés, como él dice, y del Duque de Wellington. Hablábame también á cada paso de la política del Rey y de los puntales del Tesoro, del pingüe resultado de los gremios ... y qué sé yo de cuántas cosas más; y haciendo sus aplicaciones á las modernas doctrinas y al presente sistema administrativo, sacaba las consecuencias que le daba la gana, porque yo á todo atendía menos á contradecirle. Pero comenzó un día á hablarme del Santander de sus tiempos y de las costumbres de su juventud, y sin darme cuenta de lo que me sucedía, halléme con que me iba interesando el viejo don Pelegrín. ¿Y cómo no interesarme si es la mejor crónica del pueblo, la única tal vez que nos queda? Desde entonces estreché más mi trato con él, y di en agobiarle á preguntas. Pero el bendito señor, sea efecto de sus años ó de su carácter vehemente, tiene la costumbre de comentar todo lo que dice y de meterse á filosofar y á hacer digresiones sobre la cosa más trivial; de suerte que nunca pude obtener un cuadro exacto y bien detallado del Santander de antaño, tal como yo le quería para dársele á mis lectores, seguro de que me le agradecerían como una curiosidad. Lo más acabado que salió de su descriptivo-crítico ingenio, es lo que ustedes van á leer (si tanta honra quieren dispensarme).

Malo ó bueno, ello es de la propiedad de don Pelegrín, y en él declino mi responsabilidad....

II

Después de un vago preámbulo, exclamó así el buen señor:

-Mire usted, amigo mío: yo no estoy literalmente reñido con esa batahola infernal, con ese movimiento que forma hoy la base de la sociedad en que ustedes viven, no señor: comprendo perfectamente todo lo que vale y el caudal inmenso de ilustración que representa; pero esto no puede satisfacer las humildes ambiciones de un hombre de mis años. Desengáñese usted, yo no puedo menos de recordar con entusiasmo aquellas costumbres rancias, tan ridiculizadas por los modernos reformistas: ellas me nutrieron, entre ellas crecí y á ellas debo lo poco que valgo y el fundamento de esta familia que hoy me rodea, y, aunque montada á la moderna, respeta mis manías, como ustedes dicen, y me permite vivir cincuenta años más atrás que ella. No tengo inconveniente en decirlo: mis vigilias, mis anhelos, todos mis afanes materiales han sido y aun son para mis hijos; pero lo demás.... ¡Ah!; lo demás, incluso el traje, como usted está viendo, todo lo rindo en honor de aquellos felices tiempos de mi juventud.

Dicho lo cual sin resollar y con visible emoción, don Pelegrín, como de costumbre, disertó sobre la sencillez de las costumbres de sus tiempos, afanándose por convencerme de que eran mucho más recomendables que las nuestras, con la cual intención, asegurándome que la historia de los hombres de entonces, socialmente considerados, era, plus minusve, una misma en cada categoría, trazóme de la suya lo que ad pedem literae voy á copiar:

-Á los diez y siete años-dijo-había terminado yo la escuela; sabía las cuentas hasta la de cuartos-reales, y tenía una forma de letra que, como decía mi maestro, se escapaba del papel. Á los diez y ocho entré con los Padres Escolapios á estudiar latín; á los veintitrés era todo un filósofo apto para emprender cualquier carrera literaria.

Mi señor padre (que Dios haya), fundándose en que ya había en la familia un fraile, un guardia y un empleado en las Covachuelas de Madrid, se empeñó en que yo fuese jurisconsulto, por lo cual había escrito á Salamanca, un año antes de terminar yo la filosofía, en demanda de hospedaje y de recua que me condujese, en retorno de una de sus expediciones semestrales de garbanzos, juntamente con los otros dos estudiantes que, según se murmuraba por el pueblo, debían marchar también con igual destino que yo.... ¡Me parece que fué ayer cuando, por primera vez en mi vida, salí á correr el mundo!...

En el mesón del Monje, que estaba al principio de la calle de San Francisco, monté sobre un macho cargado de azúcar y campeche; después de haber recibido la bendición de mi señor padre que me contemplaba con sereno rostro, aunque con el alma acongojada por la idea de separarse de mí. También estaban allí los padres de mis dos compañeros de expedición, los amigos de todos ellos y los curiosos que nos habían visto confesar el día antes; medio pueblo, amigo mío, nos rodeaba en el mesón; medio pueblo que nos siguió hasta el Cristo de Becedo, que estaba en el lugar que después ocupó el Peso público, y últimamente esa gran casa que llaman también del Peso. Allí rezamos un Credo, postrados todos de hinojos; eché algunos cuartos en el cepillo del santuario, volví á montar sobre el macho, y con un «buen viaje» de todos y una mirada de mi señor padre que hizo brotar las lágrimas de mis ojos, partimos mis dos amigos y yo para Salamanca, adonde llegamos sanos y salvos, después de mil divertidos episodios, que tal vez le cuente en otra ocasión, á los diez y nueve días, ocho horas y catorce minutos.

-¿Es posible-dije interrumpiendo á don Pelegrín-que sólo tres estudiantes salieran de Santander en un año?

-Y era mucho salir-me contestó en tono enfático.-Repare usted que estaba carilla la carrera de letrado. Solamente el arriero costaba al pie de quince duros aunque era de su obligación mantenernos á su costa durante el viaje; y la estancia anual en Salamanca no nos bajaba á cada uno, con ropa limpia y derechos de Universidad, de mil quinientos á dos mil reales.

-¡Cáspita!-exclamé yo muy serio, acordándome de lo que había gastado en los tres días del último carnaval de mi vida de estudiante.-¡Ahí era un grano de anís!... Pero no sabía yo, don Pelegrín, que fuese usted abogado.

-Y no lo soy, ¡ca!...; porque verá usted lo que pasó. En las primeras vacaciones que me dieron, y en recompensa de la buena censura que obtuve del sinodal en el examen, me permitió mi señor padre que hiciese un viaje de recreo adonde más me acomodase y por todo el tiempo que me pareciese prudente. Entonces estaba muy de moda entre los jóvenes pudientes de aquí, irse á San Juan de Luz y á Bilbao, con motivo de unos célebres partidos de pelota que había á cada paso entre vascongados y bayoneses. Yo elegí el último punto por la comodidad con que entonces se hacía el viaje; pues había un paquete quincenal entre aquel puerto y éste; un quechemarín que se ponía junto á la botica del doctor Cuesta.... ¿Se admira usted? Es que entonces ni existía la plaza de la Verdura, ni en su existencia se pensaba, porque llegaba la marea muy cerca del Arco de la Reina. Pues, señor, tomé pasaje en el quechemarín, cuyo capitán era conocido de mi padre; y en la confianza de que tardaríamos día y medio en llegar, como era costumbre del barco, según decían, y por eso se llamaba el Rápido, hicímonos á la mar. Pero dió en soplar un vientecillo del Nordeste apenas montamos el cabo Quejo, que nos echó sobre Llanes cuando pensábamos alcanzar á Portugalete. Allí se armó un zipizape del Noroeste con tal cerrazón y tales celliscas, que al cuarto día amanecimos mar adentro y sin ver una pizca de tierra. El capitán, según entonces nos confesó, nunca había navegado más que por la costa de Vizcaya, ni conocía la altura en que nos hallábamos, ni, lo que era peor, el modo de averiguarlo: así fué que, encomendándonos á Dios, pusimos la popa al viento, trincamos el timón, y á los siete días de tormenta nos colamos de noche en un boquete que al capitán se le antojó Santoña; mas al preguntar, cuando amaneció, al patrón de un patache que teníamos al costado, en dónde nos hallábamos, supimos que en Castropol. Para abreviar, amigo mío: á los diez y siete días de nuestra salida de Santander volvimos á fondear en las Atarazanas, después de habernos equivocado en todos los puertos de la costa, y sin poder tropezar con el que íbamos buscando. Á mi familia, que en todo ese tiempo no tuvo noticias mías, figúrese usted que entrañas se le habrían puesto: por lo que hace á mi padre, juró que en su vida me volvería á separar de su lado, y así sucedió.-Ahora comprenderá usted por qué abandoné la carrera.

Veinticinco años había cumplido cuando entré en una de las pocas casas de comercio que había en Santander, con ánimo de instruirme en el ramo para poder bandearme después por mi cuenta. ¡Qué vida aquélla, cuan diferente de la de ustedes ... y qué placentera, sin embargo! Y eso que no teníamos bailes de campo en el verano, ni fondas en el Sardinero, ni trenes de recreo, como ahora. No hablemos de los días de labor, porque en éstos se daba por muy contento el que de nosotros sacaba permiso para ayudar una misa en Consolación ó para cantar un responso con los Padres de San Francisco; pero llegaba el domingo, ¡válgame Dios!, y ya no nos cabía en el pueblo tan pronto como se acababa el Rosario de la Orden Tercera, durante el que (Dios me lo perdone) nunca faltaba un ratoncito que soltar entre los devotos, ó alguna divisa que poner en la coleta de algún currutaco. ¿Ve usted esas casas primeras de la Cuesta del Hospital? Pues en su lugar había un prado que cogía parte de la plaza de San Francisco. Allí jugábamos al jito, y á la catona, hasta sudar la gota de medio adarme; también jugábamos á las guerrillas y al rodrigón, juegos muy en uso entonces que los había traído un salmista de Cervatos, emigrado por cierto pique que tuvo con un prebendado de aquella Colegial. Otras veces nos íbamos á echar cometas al Molino de Viento, ó á chichonar grilleras á los prados de Viñas, según las estaciones del año, ó á saltar las huertas de San José, que á todo hacíamos, como jóvenes que éramos.... Yo, sobre todo, con este genio tan francote y acomodado que Dios me dió, gozaba con todo mi corazón. Tenía dos amigos en la calle de San Francisco que parecían nacidos para mí. El uno tocaba el pífano y el otro el rabel, entrambos de afición; pero ¡qué tocar!... Yo también era aficionadillo á la música, y punteaba en la guitarra un baile estirio y dos minuetes. Pues, señor, nos poníamos los tres al anochecer de los domingos del verano, después de nuestra partida de jito, á la puerta del balcón, y dale que le das á los instrumentos, llegábamos á reunir en la calle una romería. Personas de todas edades y condiciones, cuanta gente volvía de pasear ó de la novena, se plantaba al pie del balcón hasta que nosotros nos retirábamos.... Y vea usted, qué demonio: en cuanto llegó á hacerse de moda en aquella calle la reunión del pueblo, nos prohibió tocar el señor Corregidor. Yo no sé qué se corría entonces por la ciudad sobre francmasonería. La guerra del francés había dejado á las gentes muy recelosas y asombradizas, y la nota de afrancesado todavía quitaba el sueño á más de cuatro españoles. Lo cierto es que por entonces comenzaron á gastar los elegantes el pequé sobre el sortut, y las madamitas la escofieta con sus airones de á media vara; también se introdujeron en la mesa la sopa á la ubada, el principio de pulpitón y el postre de compota, que de allí data el que ustedes usan...; en fin, que las señas eran fatales; que se temía una logia á cada vuelta de esquina, y que creímos muy natural la prohibición del señor Corregidor, que temblaba, como él nos dijo, toda reunión que pasara de tres individuos.

III

-Pues, señor, volviendo al asunto, y en la imposibilidad de referir punto por punto toda la historia de mi juventud, porque no acabaríamos hoy, le diré á usted que á los cinco años de mi práctica de comerciante, habiendo conocido perfectamente el manejo de los negocios y á una joven vecina de mi principal, monté de cuenta propia un establecimiento de géneros de refino, y me casé el día mismo en que cumplía treinta y un años; cosa que me costó mis trabajillos, porque los once meses de Salamanca me habían procurado una reputación de calavera de todos los demonios.-Casado ya, mi vida tomó un giro enteramente diverso del de hasta entonces. Desde luego fuí nombrado síndico del gremio de zapateros, procurador municipal de dos pueblos agregados á este ayuntamiento, vocal perpetuo de una junta de parroquia, tesorero de la Milicia Cristiana y asesor jurado de una comisión calificadora para los delitos de sospecha de traición á la causa del Rey. Con todos estos cargos me puse en roce con las personas más importantes de la ciudad y me dieron entrada en palacio, que era todo mi anhelo ya mucho tiempo hacía, porque Su Ilustrísima era hombre de gran eco entre las gentonas de Madrid, y lo que por su conducto se averiguaba en Santander, no había que preguntar si era el Evangelio. Tenía Su Ilustrísima tertulia diaria de ocho á nueve de la noche, y la formábamos un médico muy famoso por sus chistes, que hablaba latín como agua; el P. Prior de San Francisco, hombre sentencioso y de gran consejo; un abogado del Rey, caballero de Carlos III; mi humildísima persona, y un Intendente de rentas, hombre de bien, si los había, temeroso de Dios como ninguno, servicial y placentero que no había más que pedir.... Por cierto que murió años después en Cádiz, de una disentería cuando el sitio del francés. Éstas eran las personas constantes alrededor de Su Ilustrísima; además había otras muchas que alternaban cuando les parecía oportuno. -Para que usted se forme una idea del carácter del bendito señor Intendente, voy á referirle un suceso digno, por otra parte, de que se imprimiese en letras de oro.

Presentóse una noche en la tertulia algo más tarde de lo acostumbrado y con aire de hondo disgusto en su fisonomía. Tratamos de averiguar la causa, y después de mil ruegos, hasta del señor Obispo que le quería mucho, pudimos arrancarle estas palabras:-«Señores, tenemos comediantes en la ciudad»; palabras que hicieron en la tertulia una impresión desagradabilísima, porque faltaban diez y siete días para la cuaresma, y el pueblo, con la guerra y con las ideas locas que se iban apoderando de la gente, más que comedias necesitaba sermones. Pues, señor, tratóse seriamente sobre el particular, y se autorizó al fin al Intendente para que él lo arreglara á su antojo. Y, efectivamente, al otro día se presentó al director de la compañía, que ya había arrendado una bodega en la calle de las Naranjas, diciéndole que era preciso que á todo trance saliese de Santander.-El pobre hombre se quedó hecho una estatua al oir la proposición.-«Señor, le dijo, mire V.S. que vengo desde más allá de Becerrilejo; que traigo ocho de familia y cuatro caballerías para ellos y para los equipajes; que he pagado adelantado el alquiler de la bodega, y he gastado mucho en colocar la tramoya que V.S. está viendo. Si me marcho sin dar media docena de funciones, me pierdo para toda la vida.-¿Cuánto pueden valerle á usted las seis funciones?, le preguntó el Intendente.-Yo cuento, señor, con que no baje de quinientos reales después de pagar la bodega, las luces y los dos tamborileros que han de tocar durante los intermedios.-Pues ahí van mil, contestó el bendito señor, dándole un cartucho de monedas que ya llevaba preparado al efecto; pero es preciso que ahora mismo desaloje usted el local, y sin perder un solo minuto salga con su gente de Santander.» El comediante vió el cielo abierto, hizo lo que deseaba el Intendente, y, sin salir éste de la bodega, se desarmó la tramoya, se cargaron las caballerías, montaron los comediantes ... y nadie volvió á acordarse de ellos. ¿Pero usted cree que cuando el Intendente, lleno de júbilo, entró por la noche en la tertulia, hallábamos medio de hacerle tomar la parte que nos correspondía de los mil reales? ¡Que si quieres! Fué preciso que Su Ilustrísima se lo suplicara con mucho empeño.-«He hecho una obra buena, decía; ¿qué mejor aplicación he podido dar á esa parte del caudal que el Señor me ha confiado?...» Le digo á usted que era todo un bendito de Dios el señor Intendente.

Reíme de veras con el sucedido de los comediantes.

-¿Es posible-dije á don Pelegrín-que tal idea se tuviese entre ustedes del teatro?; ¿que así le tomasen como foco de desmoralización?

-¿Y qué le diré yo á usted?-me contestó:-entre nosotros no faltaba quien dijera, como ustedes hoy, que era, más que escuela de vicios, cátedra de moralidad; pero, sin embargo, yo opinaba mejor (y cuidado que no soy fanático) con el padre Prior que decía, cuando de ello le hablaban: «Podrán los devotos del teatro asistir á él como á una cátedra de virtudes; pero lo cierto es que en ninguna parte se predica más moral y más clara que en el púlpito, y si se pusiera la entrada á dos cuartos, tal vez ni los monaguillos nos escucharan.» De todos modos, el pueblo no echaba en falta esos pasatiempos: ¿á qué empeñarnos en dárselos cuando, por lo menos, le habían de crear una nueva necesidad?

-Según ese sistema-repuse,-aún estaríamos como el indio Caupolicán. Sepa usted, don Pelegrín, que es un deber para el nombre adoptar todo aquello que puede dar ensanche á su inteligencia. Los progresos materiales....

-Ya pareció el peine-me interrumpió con cierto despecho;-¡como si hasta que ustedes vinieron al mundo no supiera el hombre lo que era dignidad!

-No se ofenda usted, don Pelegrín, y óigame con calma. En todos tiempos y en todas épocas ha habido hombres ilustres: no hago al talento ni á la dignidad patrimonio de nuestros días; pero ¿á que en los suyos echaban esos mismos hombres muchas cosas de menos?; ¿á que hallaban un vacío en la sociedad, como si adivinaran algo de la gran revolución que muy pronto iba á operarse en las costumbres? Usted mismo....

-¡Qué vacío ni qué calabaza!-exclamó mi viejo amigo, verdaderamente sulfurado, y con unos ademanes que no me dejaban duda de que había cometido una torpeza en tocarle este resorte, precisamente cuando necesitaba é iba yo á saber grandes cosas de la tertulia de Su Ilustrísima.- Lástima-continuó-me causan ustedes cuando les oigo hablar de esa manera. Ustedes, ustedes son, por el contrario, los que desean siempre algo, y este algo es precisamente lo que nosotros teníamos de sobra: la paz del espíritu. Ustedes tienen la sensibilidad encallecida, expuesta al roce de todos los sucesos del siglo en su atropellada marcha; el alma rendida de vagar por un espacio enmarañado y de atmósfera pestilente, y las ideas revolviéndose en una órbita insegura y desequilibrada, que no les permite encariñarse con un objeto sin que otro nuevo venga á borrar su huella.

Nosotros, merced á lo que hoy se llama ignorancia, teníamos las afecciones más limitadas, y con la sensibilidad casi virgen, nos preocupaba el suceso más común en la vida de ustedes; nuestras ilusiones eran pequeñas, es cierto, pero fuertes, y, sobre todo, consoladoras. Nosotros, por lo mismo que ambicionábamos poco, nos satisfacíamos al instante; pero ustedes, cuya ambición no conoce límites, no se satisfarán jamás. Yo, únicamente, que he pasado por las dos épocas, comprendo cuánta verdad encierra lo que le estoy diciendo: para que usted lo comprendiera del mismo modo, sería preciso que tocase y palpase aquello cuyo recuerdo le merece tan desdeñosa compasión; es decir, que junto á este Santander de cuarenta mil almas, con su ferrocarril, con sus monumentales muelles, con su ostentoso caserío, con sus cafés, casinos, paseos, salones, periódicos, fondas y bazares de modas, surgiese de pronto la vieja colonia de pescadores, con sus diez mil habitantes y seis casas de comercio provistas de Castilla por medio de recuas, ó de carros de violín; la vieja Santander sin muelles, sin teatro, sin paseos, sin otro periódico propio ó extraño que la Gaceta del Gobierno, recibida cada tres días. Era preciso que usted pudiese apreciar vivos estos dos cuadros para que no dudase sobre cuál de ellos cernía más el tedio sus negras alas, y que generación vivía más tranquila y más risueña, si la que se cubre con el oropel de la moderna sabiduría, ó la cobijada bajo los harapos de nuestra vieja ignorancia. Seguro estoy de que no serían mis contemporáneos los que en esta exposición presentasen más arrugas en el alma. Por lo demás, amigo mío, pobres teníamos y pobres tienen ustedes; ricos avaros existían junto á ellos, y ricos insaciables existen. Es verdad que á nuestros pobres envilecían los mismos privilegios que hacían odiosos á los ricos; pero ustedes, quemando con la luz que han dado á los primeros las prerrogativas de los segundos y dejando las fortunas como estaban, han hecho pobres orgullosos, y ricos que á ciencia y conciencia son sordos á la voz del infortunio, y ciegos al aspecto de la miseria.... ¡Luces, ilustración!...; todo estaría bien si á su claridad hallase pan el hambriento y abrigo el que tirita de frío; pero, desgraciadamente, la tan decantada luz sólo sirve para hacer más patentes la miseria y la opulencia, y más insoportable para el pobre este eterno contraste.... Si esto es una preocupación mía, que lo diga la historia política y social de Europa de algunos años á esta parte. El mismo tiempo hace que le dijeron al hombre desheredado de la fortuna: «no tienes oro, pero tienes derechos que conquistar, que al fin te valdrán oro»; y desde entonces se está rompiendo el bautismo en las calles, detrás de las barricadas, para que se los arrebate el mismo que le provoca á la lucha; para no dejar de ver, ni por un solo instante en la sociedad, junto á uno que se muere de hambre, otro que revienta de harto.

¿Qué es esto, amigo mío? Pues todo ello ya lo teníamos nosotros sin tanta música ni tanto cacareo de dignidad y de derechos; y aun teníamos más, porque con la misma desigualdad de fortunas, había buena fe en los de arriba y resignación en los de abajo. Resultado: que había paz en los pueblos, alegría en los hogares, y grandes virtudes en el corazón. Ahora, si estas menudencias no valen nada para ustedes, la cuestión cambia de aspecto; y si el destino del hombre sobre la tierra es otro que hacer risueño y apacible el grupo de una familia cobijada al calor del hogar doméstico, confieso sin repugnancia que nuestras patriarcales costumbres fueron un borrón que manchó á la humanidad en los tiempos del llamado obscurantismo.

Aquí don Pelegrín se limpió los labios con su pañuelo, arregló la capa sobre las rodillas, sacó la caja de rapé y tomó un polvo con marcial desenfado. En vano le llamé al orden y le rogué que

8

continuase hablándome de la tertulia de Su Ilustrísima: le había tocado su cuerda más sensible, y, como siempre, se engolfó entre sus rancias memorias: no hallé medio de dirigirle una pregunta sin obtener por respuesta parrafadas como la anterior. En vista de ello, supuse una ocupación urgente, despedíme de él y salí del café, haciendo que me reía de sus lucubraciones, ó, lo que es lo mismo, comentando la sesión en términos iguales ó parecidos á los que han servido de introducción á este bosquejo.

EL RAQUERO

I

Antes que la moderna civilización en forma de locomotora asomara las narices á la puerta de esta capital; cuando el alípedo genio de la plaza, acostumbrado á vivir, como la péndola de un reló, entre dos puntos fijos, perdía el tino sacándole de una carreta de bueyes ó de la bodega de un buque mercante; cuando su enlace con las artes y la industria le parecía una utopía, y un sueño el poder que algunos le atribuían de llevar la vida, el movimiento y la riqueza á un páramo desierto y miserable; cuando, desconociendo los tesoros que germinaban bajo su estéril caduceo, los cotizaba con dinero encima, sin reparar que sutiles zahoríes los atisbaban desde extrañas naciones, y que más tarde los habían de explotar con tan pingüe resultado, que con sus residuos había de enriquecerse él; cuando miraba con incrédula sonrisa arrojar pedruscos al fondo de la bahía; cuando, en fin, la aglomeración de estos pedruscos aún no había llegado á la superficie, ni él advertido que se trataba de improvisar un pueblo grande, bello y rico, el Muelle de las Naos, ó como decía y sigue diciendo el vulgo, el Muelle Anaos, era una región de la que se hablaba en el centro de Santander como de Fernando Póo ó del Cabo de Hornos.

Confinado á un extremo de la población y sin objeto ya para las faenas diarias del comercio, era el basurero, digámoslo así, del Muelle nuevo y el cementerio de sus despojos.

Muchos de mis lectores se acordarán, como yo me acuerdo, de su negro y desigual pavimento, de sus edificios que se reducían á cuatro ó cinco fraguas mezquinas y algunas desvencijadas barracas que servían de depósitos de alquitrán y brea; de sus montones de escombros, anclotes, mástiles, maderas de todas especies y jarcia vieja; y, por último, de los seres que respiraban constantemente su atmósfera pegajosa y denegrida siempre con el humo de las carenas.

De nada de esto se habrán olvidado, porque el Muelle de las Naos, efecto de su libérrimo gobierno, ha sido siempre, para los hijos de Santander, el teatro de sus proezas infantiles. Allí se corría la cátedra; allí se verificaban nuestros desafíos á trompada suelta; allí nos familiarizábamos con los peligros de la mar; allí se desgarraban nuestros vestidos; allí quedaba nuestra roñosa moneda, después de jugarla al palmo ó á la rayuela; allí, en una palabra, nos entregábamos de lleno á las exigencias de la edad, pues el bastón del polizonte nunca pasó de la esquina de la Pescadería; y no sé, en verdad, si porque los vigilantes juzgaban el territorio hecho una balsa de aceite, ó porque, á fuer de prudentes, huían de él. Esta razón es la más probable; y no porque nosotros fuéramos tan bravos que osáramos prender á la justicia: es que sobre ésta y sobre nosotros mismos, medio aclimatados ya á aquella temperatura, estaba el verdadero señor del territorio haciendo siempre de las suyas; el que intervenía en todos nuestros juegos como socio industrial; el que pagaba, si perdía, con el crédito que nadie le prestaba, pero que, por de pronto, ganaba cuanto jugábamos; el que con sólo un silbido hacía surgir detrás de cada montón de escombros media docena de los suyos, dispuestos á emprenderla con el mismo Goliat; el que era tan indispensable al Muelle de las Naos como las ranas á los pantanos, como á las ruinas las lagartijas; EL RAQUERO, en fin. Éste era el terror de los guindillas, el aluvión de nuestras fiestas, la rana de aquellos pantanos, la lagartija de aquellos escombros; el original del retrato que con permiso de ustedes, voy á intentar con mejor ánimo que colorido.

La palabra raquero viene del verbo raquear; y éste, á su vez, aunque con enérgica protesta de mi tipo, del latino rapio, is, que significa tomar lo ajeno contra la voluntad de su dueño.

Yo soy de la opinión del raquero: su destino, como escobón de barrendero, es apropiarse cuanto no tenga dueño conocido: si alguna vez se extralimita hasta lo dudoso, ó se apropia lo del vecino, razones habrá que le disculpen; y sobre todo, una golondrina no hace verano.

El raquero de pura raza nace, precisamente, en la calle Alta ó en la de la Mar. Su vida es tan escasa de interés como la de cualquier otro ser, hasta que sabe correr como una ardilla: entonces deja el materno hogar por el Muelle de las Naos, y el nombre de pila por el gráfico mote con que le confirman sus compañeros; mote que, fundado en algún hecho culminante de su vida, tiene que adoptar á puñetazos, si á lógicos argumentos se resisten. Lo mismo hicieron sus padres y los vecinos de sus padres. En aquellos barrios todos son paganos, á juzgar por los santos de sus nombres.

II

Cafetera, para servir á ustedes, era el de mi personaje.

Cafetera, en el diccionario callealtero, es sinónimo de borrachera, una de las cuales tomó aquél, cuando apenas sabía andar, á caballo sobre una pipa de aguardiente, de cuyas entrañas extrajo el líquido con una paja.

Cafetera nació en la calle Alta, del legítimo matrimonio del tío Magano y de la tía Carpa, pescador el uno y sardinera la otra. Ya ustedes ven que, para raquero, no podía tener más blasonada ejecutoria.

Su infancia rodó tranquila por todos los escalones, portales y basureros de la vecindad.

No hay contusión, descalabro ni tizne que su cuerpo no conociera prácticamente; pero jamás en él hicieron mella el sarampión, la alfombrilla, la grippe, la escarlata ni cuantas plagas afligen á la culta infantil humanidad. Solamente la sarna y las viruelas pudieron vencer aquel pellejo: con la primera perdió la mitad de los cabellos; con las segundas ganó los innúmeros relieves de su cara.

Pero así y todo, le querían en su casa; tanto, que no había cumplido cuatro años cuando la tía Carpa le metió, de medio cuerpo abajo, en una pernera de los calzones viejos de su padre, dádiva que, añadida á una camisa que, también de desecho, le regaló su padrino el tío Rebenque, llegó á formar un traje de lo más vistoso, y á ser la envidia de sus pequeños camaradas, condenados á arrastrar su desnuda piel por los suelos, mientras su industria no les proporcionase más lujosa vestimenta.

Siete años contaría, cuando su madre, conociendo por la chispa de que ya se hizo mención y por otras proezas análogas, que era apto para las fatigas del mundo, comenzó á darle los tres mendrugos diarios de pan envueltos en soplamocos y puntapiés. Cafetera, que no era lerdo, comprendió al punto hasta dónde alcanzaba su privanza y lo que podía esperar de sus dioses lares; y como, por otra parte, sus libérrimos instintos se le habían revelado diferentes veces hablando con sus compañeros sobre la vida raqueril, se decidió por el arte en el cual hizo su estreno pocos meses después del último mendrugo, que le aplastó la nariz para nunca más enderezársele.

Era un día en que el tío Magano andaba á la mar, y la tía Carpa á vender un carpancho de sardinas. Cafetera estaba solo en casa, sentado sobre un arcón viejo, único mueble de ella, no contando el catre matrimonial, rascándose la cabeza como aquel que acaricia una idea de gran transcendencia, y murmurando algunas palabras, no todas evangélicas, las más de un colorido asaz rabioso. Después de un largo rato así invertido, alzóse de su asiento, corrió la tapadera del mismo y sacó media basallona y un arenque, provisiones hechas por su madre para toda la semana y que él dividió en dos partes iguales. Comióse la primera, y guardó la segunda en el pecho de su camisa de bayeta verde. En seguida dió un par de chupadas á una punta que halló pegada á la testera del catre, mientras se amarraba con una escota los enciclopédicos calzones á la cintura; ocultó sus greñas bajo la cúspide de un gorro catalán; y, por último, lanzóse calle abajo en busca de aventuras, osado el continente, alegre la mirada, y tan lleno de júbilo como pudiera estarlo, en un caso muy parecido, el famoso manchego, si bien, á la inversa de éste, no se le daba una higa porque la posteridad recordase ó no que ya el rubicundo Apolo extendía sus dorados cabellos por la faz de la anchurosa tierra, cuando él, perdiendo de vista su casa, comenzó á respirar los corrompidos aires de la Dársena.

Llegado al gran teatro de sus futuras operaciones, su primer cuidado fué buscar á la gente de su calaña, á fin de orientarse mejor.

No tardaron en aparecérsele media docena de raqueros que, por única bienvenida, le sacudieron tal descarga de coquetazos y de piñas, que el pobre quedó tendido en el suelo, aunque sin extrañarse de semejante acogida, como no se extraña un novel académico, al ingresar en el seno de la corporación, del consabido elocuentísimo discurso que le dedican los veteranos.

Pasada la cachetina y solo Cafetera, limpió con el gorro sus lágrimas de coraje, y con la flema de un inglés recién llegado comenzó á reconocer el terreno que pisaba.

Aburrido de pasear el Muelle en todas direcciones sin fruto alguno, encendió en un tizón de una carena una colilla que halló al paso, y se sentó á mirar cómo trabajaban los calafates.

Cuando notó que éstos le habían vuelto la espalda y que la estopa y las herramientas andaban al alcance de sus manos, virgen de toda noción de fueros de pertenencia, creyó lo más natural del mundo trasladar al insondable pecho de su camisa algunas libras de cáñamo y un escoplo; hecho lo cual, por consejo de su prudencia levantóse con sigilo é hizo rumbo al polo opuesto.

Pensando estaba en lo que haría con el hallazgo, cuando topó con la misma gente que poco antes le había zurrado la badana: no hay necesidad de decir que el novel raquero, á la vista del enemigo, se preparó á virar en redondo; pero no le sirvió la maniobra. El jefe de los otros, pillastre de patente, con más asomos de bozo que de vergüenza y que se llamaba Pipa, sacando por algunos hilos que se escapaban de la camisa del primero la madeja que ocultaba, cortóle sus vuelos, y echando la zarpa al bulto, dijo, guiñando el ojo á los suyos:

-Arría en banda, Cafetera.

Éste, viéndose abordado de tal manera, aunque sin esperanza de salvación, trató de defenderse á mordiscos y patadas.

-¿Por qué tengo de arriar?-gimió, apretando los dientes.

-¡Arría, te digo!

-¡Que no me sale, vamos!

-¡Atízale, Pipa!-le decían los otros.

Pero Pipa estaba por seguir, antes de la violencia, los trámites pacíficos.

-¿Quién te dió esa estopa?

-Lo he trincao-contestó Cafetera con acento sublime.

¡Mágica palabra! Con ella dió el neófito, sin sospecharlo, una idea de su capacidad futura. Aquella cabeza chata, crespa y enmarañada, se había engrandecido á los ojos de la patulea con la aureola del genio; el chico prometía mucho. Pipa, que no se parecía en nada á las eminencias de nuestra esclarecida sociedad, lejos de sofocar aquella naciente inteligencia, soltó la presa que tenía agarrada y se dispuso, después de mirar á los suyos, á prestarle toda la influencia de su posición.

-Sígueme-le dijo con ademán solemne.

-¿Aónde?

-Á pulir la estopa. ¿Tienes más?

-¡Tengo un escoplo, de mistó!

-¡Aprieta!... ¡Viva Cafetera!-exclamó el jefe, echando á correr hacia San Felipe.

-¡Viva!-contestaron los demás, siguiéndole y llevándose en medio al protegido.

Por un callejón que entonces era intransitable por lo pendiente, y hoy es inaccesible porque forma ángulo recto con la bóveda celeste, echaron nuestros personajes á paso de carga, y no se detuvieron hasta llegar á una pequeña barraca, incrustada entre un murallón de San Felipe y otro del Cristo de la Catedral, en cuyo estrecho recinto se veían amontonados diversidad de objetos, clasificados con la mayor escrupulosidad, y todos de la especie de los que ya Pipa había recibido de manos del neófito.

Allí, desde tiempo inmemorial, afluían los raqueriles productos de todo el pueblo, que, aunque singularmente valían cortísimas cantidades, llegaron, según es fama, á formar, en cuerpo colectivo, un decente capital al humilde mercader que, ocultando su mustia fisonomía bajo una gorra de pieles, y detrás de unas gafas como dos ruedas de polea, tenía fuerza de voluntad ó codicia bastante para luchar de sol á sol con tan notabilísima parroquia.

Clasificando estaba unas chapas de cobre, cuando asomó Pipa la cabeza dentro de la tienda.

-¿Qué traes tú, pillete?-le interrogó, mirándole por encima de las gafas.

-Esto-contestó lacónicamente Pipa, depositando el género sobre una mesa.

El mercader de estopas y de cobre lo miró un instante como para evaluarlo, y sacó del bolsillo, con mano torpe y perezosa, media peseta que dió al raquero.

-¿No echa más usted?-dijo éste contemplando la moneda.

-Nada más.

-¡Ay, qué contra!... ¡Pues si el escoplo solo vale medio chulé!

-¿Sí?-gruñó el comprador;-¡pues descuídate y verás si te llevo al Capitán del puerto, tunante!

Pipa comprendió que más valía callar que comparecer ante tan encopetado personaje. Así es que tomó la moneda, enseñó la lengua al de las gafas ... y, á ser tan buen negociante como raquero, hubiera podido comprender, á la sola consideración del contrato que acababa de hacer, que, sabiendo comprar, hasta la estopa, bien exprimida, arroja productos de oro. Pero ni el nene había soñado jamás con la piedra filosofal, ni reparaba en los rendimientos de sus empresas cuando maldito el capital arriesgaba en ellas. Por eso salió muy ufano á la calle, reunió á los suyos, contólos uno á uno, miró á Cafetera con un poquillo de ternura, y con otra seña muy expresiva los arrastró á todos á la taberna de enfrente, en la que entró gritando:

-¡Seis tazas de café y seis copas de anisao!

Cuando los granujas trasegaron á sus estómagos, en dos sorbos, las pócimas infames que les sirvió el tabernero, pagó Pipa el gasto con la media peseta, más un cuarto que sacó de un pliegue de su mugriento gorro, y salieron todos á la calle. En ella formaron círculo, y el capitán, después de escupir contra la cara del más inmediato, echó mano á Cafetera y así le habló:

-Ya sabes, nene, dónde se compra cuanto se apanda. Mucho ojo y mucha vela. En un apuro, cuenta con nosotros. Raquear, á barredera, y mejor el cobre que el chicote. Si ves que andan las chapas, al vuelo ... y aprieta á correr. Si hay cané, orza y arría la mayor...; y avisa cuando haya trigo, que ya sabes cómo se gasta.

Calló Pipa, miró á Cafetera que le escuchaba muy serio, y arrimándole un puntapié por la popa,-¡Á vivir!-le dijo.-Y se disolvió el corro, marchándose cada quisque por donde quiso.

III

Bien enterado Cafetera de los azares y estatutos de su nueva profesión, no quiso lanzarse á ella sin prevenirse antes contra las eventualidades. Al efecto, logró colocarse en uno de los botes del servicio público.

Era de su incumbencia achicar el agua; componer estrovos; buscar fletes y cuidar de la embarcación cuando el botero no estaba presente; todo lo cual le producía un ochavo de café para el desayuno, una propina de cuatro ó seis cuartos por cada flete si éste valía la pena, lecho sobre el panel y una copa de caña de vez en cuando, amén, de algún chicotazo que el patrón le sacudía siempre que lo juzgaba oportuno.

Fuera del tiempo que esto le llevaba, consagraba el día al ejercicio de su industria.

Ésta, en toda su esfera legal, le hacía legítimo dueño de cuanto cobre, estopa, hierro y madera de desperdicio hallara á sus alcances, ya sobre la superficie del Muelle, ó revuelto entre el fango de la Dársena. Pero como el Muelle y la Dársena no tienen un límite determinado para la industria raqueril, solía tomar como prolongación del primero la cubierta de algún buque atracado, llevándose á buena cuenta, si el vigilante se descuidaba, tal cual menudencia, como escotas, poleas, etcétera, etc.

Con la propia sencilla buena fe, desde el centro de la Dársena se extendía hasta los contornos; y si se forraba algún casco, nunca le faltaba una chapita ó clavo de cobre que ocultar en su remendada espuerta.

Tal era la parte menos legal de su industria, que, en el poco tiempo que la ejerció, expuso su individual independencia á mil y un riesgos apuradillos.

Por lo demás, lo pasaba en grande.

No se pegaba de trompadas con los suyos más de tres veces al día; su madre no lograba echarle la vista encima arriba de una por semana, y para eso había de cogerle durmiendo; de modo que sus siniestros de muelas, orejas y cabellos, por temporal materno, aunque pocos y buenos, aún le prometían pellejo sano para muchos años.

Alguna vez, entre otras, hacía sus correrías hasta el interior del pueblo, porque al raquero también le gusta el contacto de la civilización, por si algo se le pega; pero como ésta suele andar muy precavida, y, por otra parte, sus raqueables materias no son del mayor aprecio en la oficina del comprador de hierro viejo, Cafetera frecuentaba poco este trato, y casi siempre tenía que huir de él á uña de ... raquero, acosado por las estantiguas del municipio.

También se le ocurrió, como hijo que era de matriculado y marisco por los cuatro vientos, solicitar, á ejemplo de muchos de sus compañeros, un puesto y quiñón correspondiente en una lancha pescadora; pero esto le ocuparía demasiado. Tendría que esperarla todas las noches, limpiarla y vigilarla todo el año y desenmallar sardina en el verano.

Precisamente su resistencia á este empleo era lo que más provocaba la ira de la tía Carpa, que proyectaba sacar un buen pescador de su hijo, á quien, velis nolis, había ya matriculado, y, por ende, sujetado á las ordenanzas de la Comandancia de Marina.

Semejante idea preocupaba mucho á Cafetera, quien, como todos los de su laya, no concebía que ningún tribunal del reino alcanzase hasta el Muelle de las Naos con su vara, al paso que no podía recordar sentado y con paciencia la cara del Capitán del puerto.

La cárcel pública es para ellos un bulto más en la población pero los rebenques y los chicotes de á bordo, ¡ira de Dios!, cosas son que les hacen temblar y no de frío. Hubiérale á él dejado libre de toda persecución el cabo de mar, y á fe que en poco tiempo, burlando la vigilancia de lo terrestre, se embarba, como él decía, de raqueo; y hasta comprado hubiera el almacén de hierro viejo, máximun de las fortunas, según se creía en el Muelle de las Naos. Pero como no sucedía así, los meses corrían y hasta los años, y Cafetera, lejos de llegar á capitalista, perdió los últimos pingajos de su vestido, ganando en cambio muchas nociones de baraja y no pocos títulos de borracho sobre el que ya tenía bien merecido.

Entonces comenzó á mirar con desaliento la mezquindad de la Dársena, y la penuria de su explotación legal. Sucedíale algo de lo que al jugador que, acostumbrado á poner grandes cantidades á una carta, mira con aversión el corto salario que en la sociedad le proporciona el ejercicio de su profesión.

En fuerza de meditar sobre su situación concluyó por tirar su cesto á la mar; y sin otras armas que su ligereza de manos y de pies, se lanzó á lo sublime del arte.

De todo había en su nueva esfera de acción, especialmente de zozobras é inquietudes, dándoselas, y no flojas, la mala traducción que sus obras hallaban en el almacén de marras, único punto adonde él se atrevía á llevarlas, porque en la población del centro seguro estaba él de que no pasaban.

Todo, sin embargo, iba hallando colocación detrás de los montones de estopa del almacén, aunque á muy bajo precio por ser género de mala venta; pero no pudo haberla para el objeto de la última campaña de Cafetera.

Esto traía volado al raquero, que no sabía cómo deshacerse de él; pues ni regalarle quería, ni tirarle al mar, sin indemnizarse de los peligros que corrió al trincarle en la cámara de popa de un buque de gran porte.

El obstáculo que oponía á su compra el comerciante, era, aunque no se lo decía al raquero, el nombre del buque y el de su armador, diestramente esculpidos en la parte más integrante del aparato; nombres que no podían borrarse sin exponer la estructura de éste, ni darse al público sin grave riesgo de los haberes y libertad del mercader.

Largos días pasó Cafetera meditando sobre el asunto; y ya casi olvidado de él estaba una mañana en que había libado bastante, sentado sobre un guardacantón, fumando una colilla, á caza de fletes para el bote y en espera de sus amigos para jugar al cané.

Mucha gente había pasado sin contestar al «¿quiere un bote?» con que el raquero interpelaba á todo el mundo, cuando apareció en escena un señor que, según dijo el pillastre, traía cara de flete.

-Usté, ¿quiere un bote pa dir á bordo?-le dijo, como tenía por costumbre, así que le tuvo á su lado.

El señor, contra las presunciones del granuja, pasó de largo, echándole á la cara una bocanada de humo de su grueso cigarro.

Cafetera lo tragó con ansiedad, y retirando de los labios su colilla, se fué detrás del puro.

-¿Me da la punta usté?

Chocó al interrogado la desvergüenza del raquero. Miróle muy detenidamente, y

-¿Quién eres tú, chicuelo?-le preguntó.

-Yo soy ... Cafetera.

-¿De dónde eres?

-De la calle Alta.

-Y tu padre, ¿cómo se llama?

-El tío Magano.

-Pero ¿cuál es tu nombre de pila?

-¿De qué pila, usté?

-De la de bautismo, animal.

-Otra, ¿qué sé yo?... ¿Me da la punta!

-¿Conque tú fumas, eh?

-¡Ay, qué contra!...; ¿quiere ver como las tapo?

Y diciendo y haciendo, tragó dos chupadas de su colilla, arrojando después el humo por boca y narices con la abundancia y facilidad de una chimenea de vapor. El señor desconocido le miraba cada vez con mayor curiosidad.

-Y ¿á qué te dedicas tú?

-Á cuidar el bote del tío Bandiate.

-¿Y nada más?

-También soy raquero.

-¡Hola, hola! ¿Y qué tal el oficio?

-¡Quiá, señor; si no sale para café!... ¿Me da dos cuartos?

-Veremos si los mereces.... Dime antes lo que raqueas.

-¡Como no raquee! ¡Si andan más listos á bordo!...

-Pero alguna vez ya se descuidarán.

-Quiá, no señor. Ayer trinquemos, entre Pipa, Michero y yo, como tres libras de cobre; y pa eso, de poco nos guipan.

-¿En dónde lo trincasteis?-insistió el señor con más interés que nunca, dando dos cuartos al raquero.

-Pos en esa freata que están aforrando en el paredón-contestó Cafetera con la mayor sencillez, guardándose los cuartos en el faldón de la camisa y escupiendo por el colmillo.

Para evitar tiempo, papel y paciencia, diremos que en fuerza de acosar y prometer el uno, acabó el otro por ir largando trapo, hasta que del último remiendo de los calzones sacó un magnífico cronómetro de bolsillo, alhaja que, sin conocerla, le había dado tanto que discurrir.

Á su vista, el buen señor quedóse haciendo cruces y bendiciendo á la Providencia en sus adentros.

Después de prometer á Cafetera la compra como éste decía, del estrumento, mandóle que le siguiera para entregarle el dinero, lo cual hizo al punto lleno de júbilo el incauto raquero, sin sospechar lo que le había de suceder, cosa que le hubiera sido muy fácil al ser tan diestro conocedor de los atributos de un comisario de policía como de la verdasca de un cabo de mar.

Grande fué la sorpresa del pilluelo cuando, siempre al lado del presunto comprador, llegaron á detenerse en la Capitanía del puerto.

Allí fueron los sobresaltos y congojas; tanto que, á no estar muy listo el grave señor de las borlas, se queda sin su presa, que ya andaba en trazas de escurrir el bulto.

Entregado éste y el cronómetro á la autoridad, declaró Cafetera, llamóse á Pipa y á Michero, cantaron todos de plano, y fueron al punto conducidos á la cárcel, de donde después de algunos meses de reclusión, salieron ... á tirar del Bombo de la Carraca.

Allí estuvieron tres años agarrados á la maroma, hasta que, satisfechos sus jueces y la vindicta pública, los mandaron de retorno á su país con algunos vicios de más y mucha vergüenza de menos.

Su primer pensamiento al pisar el patrio suelo, fué para el Muelle de las Naos; pero no fué poca su sorpresa cuando, en él colocados; comenzaron á examinarle en todas direcciones.

La escollera de Maliaño, la estación del ferrocarril, el nuevo empedrado y otras reformas hechas precisamente mientras duró la condena de los pilluelos, era lo que ellos no podían comprender; mas lo que extravió sus razones hasta el extremo de llegar al espanto, fué la aparición, por la Peña del Cuervo, de un monstruo silbando y arrojando nubes y fuego por la cabeza. No atreviéndose á pronunciar una sola palabra, miráronse los tres sobrecogidos cuando notaron que el monstruo se acercaba á paso de gigante. Entonces perdieron la brújula; gritó Pipa «¡aguanta!» y se dieron á correr pensando que el mundo se acababa.

Después acá, aunque con la llegada de los trenes, á medida que la han visto repetirse, van familiarizándose bastante los raqueros, no ha sido hasta el punto de que éstos permanezcan tranquilos en el Muelle de las Naos. Por el contrario, empujados y oprimidos por el potente movimiento que la población ha tomado allí en los últimos años, van abandonando el territorio: ya tiene el raquero cien Argos que le contemplan, y no puede pasearse erguido como antes, señor de aquella ínsula remota.

Para concluir, y en pro de este tipo tan popular en Santander, haré una ligera observación: de vástagos tan carcomidos y tortuosos son muy frecuentes aquí robustos y fructíferos troncos. La historia de este puerto abunda en páginas brillantes debidas á la honradez, pericia y heroísmo de nuestros marineros, muchos de los cuales han recorrido en su infancia un sendero tan expuesto y espinoso como el del tipo que acabo de bosquejar. Nuestro comercio tiene pruebas repetidas de lo que digo; y á fe, á fe, que no pecó de pródigo con los venerables harapos de tan valientes marinos, al extender los anchos pliegues de su rico manto.

LA ROBLA

De maldita de Dios la cosa sirvieran los contratos de compraventa, si al tiempo de consumarlos no llevaran más requisitos que el mutuo convenio de los contratantes y el ante mí del tabelión más competente del juzgado.

Y cuidado, señores legistas, con atribuirme la pretensión de poner en duda la legalidad de las fórmulas que sobre el particular se vengan usando desde la fecha de las Pandectas.

¡Líbreme de ello Dios! Voy separándome del centro civilizado donde la ley se halla en toda su pomposidad, y estoy refiriéndome á los incultos moradores del campo, entre los cuales, sin dejar de acatarse el vigente código en todo lo que vale, aún se rinde culto reverente á la tradición, la cual constituye para ellos un derecho tan sagrado como el que más se funde en cuantas leyes se vengan haciendo desde la fabla de don Alonso el Sabio.

Desengáñese la previsora jurisprudencia: sin un requisito que les sea peculiar, estos paisanos no dan por terminado ningún negocio, aunque para cumplir con la ley le amortajen en más testimonios y sellos que hay en un archivo de hipotecas. Pasar un objeto de las manos de Juan á las de Pedro sin cierta solemnidad sui géneris, valdría tanto como para la conciencia de un cristiano viejo un buen creyente sin bautizar, símil en que, sin duda alguna se fundaron los académicos de mi lugar para llamar á dicha ceremonia mojar el asunto.

No vale en el día de mañana, para disfrutar pacíficamente la posesión de lo comprado, restregar los hocicos del vendedor con la resellada escritura de legítima pertenencia, que si ante la ley le asegura en la posesión, no es suficiente, sin embargo, para librar al poseedor de un litigio cada semana, en el que, por lo menos, pierda la paciencia, amén de algunos dinerillos que suelen irse en pos, por vía de procuración, asesoramiento y demás adminículos de que es costumbre proveer á todo aquel que tiene la mala humorada de pesar sus derechos en la prudente balanza de Astrea. No hay, pues, título de propiedad que valga, si falta la fe de bautismo, el fiat del tabernero más próximo, LA ROBLA[1], para decirlo de una vez.

El origen de esta ceremonia no consta en las crónicas montañesas, porque se pierde en la antigüedad de la afición de los montañeses al acre mosto riojano[2].

Su definición precisa tampoco es fácil sin que se me olvide algún rasgo gráfico de ella; por lo cual juzgo de rigor que nos trasladémos adondequiera que se eche una..., y allá nos vamos.

Raro es el colono montañés que al poco tiempo de establecido no posea, como producto de sus aparcerías, una pareja apta para las labores del campo, algún novillo uncidero, es decir, capaz de ser uncido, ó cualquiera otra res vacuna; pero en absoluta propiedad y sin que el arrendador de sus haciendas tenga que intervenir en su venta, cambio ó emparejamiento; casos en los cuales el colono, por lo que le va en ello, pone los cinco sentidos y emplea la mayor solemnidad posible. Tras ella va siempre la robla.

Luego vamos á una feria.

El lugar de ella queda á elección del lector, pues, gracias á Dios, abundan aquí como los helechos. Abran ustedes un calendario, y donde topen con su santo, cátense una feria. En este dichoso país, el día que no es de fiesta tiene mercado; de los restantes del año, los unos marcan feria, y los otros romería.

Elegido el punto más cercano, tuvo que ser, por precisión, un pequeño bosque de cajigas ó de castaños, verde, fresco, frondosísimo, bello como es la naturaleza aquí hasta en su menor detalle.

Estamos ya bajo el tupido follaje.... Cierra, lector, los ojos por un momento. ¿No te crees transportado, en una serena noche de verano, á la orilla de una inmensa charca, y jurarías que sus ranas, en número infinito, cantan todas á la vez? Es el sello de nuestras ferias y romerías: el sonido de las tarrañuelas de cien y cien bailadores á lo alto, al compás de las panderetas que tañen las mejores mozas del lugar.

Sigamos.-Sin reparar en el corro de bolos en que acababan de gritar cincuenta bocas á la vez ¡eseeé! al hacer un emboque uno dé los jugadores; abriéndonos paso á través de la batería formada por los pellejos de vino, barriles y cacharros que sobre un carro, debajo y á los lados de él, á la sombra de un castaño, son la delicia de los bebedores; echándonos por la derecha para no turbar el sueño pacífico de los jamelgos de un cura y un señor de aldea, que están amarrados al cabezón del mismo carro, quizá por casualidad, quizá porque los jinetes tomaron este norte como de mejor atractivo para cuando vaya anocheciendo; guardando el cuerpo del fogoso trotón de ese jándalo, que atraviesa la feria llevando á las ancas la parienta más joven é inmediata que encontró en su pueblo cuando volvió de Andalucía, y cuyo chal de amarillo crespón, no menos que su vestido blanco de empinados volantes, forman extraño contraste con su reluciente y pasmada fisonomía; sin responder á las voces de las importunas fruteras, de los agualojeros, rosquilleros y otros análogos industriales que nos asedian al paso; sin fijarnos, en fin, en ese maremágnum alegre y estimulante que el cuadro presenta á primera vista, salgamos á aquella braña donde hay un grupo de ocho personas y una pareja de novillos uncidos. Allí va á haber robla.

El que está apoyado sobre sus engalanadas cabezas, hombre que tiene la suya algo más sucia, calzones de manga corta, con un tirante sólo, chaqueta al hombro y sombrero de copa alta, más que medianamente apabullado, es el dueño de la pareja, y conocido y honrado en su pueblo por el nombre de Antón Perales.

El otro, más joven y de mejor traza que éste, que pasea alrededor de los novillos examinándolos con gran atención, es el comprador: llámanle Ogenio Berezo, y es de las inmediaciones. De los que forman el círculo, los cuatro son meros curiosos que, á título de conocidos de los primeros, se han aproximado al olor de la robla. La mujer, que come una manzana y tras de cada bocado que le tira se rasca la cabeza por debajo de la muselina, es la costilla de Antón Perales. El otro personaje, más viejo que todos los demás, y que observa el cuadro, taciturno y reflexivo, es convecino del comprador: llámase tío Juan de la Llosa, y asiste, á la sazón, en calidad de perito. Sus títulos al efecto están en toda regla. Es público y notorio que en más de cien sangrías que lleva hechas en el pueblo á los animales de sus vecinos, á la oreja, al pelo y al rabo, que es la más difícil, no se le ha desgraciado una sola res. Para poner una bizma, ó sea un emplasto de trementina y polvos de suelda, no hay otro que se le iguale. Distingue á la legua un cólico de un empanderamiento, y en las cojeras no confunde el zapatazo con el babón; y si no ha curado un solo caso de solenguaño, es porque la enfermedad es mortífera, mas no por haber dejado de echar á tiempo, «por la boca abajo» del paciente animal, con el auxilio conductor de una teja, el agua de jabón, aceite y vino blanco bien caliente. Por algo dice él que, si le hubieran desaminao, albitre podía ser; y es la verdad. En cuanto á las condiciones externas del ganado, ahora le verán ustedes.

El comprador ha dejado de rondar la pareja, crúzase de brazos y exclama de repente:

-Pues, señor, ¿á qué hemos de decir una cosa por otra? La pareja me gusta. ¿Qué le parece á usté, tío Juan?

Éste guarda en un bolsillo del chaleco la punta que mascaba rato hacía, da dos pasos al frente, cárgase á la izquierda sobre el garrote, pone la diestra en jarras, cruza las piernas y reflexiona un instante. Entretanto el vendedor se sonríe con cierta malicia, su mujer menudea los mordiscos á la manzana, y murmura algunas palabras hacia los otros personajes que emiten su dictamen á media voz.

-Apaséalos-dice en tono grave el perito.

Antón Perales hace caminar sus novillos un corto trecho, al son de las alegres campanillas que les adornan el pescuezo.

-Ahora, hacia abajo ...-añade el primero.-¡Oooó, joois!-canturria, luego que el vendedor le ha complacido, para indicarle que pare ya.

-Lo que toca al particular-dice la mujer, á quien no le cabe ya la lengua en la boca,-no tienen tacha. Tocante á eso, no es porque sean míos; pero, como dijo el otro.... Vamos, que son dos perlas.

-Como que los he criao yo en casa-repone su marido;-y éste que se llama Galán, es hijo de la Leona, y este otro, Cachorro, de la Gallarda, dos vacas que, mejorando lo presente, son dos soles.

-Justo, que las vendimos el mes pasao al sobrino del Regioso, con perdón de ustedes, que por aquel pique que tuvo por la cuñá del Mostrenco, que ya con este mote le han de enterrar, por el lindero del prao que le tocó á resultas del cobicillo que encontraron debajo del jergón de su tío, que en santa gloria esté..., y ahí está el mi hombre que no me dejará mentir, que á la verdá que anduvo como una estorneja de acá para allá, ahora que la botica, después que el señor cura, luego que la unción, porque el enfermo daba el ¡ay! que partía el alma, sin que hubiera en aquella casa un mal nacido á quien volver los ojos..., y no se lo tome Dios en cuenta á la que tanto fachendea hoy gracias á los cinco carros de tierra que apañó.... Pues resulta de que....

Á la buena mujer se le va la burra entre tanta maraña, mientras el tío Juan no quita los ojos de la pareja. El comprador mira al perito como si quisiera leer en su fisonomía la opinión que va formando; el vendedor atusa el pelo á los novillos, y los intrusos los ponderan cuanto les es permitido, con objeto, evidentemente, de contribuir á que se cierre el trato y no se pierda la robla. Después que el perito y el comprador han visto que los animales se plantan bien al caminar, que no se aprietan, que no zambean del cuarto trasero, que son bien encornados y que igualan perfectamente en alzada y color, el primero les mira la boca, les palpa bien los brazuelos y las nalgas para ver si están despicados de algún remo, y les examina escupulosamente las astas por si son estoposas, las pezuñas por si blandean, y los ojos por si tienen nube ó glarimeo.

Hecho este examen, el tío Juan, sin perder un solo rasgo de su gravedad, dice en tono solemne:

-Caballeros, la pareja..., lo que toca á la pareja, no tiene pero. Son dos rollos de cuatro años, sanos como dos corales.

-Pos á mí-añade el comprador,-lo que toca al particular, también me gusta la planta y el aquel de la pareja.... Conque si el señor trae gana de vender, diga, si á mano viene, en lo que estima su hacienda, que yo á comprar he venío.

-Al respetive de eso mesmo-replica el vendedor,-no me quedo yo atrás; que hoy por ti y mañana por mí..., y, como dijo el otro, mortales nos hizo Dios.... Vamos al decir, que si tú traes ganas de comprar, no reñiremos.

-Cabales, que ni al mi hombre ni á mí nos ha perseguido nunca la justicia por embusteros; y cuando vemos que se trata con gente de formalidá y de requilorios....

-Esa es la verdá; y vamos, Antón, á estimar la pareja, como el otro que dice, con equidá.

-Pos la pareja, Ogenio, por ser para ti..., la pareja; que, como ha dicho el señor, no tiene pero; la pareja, y que no vea la cara de Dios si te engaño; la pareja vale treinta doblones[3] como dos cuartos.

-Tú no quieres vender, Antón-contesta con cierto desdén el atildado Ogenio.

-Ogenio-replica Antón,-tú me ofendes.

-Que te digo que no quieres vender.

-¡Que mal rayo me parta si he venío á otra cosa á la feria! Y sábete que por ese dinero ya no tendría en casa los novillos hace una semana, si los hubiera querido vender...; pero hoy por ser pa ti....

-Pos yo no doy por ellos más que veinticinco doblones.

-Tú no quieres comprar, Ogenio.

-Á eso vine á la feria, Antón...; y si no, que diga tío Juan si me pongo en lo justo.

-Lo que toca á mí-dice el aludido, que durante la escena referida se ocupaba en hacer rayitas en el polvo con el palo,-lo que toca á mí, no me gusta meterme en la hacienda del vecino, que cada uno puede estimarla en aquello que, pongo por caso, le acomoda.

-De manera es-replica el comprador,-que aunque usté diga uno, ó dos, ó medio; ó que la pareja vale tanto ó cuanto, ó que por aquí ó que por allá, no ha de ser medida la palabra de usté.

-Eso es-añade Antón;-que como dijo el otro, ná se pierde con oir á éste y al de más allá.

-Andando-gruñe su mujer, clavando los dientes en la quinta manzana,-que todos somos hijos de Dios, y más ven cuatro ojos que dos.

-Es de razón-exclaman á coro los demás circunstantes.

-Pues, caballeros-concluye el perito con cierto tonillo de autoridad;-creo que se pueden dar veintisiete doblones por la pareja.

-Ya lo oyes, Antón...; y yo no dejo mal á ningún amigo.

-Por dicho de eso, yo tampoco, Ogenio; y si das los veintiocho, tuya es la pareja.

Grandes murmullos en el grupo; anímase el tío Juan, y exclama, imponiendo silencio á los circunstantes:

-Ni los veintisiete ni los veintiocho, que han de ser los veintisiete y medio, y se pagará la robla además.

-Corriente-dice Ogenio.

-Pues buen provecho te hagan-añade Antón, entregando la ahijada al primero, como símbolo del dominio que le transmite....

El pequeño circuló se agita con gran ruido; todos se felicitan recíprocamente, todos hablan á la vez, y entre todas las voces se destaca la de la exdueña de los novillos que charla más que nadie y desbarra como nunca.

Autorizado competente uno de los testigos del ajuste, marcha á buscar al punto más inmediato dos azumbres de vino tinto para mojar el trato, es decir, para hechar la robla; y mientras vuelve, el comprador se sienta en el suelo, saca un pesado bulto del bolsillo interior de su chaqueta, y comienza á desliarle capa á capa, como si fuera una cebolla. Así van saliendo, sucesivamente, un pañuelo de percal aplomado, un viejo pañal de una camisa y una bula, dentro de la cual aparecen, como núcleo de todo el envoltorio, un montón de napoleones y algunas monedas de oro cuidadosamente guardadas entre los amarillentos repliegues de una hoja de un catecismo. Con grandísimas dificultades cuenta los veintisiete doblones y medio, ó sean 1.650 reales, y se los entrega al vendedor, quien, en el acto, y con no menores amarguras, los cuenta también; y envueltos en la bula, y la bula en la muselina de la mujer de Antón Perales, desaparecen en los profundos abismos de la faltriquera que debajo del refajo lleva ésta[4].

El que fué por el vino vuelve con un enorme jarro lleno de él en una mano, y con una taza de barro blanca en la otra. Desátanse, á su vista, más y más las lenguas del corrillo; sonríense todas las fisonomías, y el rústico Ganimedes, apoyándose en la yugata de la pareja, comienza á escanciar el vino con gran pulso y mucha solemnidad.

El tío Juan, para quien es la primera taza, levantándola en alto, brinda:

-Por la salud de los presentes, que se disfrute muchos años la pareja, y que en el cielo nos veamos.

-Amén-contesta á coro la reunión.

La taza sigue pasando luego de mano en mano y de boca en boca, hasta que se agotan las dos azumbres de rioja.

Pero Antón Perales no quiere ser menos que su contrinca, y paga otros ocho cuartillos que se beben con la misma solemnidad que los anteriores, con el mismo ceremonial, pero con mayor locuacidad de parte de los bebedores y con peor pulso de la del escanciador.

Entretanto la tarde va acabándose, y el ganado y la gente que llenaban la feria se retiran poco á poco.

Ya no se oyen las tarrañuelas, ni los panderos, ni un solo grito en el corro de bolos. Los taberneros recogen sus baterías, y embridan sus jamelgos los curas, los jándalos y los señores de aldea; y perdiéndose, por grados, desde el lugar de la feria, por la campiña adelante en todas direcciones, se oye el sonido de las campanillas del ganado que se aleja. Nuestros conocidos, detrás de los novillos, llevan, como quien dice, la llave de la feria, cierran la marcha ... y bien lo necesitan. Tal andan todos ellos, que no les basta entero el ancho del camino para no darse de calabazadas unos con otros. Aquello ya no es hablar: es una algarabía incomprensible é insoportable. La mujer de Perales, sobre todo, desafina como una cotorra; cuenta lo suyo, lo de los vecinos y hasta lo que no sabe. Su marido se empeña en que relampaguea, y está el cielo sin una sola nube; antójasele que los troncos de los árboles son ladrones y lleva á su costilla agarrada fuertemente por la saya para que no la roben el dinero. Tío Juan, el perito, canturria, con voz atiplada y temblorosa, aires de sus mocedades, y, recordando galantes aventuras, enamora á la disimulada á la mujer de Antón. Ogenio palpa con torpe mano las monedas que le quedan en el bolsillo, y contando por los dedos de la otra, sostiene y jura que ha dado dinero de más á Perales.-Los cuatro intrusos dan la razón á todo el mundo, pero trocando los asuntos. Á Perales le aseguran que Ogenio le engañó, dándole dinero de menos; á éste, que está, en efecto, relampagueando y que al fin tronará; á la pobre mujer, que realmente ha sido muy atravesá y muy revoltosa, y que si pellizca al tío Juan, hace muy bien, porque ella se entiende.... Pero al oir esto, su marido, aunque no es celoso, ni mucho menos, da instintivamente un tirón á la saya que lleva agarrada entre sus dedos; y como su dueña no está para grandes pruebas de equilibrio, viene al suelo como un fardo. En el mismo instante Ogenio toca en el bolsillo á Antón para advertirle que quiere ventilar la duda que le preocupa, y éste, siempre soñando con los ladrones, sobrecógese de horror, dase por muerto, quiere huir, tropieza con su mujer y cae sobre ella; apresúrase el otro á levantarle, pierde el equilibrio y da de hocicos sobre los dos caídos; acuden, al estrépito, los demás personajes; creen que aquello es una lucha, enmaráñanse para separarlos, empújanse los unos á los otros, y al cabo y al fin caen todos amontonados sobre la desdichada mujer que grita y se lamenta medio sofocada por tan enorme peso. Estrújanse y aráñanse todos buscando un punto de apoyo para salir de aquel enredo; y poco á poco, y con grandes fatigas, van levantándose uno á uno; y renqueando y vacilando, se vuelven á poner en marcha, y llegan á un punto en que se bifurca la carretera. Allí deben separarse el tío Juan, Ogenio y dos de los intrusos. Pero da la casualidad (y estas casualidades abundan en la Montaña más que las ferias, que los mercados y que las romerías), da la casualidad, repito, que en el punto de empalme de los dos caminos hay una taberna; y como tío Juan de la Llosa es hombre que no queda mal con sus amigos por un par de azumbres más ó menos, invita á sus camaradas á beber, para demostrarles que «si aquello ha sido guerra, que nunca haya paz».

Inútil es decir que el convite se acepta y se agradece.

Pero los bebedores se han metido en la taberna y han atado la pareja á un poste del portal, indicios todos de que sólo Dios sabe á que hora concluirá aquello y bajo qué techo dormirán nuestros conocidos la robla de los novillos.

Además, la noche ha cerrado ya; me comprometí, lector, á acompañarte á una feria para que supieras con un ejemplo práctico lo que es una robla: he cumplido mi palabra como me ha sido posible, y creería abusar de tu amabilidad obligándote á pasar la noche al raso. Retirémonos, pues..., y hasta la vista.

NOTAS:

[Nota 1: De robra: escritura ó papel autorizado para la seguridad de las compras y ventas ó de cualquier otra cosa. DIC. ACAD.-Refiriéndose á este cuadro, escribía años ha el eminente literato don Juan Eugenio Hartzenbusch: «También allí (en la provincia de Cuenca) se usaba, aunque más en pequeño, echar la robra en términos parecidos á los de la Montaña, pero dicen robra, y robra significa una firma, una escritura, cualquier documento.»]

[Nota 2: Mi erudito amigo y paisano don E. Pedraja Samaniego, dijo en El Averiguador de Cantabria, respondiendo á una pregunta hecha en el mismo acerca de la antigüedad de esta costumbre por mí descrita: «Robla.-La costumbre de convidar el comprador ó el vendedor, después de consumado el contrato, á los que han intervenido en él, es tan antigua, que ya se halla mencionada con la palabra Alvoroc (hoy alboroque) en el título 25 de las Cortes de León celebradas el año de 1020.»-El M.º Berganza, en el tomo I de sus Antigüedades de España, pág. 311, dice: «En el año 1025, Zite Morielez vendió al Monasterio de Cárdena una viña por sesenta sueldos de plata y cinco que se gastaron en el Alvoroc.» El mismo, en el catálogo de palabras antiguas que trae al fin del tomo II, define así la palabra alvoroc: «robra que confirma la compra». (Notas del A. en 1876.)]

[Nota 3: El doblón, en la Montaña, es una moneda imaginaria, equivalente á 60 reales.]

[Nota 4: Quizás me objete algún montañés resabido que no es usual, ni tal vez tolerado, recibir el vendedor en la misma feria el importe de lo vendido. No disputaremos sobre el caso, siempre que él me conceda que en los pormenores del pago no he puesto yo uno solo que no sea verosímil.]

«Á LAS INDIAS»

«Á las Indias van los hombres,
á las Indias por ganar:
las Indias aquí las tienen
si quisieran trabajar.»
(Canc. pop. de la Montaña.)

I

Madre, este carraclán está mal hecho.

-¡Jesús, qué condenao de chiquillo!... ¡Si le está, que ni pintao!

-¡Tisana, que me aprieta por todas partes, y los faldones se me suben al pescuezo cada vez que me voy á quitar el sombrero!

-Di que eres un mocoso presumido, y no me rompas la cabeza.

-Diga usté que no sabe coser por lo fino..., ni esta tarascona de mi hermana.... ¿Lo ve?... Lo mismo coge la aguja que las trentes. ¡Tisana, qué camisa me está cosiendo!... ¡Á ver si das más cortas esas puntadas!...

-¡El demonio del renacuajo!... ¿Cuándo soñaste tú en gastar levita? ¡Después que me llevo mes y medio sin pegar el ojo por servirle á él!... Madre, yo no coso más.

Y la censurada costurera, que es una mocetona como un castaño, arroja al suelo la camisa que estaba cosiendo, y vuelve las espaldas con resuelto ademán al escrupuloso elegante, rapaz de trece años, listo como una ardilla y tan flaco como el mango de una paleta.

Su madre, mujer de cuarenta años, aunque las arrugas del rostro y la curva de sus espaldas la hacen representar sesenta, después de comerse media cuarta de hilo para hacerle punta y que pase por el ojo de la aguja que apenas se ve entre sus callosos dedos, pone en orden á la susceptible costurera, se acerca al muchacho, le hace girar tres veces sobre sí mismo, le estira con fuerza la levita que lleva puesta y después de contemplar un instante su obra, vuelve á sentarse, exclamando con acento de profunda convicción:

-Que la pinte mejor un sastre.

Pero antes de ir más lejos, y para mejor inteligencia de los lectores, es justo que, como diría el inédito poeta don Pánfilo, expliquemos la situación.

Que nuestros personajes son montañeses, debe haberse deducido del estilo del diálogo anterior; y si éste no lo ha demostrado bastante, conste desde ahora que lo son en efecto.-El lugar de la escena puede el lector colocarle en el punto de esta provincia que más le conviniere, si bien su parte oriental es preferible por ser en ella más frecuentes que en las demás, cuadros semejantes al que voy á describir.-El escenario es aquí el ancho soportal, ó tejavana de una casa pobre de aldea.-Ésta, como todas ó la mayor parte de las de su categoría, tiene en la humilde fachada del portal tres huecos: la puerta principal en el centro; la de la cuadra á la izquierda; y á la derecha la ventana de la cocina. Sentadas en el alto batiente de la primera, cosen las dos mujeres; la segunda está entreabierta, porque acaba de entrar por ella á arreglar el ganado el bueno de tío Nardo; jefe de la familia, ó esposo y padre respectivamente de los personajes de nuestro diálogo. Por lo que hace á la ventana, aunque no la necesitamos para nada, diré, á fuer de verídico historiador, que está cerrada, pues su destino, más que dar luz á la cocina, es dejar que salga el humo de ella cuando hay fuego en el hogar, el cual está ahora tan frío como la borona que en él se coció por la mañana para todo el día...; y dicho se está con esto que la escena es por la tarde: conste también, sin que este dato sea, como parecerá á primera vista, una minuciosidad inútil, que corre el mes de septiembre. Ahora sólo nos resta consignar que el pequeñuelo interlocutor, al dirigir tan graves cargos á su madre y á su hermana, llegaba al portal, vestido con levita, pantalón y chaleco de mahón gris; agarrotado su cuello entre los revueltos y atropellados pliegues de una enorme corbata de percal con grandes cuadros rojos; medio oculta su diminuta é inteligente cabeza bajo las anchas alas de un sombrero de paja con cinta verde, y calzado, por último, con gruesos zapatos de Novales. El polvo que los cubre, el arrebatado color de la cara del muchachuelo y el garrote que éste trae en una mano, prueban bien á las claras que acaba de hacer una larga caminata. En cuanto á las razones que tiene para quejarse de las tijeras de su madre y de la aguja de su hermana, no dejan de parecer fundadas, si se mira su vestido con alguna atención, pero también es cierto que las pobres mujeres nunca las vieron más gordas, y que el intolerante rapaz se mete por primera vez bajo aquellos faldones que le estorban.

También debe constar que á pesar de lo que dijo al presentarse en escena, hay en su fisonomía algo de risueño y placentero que denota una satisfacción interior; su viaje debe haber tenido un éxito feliz.... Mas para saber lo que hay sobre esto y otras cosas que nos proponemos referir, volvamos á tomar el asunto donde le dejamos para hacer esta digresión.

Mientras la madre pronunciaba las palabras que dejamos escritas, hecho el examen de la levita de su hijo, éste se sentó en el poyo del portal, entre las dos puertas; y limpiándose luego con el pañuelo del bolsillo el polvo de sus zapatos, replicó vivamente:

-Eso lo dice usted aquí porque no hay comparanza; pero si me viera al lado de don Damián como yo acabo de verme.... ¡Tisana, qué levita!...; ¡aquéllas sí que son costuras!... Ni siquiera se conocen.... ¡Y qué corte! Da gloria de Dios el verla. Y no estos costurones ... ¡más mal asentaos!

-Pero, condenao, ¿cómo quieres tú comparar aquel paño tan fino con este mahón de á tres reales?

-¡Qué mahón ni que ocho cuartos! En las manos consiste toa la cencia.... Si me hubiera hecho la ropa un sastre de Santander, como yo quería.... Lo mismo que el chaleco ... y los calzones: por un lado me sobra media fanega, y por otro no me puedo revolver adentro.... ¡Y estos zapatos!... Yo no sé en qué consiste que cuanto más tocino les doy, más peor se ponen. ¡Qué zapatos los de don Damián, tisana! Relumbran como el sol de mediodía.

-Pero, hijo mío, ¿no ves que don Damián es un señor muy rico?...

-También tú te vestirás así el día de mañana, ¿verdá, madre?

-¡Anda, anda!; ya te estás relambiendo con los vestidos que te he de regalar.... ¡Como no pongas otros!...

-Ni falta que me hacen, para que lo sepas; probe nací, y con saya de estameña y tirando de la azada me han de querer....

-Calla, tonta, que lo dije por oirte: ¡miá tú qué me importará á mí el día de mañana vestirte como una señora prencipal!... ¿eh, madre?

Á la buena mujer, mientras sus dos hijos comenzaban á contender en este terreno, se le iban enrojeciendo los ojos, fenómeno que, en idénticas circunstancias, había observado de algunos días á aquella parte el tío Nardo con no poca sorpresa; y sabiendo por la experiencia que si no combatía la emoción á tiempo no podría disimularla, dió al diálogo otro giro diverso, preguntando al muchacho:

-¿Te dió la carta don Damián?

El interrogado que por otra parte, parecía estar deseando que se le hiciera semejante pregunta, llevó la diestra al bolsillo interior de su levita; después á uno de los del chaleco; ocultó entre sus dedos una moneda, y sonriendo con expresión de triunfo, exclamó, alzando progresivamente la voz:

-Aquí está la carta ... y aquí esto...; ¿lo ven bien? Esto ... ¿qué dirán que es esto?... ¡Tisana!, que no lo aciertan.... Pues esto es ... ¡media onza!...

-¡Media onza!...

-¡Media onza!

-¡Media onza!-añadió el tío Nardo asomando la cabeza por la puerta de la cuadra;-¡media onza!-repitió mientras descubría el tronco;-¡media onza!-exclamó, en fin, trasladándose de un brinco junto al grupo que formaba su familia admirando la moneda que Andrés (y ya es hora de decir como se llamaba el rapaz) mostraba como una reliquia.

-¡Media onza, sí!-recalcaba este último girando en todas direcciones;-¡media onza más maja que el sol!... Aquí está; don Damián me la dió para mí solo.... ¡Viva don Damián!

Después que hubo pasado la moneda de mano en mano por todas las del grupo, y que todas las personas que le componían la hubieron mirado y remirado y hecho sonar contra las piedras, Andrés se volvió á apoderar de ella, y reclamando la atención de toda su familia, desdobló la carta que también le dió don Damián, y leyó en ella, con mucha seguridad, aunque con bien poco sentido gramatical, lo que sigue:

«Señor don Frutos Mascabado y Caracolillo.

»Habana.

»Mi querido amigo y antiguo compañero: El dador de ésta lo será,   Dios mediante, el joven

Andrés de la Peña, que saldrá de Santander,   al primer tiempo, en la fragata Panchita con rumbo á esa ciudad,   en la cual se propone probar fortuna. Al efecto, me tomo la   libertad de suplicar á usted le auxilie en todo lo que esté de su   parte, tratando por de pronto de proporcionarle acomodo conveniente   á sus circunstancias. Dicho Andrés es muchacho listo y de buena conducta, tiene excelente pluma y sabe de cuentas hasta la de   compañías inclusive.

»Contando con la buena amistad de usted, me atrevo á anticiparle   las gracias por lo que en obsequio de mi recomendado haga, que   será, desde luego, uno de los buenos servicios entre los muchos que   ya le debe su afectísimo amigo y seguro servidor

Q.S.M.B.

Damián de la Fuente.»

Después de esta carta, parécenos excusado decir á nuestros lectores lo que significan la levita de Andrés y el inusitado movimiento de toda su familia alrededor de su equipaje.

II

Por regla general, á los niños, apenas dejan los juguetes, les acomete el afán, sobre todas sus otras aspiraciones, de hombrear, de tener mucha fuerza y de levantar medio palmo sobre la talla. Pero cuando los niños son de estas montañas, por un privilegio especial de su naturaleza, su único anhelo es la independencia con un Don y mucho dinero. Y, según ellos, no hay más camino para conseguirlo que irse «á las Indias».... Los abismos del mar, los estragos de un clima ardiente, los azares de una fortuna ilusoria, el abandono, la soledad en medio de un país tan remoto ... nada les intimida; al contrario, todo estos obstáculos parece que les excitan más y más el deseo de atropellarlos. ¿No es cierto que en América es de plata la moneda más pequeña de cuantas usualmente circulan? Pues un montañés no necesita saber más que esto para lanzarse á esa tierra feliz; la vida que en la empresa arriesga le parece poco, y otras ciento jugara impávido, si otras ciento tuviera.

¿Hay quien lo duda? Ofrezca un pasaje gratis desde Santander á la Isla de Cuba, ó una garantía de pago al plazo de un año, y verá los aspirantes que á él acuden. Y no se apure porque el pasaje no sea en primera cámara: un montañés de pura raza atraviesa en el tope el Océano, si necesario fuese.

Díganle «á las Indias vamos», y con tan admirable fe se embarca en una cáscara de limón, como en un navío de tres puentes. Este heroísmo suele ir más allá aún. Un indiano de semejante barro ve transcurrir los mejores años de su juventud de desengaño en desengaño, y no desmaya. No hay trabajo que le arredre, ni contrariedad que apague su fe: la fortuna está sonriéndole detrás de sus desdichas, y la ve tan clara y tan palpable entonces, como la vió de niño, cuando, soñando sus ricos dones, se columpiaba en las altas ramas del nogal que asombraba su paterna choza.

De lo cual se deduce que la honradez, la constancia y laboriosidad de un montañés, son tan grandes como su ambición.

Nadie, en buena justicia, podrá quitar á esta noble raza un timbre que tanto la honra.

Nuestro Andresillo, pues, vástago legítimo de ella, no bien supo hablar, ya dijo á su madre que él sería indiano. Creció en edad, y la idea de irse á América fué el tema de todas sus ilusiones; y tanto y tanto insistió en su proyecto, que su familia comenzó á deliberar sobre él muy seriamente.

Un día fueron tío Nardo y su mujer á consultarlo con don Damián, indiano muy rico de aquellas inmediaciones, y de quien ya hemos oído hablar. Don Damián había hecho, es cierto, un gran caudal: esto es lo que veía toda la población de la comarca y lo que excitaba más y más en los jóvenes el deseo de emigrar; pero en lo que se fijaban muy pocos, si es que alguno pensó en ello, era en que don Damián se hizo rico á costa de veinte años de un trabajo constante; que en todo ese tiempo no dejó un sólo día, una sola hora, de ser hombre de bien, ni de cumplir, por consiguiente, con todos los deberes que se le imponían en las dificilísimas circunstancias por que atravesó.

Además, don Damián había ido á América muy bien recomendado y con una educación bastante más esmerada que la que llevan ordinariamente á aquellas envidiadas regiones los pobres montañeses. Todas estas circunstancias que obraron como base principal de la riqueza de don Damián, le obligaban á exponérselas á cuantos iban á pedirle cartas de recomendación para la Habana, y á consultarle sobre la conveniencia de salir á probar fortuna. Cuando semejantes consideraciones no bastaban á desencantar á los ilusos, daba la carta que se le pedía, y á las veces su firma garantizando el pago del pasaje desde Santander á la Habana.

Los padres de Andrés oyeron del generoso indiano las reflexiones más prudentes y los más sanos consejos, cuando á pedírselos fueron en vista de las reiteradas insinuaciones de aquél. En obsequio á la verdad, la mujer del tío Nardo no necesitaba de tantas ni tan buenas razones para oponerse á los proyectos de su hijo: era su madre, y con los ojos de su amor veía á través de los mares nubes y tempestades que obscurecían las risueñas ilusiones del ofuscado niño; pero el tío Nardo, menos aprensivo que ella y más confiado en sus buenos deseos, apoyaba ciegamente á Andrés; y entre el padre y el hijo, si no convencían, dominaban á la pobre mujer, que, por otra parte, respetaba mucho las corazonadas, y jamás se oponía á lo que pudiera ser permisión del Señor. El párroco del lugar le había dicho en muchas ocasiones que Dios hablaba, á veces, por boca de los niños; y por si á Andrés le había inspirado el cielo su proyecto, se decidió á respetarle en cuanto le pareciese deber hacerlo así.

Sobreponiéndose, pues, á las reflexiones del indiano la fuerza de voluntad de Andresillo y la buena fe de su padre, el primero prometió su protección al segundo; y desde aquel día no se pensó más en la casita que conocemos que en arreglar el viaje lo más pronto posible.

Los preparativos al efecto eran bien sencillos: sacar el pasaporte y hacer el equipaje.

Éste se componía:

De tres camisas de estopilla;

Un vestido completo de mahón, de día de fiesta;

Otro ídem íd. íd., para diario;

Una colchoneta y una manta, y

Un arca de pino, pintada de almagre, para guardar, durante el viaje, la ropa que Andrés no llevase puesta.

Del pago del pasaje se encargó don Damián hasta que Andrés supiera ganarlo.

El producto de la única vaca que tenía el tío Nardo, vendida de prisa y al desbarate, dió justamente para los gastos de equipo del futuro indiano y para el pequeño fondo de reserva que debía llevar consigo, fondo que se aumentó con medio duro que el señor cura le regaló el mismo día que le confesó; con seis reales del maestro que le dió últimamente lecciones especiales de escritura y cuentas, y con la media onza de que tiene noticia el lector. Y no se arruinó completamente la pobre familia para «echar de casa» á Andrés, gracias al generoso anticipo del indiano; de otro modo, hubiera vendido gustosa hasta la cama y el hogar. Los ejemplos de esta especie abundan, desgraciadamente, en la Montaña.

El día en que presentamos la escena á nuestros lectores era el último que Andrés debía pasar bajo el techo paterno: le había destinado á despedidas, y ya tuvimos el gusto de ver el resultado que le dió la de don Damián; día que, dicho sea inter nos, había costado muchas lágrimas á la pobre madre, á escondidas de su familia, pues no podía resignarse con calma á ver aquel pedazo de sus entrañas arrojado tan joven á merced de la suerte, y tan lejos de su protección.

Pero las horas volaban, y era preciso decidirse. Cuando Andrés acabó de leer la carta, su único amparo al dejar su patria, y á vueltas de algunos halagüeños comentarios que se hicieron sobre aquélla, la pobre mujer, á quien ahogaba el llanto, mandó entrar en casa á su hijo para que su hermana le limpiara la ropa que llevaba puesta y se la guardara, mientras ella daba las últimas puntadas á una camisa.

Andrés, entonando un aire del país, obedeció, saltando de un brinco sobre el umbral de la puerta; pero su madre, al ver aquella expansiva jovialidad en momentos tan supremos, fijos en él sus turbios ojos mientras atravesaba el angosto pasadizo, abandonó insensiblemente la aguja, y dos arroyos de lágrimas corrieron por sus tostadas mejillas.

-¡Pobre hijo del alma!-murmuró con voz trémula y apagada.

Tío Nardo, más optimista, por no decir menos cariñoso que su mujer, no comprendiendo aquel trance tan angustioso, hacía los mayores esfuerzos por atraerla á su terreno.

-Yo no sé, Nisca-le dijo cuando estuvieron solos,-qué demonches de mosca te ha picao de un tiempo acá, que no haces más que gimotear. Pues al muchacho no soy yo quien le echa de casa, que allá nos anduvimos al efeuto de embarcarle...; y por Dios que no lo afeaste nunca bastante, ni te opusiste de veras.

-Y ¿qué había de hacer yo? Tampoco hoy me opongo, aunque cuanto más se acerca la hora de despedirme de él.... ¡Pobre hijo mío!... Dícenme que puede hacerse rico...; ¡y nosotros somos tan pobres! ¡Ofrecen tan poco para un hombre estos cuatro terrones que el Señor nos ha dado!... ¡Ay, si Él quisiera favorecerle!...

-Pues ¿qué ha de hacer, tocha? ¡No, que no!...; ahí tienes á don Damián....

-¡Siempre habéis de salirme con don Damián!

-Y con muchísima razón. ¿Qué mejor ejemplo? Un señor que vino al pueblo cargado de talegas; que á todos sus parientes ha puesto hechos unos señores; que no bien sabe que hay un vecino necesitao, ya está él socorriéndole; que alza él solo casi todas las cargas del lugar; que corta todos los pleitos para que no se coma la Justicia la razón del que la tiene y el haber de la otra parte, y que no quiere por tanto beneficio más que la bendición de los hombres de bien. ¿Qué más satisfacción para nosotros que ver á nuestro hijo en el día de mañana bendecido como don Damián?

-¡Ay, Nardo!; en primer lugar, don Damián fué siempre muy honrado....

-No viene Andrés de casta de pícaros.

-Después, Dios le ayudó para que hiciera suerte.

-Y ¿por qué no ha de ayudar á Andrés?

-Don Damián fué un señor desde sus principios, y cuando salió de aquí llevaba muchos estudios y sabía tratar con personas decentes...; y había heredado la levita, que esto vale mucho para bandearse fuera de los bardales del lugar.

-¡Bah, bah!...; ríete de cuentos, Nisca, que todos los hombres nacimos de la tierra y tenemos cinco dedos en cada mano.

-Valiera más, Nardo, que en lugar de fijarnos en ejemplos como el de ese buen señor para echar de casa á nuestros hijos, volviéramos los ojos á otros más desgraciados. ¡Cuántas lágrimas se ahorrarían así!... Sin ir más lejos, ahí está nuestra vecina que no halla consuelo hace un mes, llorando al hijo de su alma que se le murió en un hospital al poco tiempo de llegar á la Habana.

-Sí; pero ese muchacho....

-Era tan sano y tan robusto como Andrés, y como él era joven y llevaba buenas recomendaciones. También las llevó el del tío Pedro, y murió pobre y desamparado en lo más lejos de aquellas tierras.... Bien colocado estaba el sobrino del señor alcalde, y malas compañías le llevaron á perecer en una cárcel; y Dios parece que lo dispuso así, porque cuentan que si sale de ella hubiera sido para ir á peor paraje. Veinte años bregó con la fortuna su primo Antón, y, por no morirse de hambre, anda hoy de triste marinero ganando un pedazo de pan por esos mares de Dios. Bien cerca de tu casa tienes al pobre hijo de Pedro Gómez esperando á que se le acabe la poca salud que trajo de las Indias al cabo de quince años de buscarse en ellas la fortuna, para que Dios le lleve á descansar á su lado; pues ya, pobre y enfermo, ni vale para apoyo de su familia, ni para el pueblo, ni para sí mismo, que es lo peor...; y bien reniega de la hora en que salió de su casa....

-¡Anda, anda!...; ¡echa por esa boca desventuras y lástimas! ¿Por qué no te acuerdas del hijo del Manco y de el del alguacil, que dicen que gastan coche en la Habana y que están tan ricos que no saben lo que tienen?

-¡Mal año para ellos, que dejan morir de miseria á sus familias que se arruinaron por embarcarlos, y ni siquiera se acuerdan de la tierra en que vieron el sol! ... mucho quiero á ese pobre hijo que se va á ir por ese mundo; pero antes que verle mañana sin religión, olvidado de su familia y de su tierra (Dios me perdone si en ello le ofendo), quisiera la noticia de que se había muerto.

-Vaya, Nisca, que hoy te da el naipe para sermones de ánimas.... Todavía me has de hacer ver el asunto por el lado triste.

-¡Dichoso de ti, Nardo, que no le has visto ya!

-No seas tonta, que yo no puedo ver esas cosas como tú las ves.... Porque este lugar haya sido poco afortunado para los indianos....

-Calcula tú cómo andarán los demás ... cuando en este rincón solo hay tanta lástima. ¡Ay, Nardo!; aunque yo no lo tocara con mis manos ni lo viera con mis ojos, los consejos de don Damián, con la experiencia que tiene, serían de sobra para que yo llorara al echar, sola por el mundo, á esa pobre criatura.

La salida de Andrés interrumpió este diálogo. Traía puesto su traje de camino, nuevo también, pero de corte más humilde que el que se había quitado para que su hermana se le guardase.

Tía Nisca se enjugó apresuradamente los ojos al ver á su hijo, y plegó con esmero sobre sus rodillas la camisa que había concluído.

Toda aquella tarde se invirtió en arreglar el equipaje de Andrés, y al anochecer se rezó el rosario con más devoción que nunca, pidiendo todos á la Virgen, con esa fe profunda y consoladora de un corazón cristiano, amparo para el que se iba, y, para los que se quedaban, resignación y vida hasta volver á verle.

III

Ahora, si el lector lo consiente, que sí lo consentirá, pues no le cuesta dinero ni cosa que lo valga, vamos á trasladarnos con la escena á otra parte.

Estamos en el magnífico Muelle de Santander.

Como de ordinario, multitud de carros, bultos de mercancías, básculas, corredores, dependientes, comerciantes, marineros, pescadores, vagos y curiosos forasteros, en el más agitado y bullicioso desorden, le hacen intransitable desde la Ribera al café Suizo. Fijémonos un momento en este último punto, como el más despejado. Frente á la puerta pasan tres personas que nos son muy conocidas, y siguen, sin detenerse un segundo ante las vidrieras del establecimiento para ver sus espejos y divanes, hacia la punta del Muelle. Estos personajes son Andrés, su padre y su madre. El primero en medio de los otros dos, metidas las manos en los bolsillos de sus anchos pantalones, tiradas hacia la espalda las solapas de la levita consabida, y el hongo muy calado sobre el cogote. El tío Nardo á la derecha, con su vestido nuevo de paño pardo, y su mujer al otro lado, con muselina blanca á la cabeza, la saya morada de los domingos colgada al hombro, y terciado en el brazo opuesto un gran paraguas envuelto en funda de percal rayado. Los tres caminan sin decirse una palabra: tío Nardo con las más visibles muestras de indiferencia; su mujer abismada como siempre en su pena, y mirando al través de sus lágrimas el barco fatal que espera á su hijo, meciéndose sobre las aguas á una milla del Muelle. En cuanto á Andrés, á juzgar por su resuelto continente y por su sonrisa desdeñosa, puede asegurarse que acaricia la ilusión de construir por su cuenta, á su vuelta de América, un barrio tan elegante y monumental como el que va recorriendo.

Tres días hace que llegaron del pueblo. Despachados los papeles y demás diligencias indispensables á todo pasajero, sólo se pensó ya en complacer á Andrés y en proporcionarle cuantas distracciones estuvieran al alcance de sus recursos. Tuvo éste á su disposición dos días y cerca de veinte duros. De modo que á la hora en que le volvemos á encontrar, no cuenta un solo deseo que no haya visto satisfecho; es decir, se ha bebido, vaso á vaso, más de media cántara de agua de limón «fría como la nieve»; ha comido, de seis en seis, más de un ciento de merengues; ha convidado á cuantos paisanos y conocidos hallaba al paso; ha comprado una sinfonía en una tienda de alemanes, y ha oído una misa mayor en la Catedral. Total de gastos, con hospedaje y alimentos de las tres personas en el Cuartelillo, cinco napoleones. Nada, pues, le quedaba ya que ver, como él decía, cuando le avisaron que era preciso embarcarse, porque estaba la fragata lista para darse á la vela.

Esta noticia, que no le sorprendió lo más mínimo, acabó de anonadar á su madre y sacó, por un instante, de su habitual atolondramiento á tío Nardo.

Sigámosles ahora por el Muelle. En la última rampa se embarcan en un bote que se dirige en seguida á la fragata que aún no ha contemplado Andrés más que de lejos, sin que por ello la haya perdido de vista un solo día desde su llegada á Santander; por consiguiente, no ha podido formarse todavía una idea exacta de lo que ella es.

Á medida que se aproximaban los tres al buque, éste va desarrollando á sus ojos sus gigantescas proporciones; su negra mole parece que surge del agua, y tía Nisca, aunque jamás se forja ilusiones ni las toma en cuenta para nada, lo cree como el Evangelio. Y cree más: para ella, aquel volumen enorme tiene una fisonomía, fisonomía satánica, imponente, que la mira siempre y con un gesto terrible que hiela la sangre en sus venas. Los gritos de adentro y el sinnúmero de caras que asoman sobre la borda mirando á los del bote que llega, le parecen el alma diabólica y multiforme de aquel monstruoso cuerpo en cuyos antros va á desaparecer quizá para siempre, el hijo de su amor. El atezado rostro de tía Nisca se vuelve lívido.

Andrés, por el contrario, se entusiasma más y más según que se acerca á la fragata. La magnitud de su casco, la elevación de sus palos, el laberinto de su jarcia, todo le enamora y hasta le enorgullece. ¿Qué vale la pobre choza de su aldea junto á aquel flotante palacio que va á habitar durante mes y medio?

En cuanto á tío Nardo, si hemos de ser justos, desde que pudo apreciar la magnitud real y efectiva del barco hasta que llegó á su costado, no pensó más que en calcular cómo no se iría á pique un cuerpo tan pesado, siendo el cuerpo tan duro y tan blando el elemento que le sostenía; cuestión que trató con sus vecinos más de una vez, á su vuelta á la aldea.

Otro cuadro más raro tienen que contemplar nuestros tres conocidos al llegar sobre cubierta: montones de jarcia, cajas de provisiones, una res acabada de desollar, enormes jaulas conteniendo vacas, cerdos y carneros, y otras menores con gallinas; grupos de marineros acá izando una verga, allá bajando pesados bultos á la bodega; y por último, revueltos y deslizándose entre tanto obstáculo, más de un centenar de muchachuelos del corte de nuestro aspirante á indiano. Todo esto junto produce un ruido infernal. Tío Nardo se marea, su mujer solloza y Andrés observa impávido.

De aquella turba de niños, algunos lloran, otros meditan tristemente reclinados contra la borda, otros miran atónitos cuanto les rodea..., ¡muy pocos ríen! Todos, como Andrés, van á América buscando la fortuna; todos van, como él, poco más que á merced de la casualidad.... Seamos exactos: muchos de ellos no llevan ni siquiera una carta como la de don Damián.

De todos los que acompañan á Andrés, acaso no encuentre uno solo lo que va buscando, quizá todos ellos contemplen por la última vez de su vida la tierra sobre que han nacido.

Tía Nisca logra ver el sitio que se destina á su hijo en la fragata.

Sobre la carga que ésta lleva en sus bodegas, se han tendido unas tablas de pino; entre estas tablas y la cubierta, espacio mucho más bajo que la talla de un hombre, se han colocado en fila tantas colchonetas como son los pasajeros: una de ellas es la de Andrés. Este departamento es el que se conoce con el nombre de sollado. La pobre madre se estremece al ver la mezquindad del sitio destinado al reposo de su hijo. Aquello es insano, no tiene bastante ventilación...; ¡si Andrés se pusiera enfermo!...

No corre, vuela en busca del capitán.... Quiere gratificarle..., comprar un poco de comodidad para aquella inocente criatura. Se palpa los bolsillos, rebusca los de su marido; pero sólo puede reunir ... ¡medio duro! ¡Y el capitán es un señor tan elegante! ¿Con qué cara le ha de ofrecer ella diez reales? Pero nota, en su defecto, que tiene la mirada muy noble. Se decide á hablarle, y entre lágrimas y sollozos,

-Señor-le dice,-el hijo mío que va á la Habana es Andrés, aquel muchacho tan guapo y tan listo que está mirando hacia acá. Créame usted, señor: no va en primera cámara porque ni aun vendiendo la camisa hubiéramos podido reunir tanto dinero si habíamos de dejarle algo al pobre muchacho por lo que pudiera sucederle fuera de su casa. Le juro á usted que es la pura verdad lo que le digo. Pero yo no sabía que el sitio donde tenía que ir era tan angosto, que si no, ¡ay, Dios mío! ... mire usted señor, somos unos pobres; pero si al mi Andrés le atendieran algo por el camino.... No es esto decir que yo desconfíe de usted, ¡ave María Purísima! Usted es hombre honrado, y no hay más que mirarle para ... voy al decir, que.... ¡Hijo mió de mi alma!...; yo no sé ya lo que digo ni lo que he de hacer porque lo pase más á gusto.

Las lágrimas ahogan á la pobre mujer, y el dolor perturba su razón.

El capitán, respetándole en todo lo que vale, promete á la afligida madre un sitio en primera cámara para su hijo en cuanto se hagan á la mar y trata de consolarla con cariñosas aunque breves palabras.

Esta misma táctica ha seguido siempre con todas las madres de los pasajeros que han ido á su cuidado, porque es de advertir que todas ellas han solicitado para sus hijos lo mismo que la tía Nisca para Andrés. Convengamos en que, en la imposibilidad de complacerlas, es muy recomendable esta manera de engañarlas á todas.

Tía Nisca vuelve más animada adonde está su hijo, á quien refiere entre bendiciones, la buena acogida que le dispensó el capitán. Después, abrazándole estrechamente, le recomienda de nuevo mucha devoción al escapulario bendito de la Virgen del Carmen que lleva sobre su pecho; que sea bueno y sumiso; que huya de las malas compañías; que piense siempre en su pobre choza y en su patria..., en fin, cuanto es de necesidad que recomiende una madre cariñosa á un hijo querido en el instante supremo de una larga ó tal vez eterna separación.

Pero el sonido metálico y vibrante del molinete se oye: comienzan á levar anclas, y es preciso separarse.

La desdichada madre siente que hasta la voz le falta para decir el último «adiós». Andrés comprende por primera vez lo que es perder de vista su hogar y su patria, y lanzarse niño y solo á los desiertos del mundo, y también por primera vez llora, y acaso se arrepiente de su empresa; tío Nardo mira hacia el Muelle y procura no hablar para que no se vean las lágrimas que al cabo vierte, ni descubra su voz la pena que hay en su pecho; y deseando abreviar aquella escena por afligir menos á su hijo, estréchale en silencio entre sus brazos, coge por otro bruscamente á su mujer y desciende con ella al bote, imponiéndose la dura penitencia de no mirar á la fragata hasta que llegue al Muelle.

Cuando en él desembarcan, tía Nisca se deja caer en el umbral de la primera puerta que hallan al paso. Con los codos sobre sus rodillas, la cabeza entre las manos, los ojos fijos en la fragata y la cara inundada en llanto, espera inmóvil, como una estatua del dolor, á que el buque desaparezca. Tío Nardo de pie á su lado, pero algo más tranquilo, respeta la situación de su mujer y no se atreve á separarla de allí.

Transcurre media hora.

La fragata despliega al viento su blanco velamen; hunde la proa en las aguas, como si dirigiera un galante saludo de despedida al puerto, y, deslizando rápidamente su quilla, desaparece en breve detrás de San Martín.

Al perderla de vista no cayó la pobre aldeana exánime sobre las losas del Muelle, porque Dios ha dado á estas criaturas una fuerza y una fe tan grandes como sus infortunios....

IV

Aquella misma tarde, á la caída del sol, atravesaban tío Nardo y su mujer la extensa sierra que conduce á su lugar. Mustios iban los dos y cabizbajos, el uno en pos del otro. Pensaban en Andrés. Pero tía Nisca, de imaginación más activa que su marido, examinaba interiormente el cuadro de sus pesares, ¡y no le faltaban causas con que justificar toda la amargura de los dolores que sentía! Por eso no pudo menos de dirigir un duro apóstrofe á la tierra que pisaba, viéndola poblada de ásperos escajos, y cuya aparente esterilidad alejaba de ella á sus hijos para buscar en país remoto lo que la madre patria no podía darles. ¡Cargo injusto, por cierto, y que, perpetuamente en boca de tantos ignorantes, sostiene en esta provincia la plaga de emigración que la despuebla!... Pero antes que de la pluma se me escapen ciertas reflexiones, más propias del periodista que del pintor, volvamos á nuestros personajes, aunque no sea más que para despedirnos de ellos.

Es ya inútil: pasada la sierra, han desaparecido por una extrecha y larga calleja formada por dos frondosas seturas, verde y pintoresco toldo cuyas paredes no pueden atravesar los débiles rayos del sol que va á ocultarse: tampoco se columbra un alma en la campiña; y sólo turba el silencio de aquella soledad la voz de una mujer que, desde el fondo de la calleja, canta á grito pelado:

«Á las Indias van los hombres,
á las Indias por ganar:
las Indias aquí las tienen
si quisieran trabajar.»

Esta mujer ha debido de encontrar, yendo á la fuente, á tía Nisca y á su marido. Quizás al verlos caminar silenciosa y tristemente hacia su casa, ha recordado esa estrofa que, por otra parte viene como de molde para dar fin á este cuadro, porque precisamente es la síntesis de él.

LA COSTURERA
(PINTADA POR SÍ MISMA)

-Qué linda está usted hoy, Teresa!
-¡Vaya!
-Es la pura verdad. Ese pañolito de crespón rojo junto á ese cuello tan blanco....
-¡Dale!
-Ese pelo, tan negro como los ojos....
-¡Otra!
-Y luego, una cinturita como la de usted, entre los pliegues de una falda tan graciosa. ¡Vaya una indiana bonita!
-¡Jesús!
-Es que me gusta mucho el color de lila..., cae muy bien sobre un zapatito de charol tan mono como el de usted.... ¡Ay qué pie tan chiquitín!... ¡Si le sacara un poco más!...
-¡Hija, qué hombre!
-Yo quisiera tener una fotografía de usted en esa postura, pero mirándome á mí.
-¡Vaya un gusto!
-Ya se ve que sí.
-Pues también yo tengo fotografías, sépalo usted.
-¡Hola!
-Y hecha por Pica-Groom.
-¿En la postura que yo digo?
-¡Quiá!; no, señor. Estoy de baile, como iba el domingo cuando usté nos encontró junto á la fábrica del gas.
-Por cierto que no quiso usted mirarme. ¡Como iba usted tan entretenida!...

-¡Si éramos ocho ó nueve!

-¡Pero qué nueve, Teresa! Parecían ustedes un coro de Musas.

-Usté siempre poniendo motes á todo el mundo.

-Es que entre aquellos árboles, y subiendo la cuesta..., ni más ni menos que la del monte Helicona....

-¿Ónde está eso?

-¿Helicona?... Un poco más allá de Torrelavega. El que no me gustó fué aquel Apolo que las acompañaba á ustedes.

-Si no se llama Polo.... Es un chico del comercio.

-Lo supongo. Quiero decir que iba algo cursi. ¡Y ustedes iban tan vaporosas, tan bonitas!

-¡Otra! Si íbamos al baile de Miranda, como todos los domingos.

-Ya oí el organillo.

-Y aquél que nos acompañaba era uno de los que dan el baile.... Y como nos había regalado billetes para todos los de verano en la huerta, y, si á mano viene, nos convida también á los de ivierno, de salón....

-Ya sé que son chicos muy galantes esos empresarios y sus amigos: ellos pagan para que ustedes bailen todo el año gratis.

-Cabal. Y tan buenas somos nosotras como las señoritas que hacen lo mismo.

-Ya se ve que sí.

-Me parece que La Nata y Flor y El Órgano, no tienen nada que envidiar á ningún baile.

-Sobre todo en caras bonitas y cuerpos de sal y pimienta.

-Es que, como usté decía....

-Lo que yo decía, ó iba á decir, es que el ir á un baile no es motivo para que usted deje de saludar en la calle.

-¡Jesús!; ¿qué se diría!

-¿Cómo que «qué se diría»?

-Pues es claro.... ¡Tratarse usté con costudoras!

-Lo dice usted con un retintín....

-No por cierto, hijo; pero es la verdad.

-Pues no hay tal cosa. Yo saludo á todo el mundo en la calle, con muchísimo gusto ... y sobre todo á usted.

-Muchas gracias; pero....

-¿Pero qué?...

-Que no le creo á usté, vamos; que usté es muy truhán ... y que no me fío de usté, en plata.

-¡Hola!; ¿esas tenemos? ¿Y por qué me teme usted?... De fijo que no será por seductor.

-No por cierto. Es que entre usté y otros como usté, se cuenta lo que es y lo que no es.

-Me hace usted poco favor, Teresa.

-Lo siento, pero yo digo siempre la verdad. Cuando usté pasó el domingo junto á nosotras, íbamos hablando de eso una amiga y yo.

-¿La que iba á la derecha de usted?

-¿Por qué se fija usté en esa?

-Porque me hace mucha gracia: es una rubia saladísima.

-¿Le gusta á usté la Bigornia?

-¿Qué es eso de la bigornia?

-¡Otra!; pues esa chica, que la llaman así.

-¿Y por qué la llaman así?

-Porque es hija de un calderero.

-¡Ave María Purísima!

-¿Y tampoco sabe usté cómo llaman á la que iba á mi izquierda?

-No, hija mía.

-Pues ¿en qué mundo vive usté, cristiano?

-Eso le probará á usted cuan injusta fué conmigo antes, al sospechar de mi sinceridad.

-Pero ¿quién no conoce aquí á la Faisanuca?

-Yo no la conozco por ese nombre.... ¿Y por qué se le han dado?

-Porque su madre vende alubias en la plaza.

-¡Qué atrocidad!

-¡Otra!...; y al tenor de esos, todas tenemos mote.... ¿Pero ahora se desayuna usté?

-Le aseguro á usted que sí. ¿Y quién se entretiene en bautizarlas de ese modo?

-Pues en la enseñanza, cuando somos chiquillas..., ó en los bailes después, nunca falta alguno que, por reirse un rato de nosotras, nos ponga un mote; y como lo malo corre mucho....

-¡Vaya una barbaridad! ¿Y ustedes entre sí, se llaman por esos nombres?

-¡Quiá!... Pero lo sabemos; y como no la deshonran á una....

-Es claro.... Pero volvamos á la rubia.

-Parece que la tiene usté entre las cejas.

-Como me ha dicho usted que iban hablando de mí....

-¿Yo he dicho eso?

-Por lo menos una cosa muy parecida.

-Lo que yo dije es que íbamos hablando de lo mucho que se alaban algunos hombres de cosas que no les han pasado.

-Eso sí que no iría conmigo.

-No por cierto; pero iba con algunos que usté conoce muy bien.

-Podrá ser así.... ¿Y sabe usted, Teresa, que de algún tiempo á esta parte anda muy entonada la rubia?

-¡Lo ve usté!

-Lo digo sin ánimo de injuriar á esa muchacha.

-Es que así se dicen todas las cosas, y luego ... el diablo las enreda.... En cuanto una se pone un día un poco vestida.... Hija, ¡qué lenguas!... Ya se ve, ustedes están acostumbrados á oir que una señora gasta el oro y el moro para salir á la calle medio decente; y como nosotras no tenemos rentas, en cuanto nos ven algo majas, ¡es claro!, en seguida, que se lo regalan á una.... ¡Como no regalen!... Ni la rubia ni yo tenemos otras rentas que la peseta que ganamos á coser en las casas adonde nos llaman, y la jícara de chocolate, por la mañana y por la tarde, que nos dan además, como usté sabe. Pero conocemos nuestra obligación, y con dos varas de tul y seis de percalina hacemos un traje que los que no lo entienden piensan que vale un dineral.... Lo mismo que lo que ahora llevo puesto...; pues cuatro veranos tiene, y Dios sabe lo que tirará todavía si no se van del mundo el agua, el jabón y las planchas.... ¡Vaya!

-Si yo estoy en eso mismo, hija mía.

-Es claro, esa muchacha es de suyo vistosa y arrogante; después, tiene unas manos divinas para cortar y coser, y hace un vestido de baile aunque sea de unas enaguas....

-Si no digo yo lo contrario....

-Y al verla en la calle compuesta, como ella tiene aquel semblante y aquel cuerpo..., ¡uf!, lo que menos se figura la gente que lo ha ganado de mala manera. Pues mire usté, para que se vea lo que son las cosas, todavía, después de vestirse con la peseta que gana la infeliz, le queda para que fume su padre.... ¡Pero ya se ve!..., es una pobre costurera..., ¡y allá va eso! Pues si fuera yo á decir todo lo que sé.... ¡Cuántos vestidos de moaré se pasean por esas calles que no se han pagado, y cuántos se han pagado sin el dinero del marido de las que los llevan!... Pero esas son señoras y tienen bula para todo.... Lo mismo que lo demás.... ¡Cuántos cuerpecitos que á ustedes les marean están hechos por estas manos!... Pero más vale callar.

-Es usted cruel, Teresa; lo que he dicho de la rubia fué ... por decir algo. Desde hace dos ó tres días, cuando pasa á las doce por la plaza Vieja, la veo más compuesta que de costumbre....

-Eso es decir que usté se pone allí para verla pasar todos los días.

-No diré que por ella; pero por ella y por usted y por otras por el estilo, quizá, quizá.

-Y ¿qué saca usté de eso?

-Recrear la vista. ¡Como son ustedes tantas y tan bonitas!... Por cierto que me ha chocado ver cómo se las arreglan ustedes de manera que pasan siempre por la Plaza, sea cualquiera la procedencia que traigan.

-Pues eso quiere decir que por todas partes se va á Roma, y que cuando una deja la costura al medio día, de la hora que le queda para comer aprovecha la mitad para ver gente y tomar un poco el aire.

-Y ¡qué bonita era aquella amiga que la detuvo á usted esta mañana en la esquina del Puente!...; pero no es tan elegante como usted.

-¿Una morena? Aquélla no es amiga; es costudera de sastre.

-¡Ah, ya!... Como la vi hablar con usted....

-Me estaba dando un recado. Y no es porque yo tenga á menos ser amiga de algunas de esas, sino que como las que cosemos en blanco en las casas tenemos sociedad aparte.... Y no crea usté que nos faltaría motivo para darnos tono con ellas, porque ahí están las modistas que parece que nos honran cuando nos saludan en la calle.

-¡Vea usted qué demonio!

-Y ahora que me acuerdo, ¿qué le decía usté esta mañana á aquel otro señor de patillas, cuando nosotras pasábamos, que nos miraban tanto?

-¿Luego me vió usted?

-Yo veo todo lo quiero.

-¡Ah, pícara!; me servirá de gobierno. Pues decía á mi amigo que estaban ustedes mucho más bonitas cuando salían á la calle en pelo, tan primorosamente peinadas, y con aquellos pañolitos al cuello, como el que usted tiene puesto ahora, que con la mantilla y el chal que les comen lo mejor de la figura.

-¡Otra!...; ¡mira qué reparón!

-Ya se ve que sí.

-Pues no llevan todas mantilla.

-Y usted es una de esas excepciones; y para que nunca caiga en el pecado de ponérsela, se lo advierto.

-¿Y qué habría en ello de malo?

-Que con la mantilla dejaría usted de ser un tipo lindísimo y de pura raza santanderina, para confundirse con la vulgaridad de las señoritas más ó menos cursis.

-Yo tengo amigas que llevan el velo muy bien.

-Es que el velo no le va bien á nadie, por que, sin cubrir una caballera fea, obscurece una bonita, y exige un chal que oculta las formas....

-¡Qué enterado está usté de esas cosas, ave María!

-Soy artista, Teresa.

-¿Y qué tiene que ver lo uno con lo otro?

-¡Friolera! Estudio la belleza dondequiera que la encuentro.

-Lo que usté estudia son picardías.

-Eso no es exacto, ni siquiera una razón en favor de los velos.

-Si á mí no me gustan tampoco; pero la moda.... ¿Qué está usté mirando con tanto empeño por las vidrieras?

-¿Por qué se ha puesto usted tan colorada?

-¿Yo? ¡Jesús!... Puede que sea usté capaz de creer que es por ese chico que está en el portal de enfrente.

-Eso se llama curarse en sana salud.

-Es que pudiera usté creer cualquiera otra cosa; y como es un chico que me carga.... Y eso que es muy buen mozo.

-Usted no me dice la verdad.... Yo conozco bien á ese chico y sé que no la esperaría á usted todos los días á estas horas si no tuviera grandes esperanzas por lo menos....

-¿Habrá sido capaz, el muy tunante, de decirle á usté lo que no es?

-Mi palabra de honor que no he hablado con él de este asunto.

-Es que como se ha visto tanto de eso....

Pues mire usté, porque no se crea otra cosa, ese chico no deja de gustarme pero está perdiendo el tiempo.

-No comprendo....

-Hace un año que bailó conmigo en la Natar y Flor. Desde entonces yo no sé cómo él averigua en dónde coso; pero lo cierto es que todas las tardes me le encuentro, como ahora, al dejar la labor..., sobre todo en ivierno, que salimos de noche..., y esto es precisamente lo que me carga.

-¿El que la acompañe á usted de noche?

-No, señor: el que tenga á menos acompañarme de día.

-Entonces, ¿qué hace ahí enfrente?

-Esperarme; pero al llegar conmigo á la esquina me da una disculpa cualquiera y se larga.... Y cuando coso en el Muelle, ó en alguna calle del centro, me espera en el mismo portal: allí estamos un rato hablando, y luego ... cada uno por su lado. Como usté comprenderá, esto no halaga nada á una mujer.... Por eso me gustan más los de mi parigual.

-¿Y quiénes son esos?

-Pues los chicos del comercio. Con éstos se entiende una bien; y si mañana ú otro día..., vamos..., ¿está usté? Quiere decirse que allá nos andamos, y de pobre á pobre va.... Pero de estos señoritos entran pocos en libra.... Y, ¡ay de la infeliz á quien le toca uno!...; ¡qué belenes, hija!; primero con él, y después con su familia que la persigue á una como si una le hubiera ido á buscar.... Vea usté.... Y es claro: ellos empiezan por pasar el rato; y como suele suceder que una es tonta y se los cree, á lo mejor se encuentra con que no puede arrepentirse ya.... Por eso le digo á usté que ese chico pierde el tiempo.

-Yo creo ahora todo lo contrario; porque acaba usted de decirme que á veces se los cree á pesar de todo.

-Es que yo he escarmentado en cabeza ajena.... Mire usté que tengo una amiga, ¡ay, la infeliz las lágrimas que ella ha llorado, las palizas que la ha dado su padre y la estimación que ha perdido por un pícaro de esos que la engañó!... No, hijo, no: pobre nací, y no quiero ser señora á costa de tantos trabajos.

-Muy bien pensado. Pero, entretanto, usted no despide á su adorador.

-Hasta ahora no me compromete; quiere decirse que el día en que esto vaya á suceder, ya será distinto.

-¡Ya!

-Y eso que nosotras nos hemos propuesto no hacer caso de ningún aristecrata; pero vienen los bailes, y, como usté sabe, van á ellos...; porque lo que es en este particular, en nuestros bailes están todos los hombres que van á los de las señoras..., y muchos más. Pues, señor, la bailan á una, la hablan tan finos..., y una ¿qué ha de hacer? Pues es claro.

-Total, que el mocito que está en el portal de enfrente no perderá el tiempo.

-Parece que va usté á medias con él.

-Ojalá, Teresita...; aunque en semejante negocio me sería muy difícil dar participación á nadie.

-¿Por qué?

-Porque es usted demasiado bonita.

-¿Me va usté á hacer el amor?

-Como usted me corresponda, sí.

-¿Y si se lo digo á la rubia?

-No tengo el gusto de conocerla más que de vista.

-De todos modos, no me gusta usté.

-Gracias por la franqueza.

-Tiene usté mala opinión de las mujeres.

-Si todas me tratan como usted, no me faltan motivos.

-Ya me hizo usté romper una abuja....

-No importa, yo la regalaré á usted un paquete.

-Es que á este paso no acabo la camisa en ocho días.

-Mejor: así la veré á usted más veces.

-Y le saldrá á usté muy cara la obra.

-Á ese precio vaya usted haciéndome camisas.

-Pues ya que no regatea usté el tiempo, voy á robarle hoy un cuarto de hora.

-¿Para charlar?...; aunque sea medio día.

-No, señor, para ir á una tienda que está junto á la calle Alta, á comprar ... cuatro cuartos de orejones, que me gustan mucho.

-(¡Llévete el mismo Satanás, grosera!)

-Como los trae de Castilla por mayor la tendera, que es amiga mía, da muchos más por cuatro cuartos que en las otras tiendas.... ¿No le gustan á usté?

-¡No!

-¡Jesús, pues vaya una rareza!... Hágame el favor de dar esa tira que está debajo de usté, para amarrar la labor.... Muchas gracias.... ¡Pero qué mala cara se le ha puesto á usté de repente!

-Es que ... tengo un flemón.

-¿Y no le dolía á usté antes?

-No tanto como ahora.

-Pues chumpe usté un higo paso, que es muy bueno para los flemones.

-Muchas gracias.

-Conque hasta mañana, que voy á por los orejones.

-¡Vaya usted con Dios!

Escribir un libro de costumbres montañesas y no dedicar algunas páginas á la costurera, sería quitar á Santander uno de los rasgos más característicos de su fisonomía. Tan notorio, tan visible es entre su población este ramo, que el sexo débil de ella puede, hechas las exclusiones de rigor, dividirse por partes iguales en mujeres-costureras y mujeres que no lo son. Pero hablar de las costumbres de las primeras tiene tres perendengues para un hombre que, como yo, no las conoce bien, porque equivocarse en el menor de los detalles tendría tres bemoles. En plata, lector: la costurera me infunde cierto respetillo, y no quiero echar sobre mi conciencia el compromiso de hacer su retrato.

Y supuesto que el estilo es el hombre, y por ende, la mujer, entérate del diálogo anterior, que es histórico; ve lo que de él puedes sacar en limpio, y allá te las arregles después, si Teresilla se cree agraviada (en lo que no sería justa) con tus deducciones. Por mi parte, estoy á cubierto de sus iras con decirle, en un lance apurado:

-Tu es auctor.

LA NOCHE DE NAVIDAD

I

Está apagando el sol el último de sus resplandores, y corre un gris de todos los demonios. Á la desnuda campiña parece que se la ve tiritar de frío; las chimeneas de la barriada lanzan á borbotones el humo que se lleva rápido el helado norte, dejando en cambio algunos copos de nieve. Pía sobresaltada la miruella, guareciéndose en el desnudo bardal, ó cita cariñosa á su pareja desde la copa de un manzano; óyese, triste y monótono, de vez en cuando, el ¡tuba!, ¡tuba! del labrador que llama su ganado; tal cual sonido de almadreñas sobre los morrillos de una calleja...; y paren ustedes de escuchar, porque ningún otro ruido indica que vive aquella mustia y pálida naturaleza.

En el ancho soportal de una de las casas que adornan este lóbrego paisaje, y sobre una pila de junco seco, están dos chicuelos tumbados panza abajo y mirándose cara á cara, apoyadas éstas en las respectivas manos de cada uno.

Han pasado la tarde retozando sobre el mullido lugar en que descansan ahora, y por eso, aunque mal vestidos, les basta para vencer el frío que apenas sienten, soplarse las uñas de vez en cuando.

De los dos muchachos, el uno es de la casa y el otro de la inmediata.

De repente exclama el primero, en la misma postura y dándose con los talones desnudos en las asentaderas:

-Yo voy á comer torrejas ... ¡anda!

-Y yo tamién-contesta el otro con idéntica mímica.

-Pero las mías tendrán miel.

-Y las mías azúcara, que es mejor.

-Pues en mi casa hay guisao de carne y pan de trigo pa con ello....

-Y mi padre trijo ayer dos basallones ... ¡más grandes!...

-Mi madre está en la villa ascar manteca, pan de álaga y azúcara..., y mi padre trijo esta meodía dos jarraos de vino blanco, ¡más güeno! Y toos los güevos de la semana están guardaos pa hoy..., má e quince, así de gordos.... Ello, vamos á gastar en esta noche-güena veintisiete rialis que están agorraos.

-¡Miá qué cencia! Mi padre trijo de porte cuatro duros y dimpués dos pesetas, y too lo vamos á escachizar esta noche.... ¿Me guardas una tejá de guisao y te doy un piazo de basallón?

-¡No te untes!... Y tú no tienes un hermano estudiante que venga esta tarde de vacantes, y yo sí.

-Pero tengo un novillo muy majo y una vaca jeda que da seis cuartillos de leche.... ¡Tenemos pa esta noche más de ello!...

-¡Ay Dios! ¿Quiés ver ahora mesmo dos pucheraos de leche? Verás, verás....

Y salta el rapazuelo, y en pos de él el otro, desde la pila al portal, y llegan á la cocina mirando con cautela en derredor, por si el tío Jeromo, padre del primero, anda por las inmediaciones.

Como ya va anocheciendo, el chico de la casa toma un tizón del hogar, sopla en él varias veces, y al resplandor de la vacilante llama que produce, se acercan á un arcón ahumado que está bajo el más ahumado vasar; alzan la tapadera, y aparecen en el fondo, entre montones de harina, salvado y medio pernil de tocino, dos pucheros grandes llenos de leche.

El de la casa mira á su amigo con cierto aire de triunfo, y entrambos clavan los ávidos ojos en los pucheros, y entrambos alargan la diestra hacia ellos, y entrambos remojan el índice en la leche, aunque en distinto cacharro.

Con igual uniformidad de movimientos retiran los brazos del arcón, míranse cara á cara y se chupan los respectivos dedos.

-¡Güena está la leche!-dice el de la casa.

-¡Mejor está la nata!-repone su camarada.

-¿Te la comiste?

-¡Corcía!...; ¡toa la apandé con el deo!

En aquel instante recuerda con susto el primero que su padre arma el gran escándalo cada vez que falta la nata á su ración diaria de leche, y que sus costillas conservan más de un testimonio de tan borrascosos sucesos, impresos por los dedos paternales. Por eso, temiendo una nueva felpa, y para manifestar su inocencia, echa el tizón al fuego y las dos manos á la calzonada de su amigo, y comienza á gritar con el mayor desconsuelo:

-¡Padre!, ¡padre!

Pero el goloso prisionero, que ya se da por muerto, tira uno de retortijón á cada mano de su carcelero, y toma pipa por el corral afuera, relamiéndose de gusto.

Tío Jeromo, que en la socarreña, detrás de la casa, encambaba un rodal, acude á los gritos, y creyendo una patraña lo del robo de la nata, presume que su hijo se la ha chupado, y le arrima candela entre las nalgas y un par de soplamocos que hacen al chicuelo sorberse los propios.

Grita el rapaz y amenaza el padre, y entre los gritos y las amenazas, óyese la voz de la tía Simona, desde el portal:

-¡Ah, malañu pa vusotros nunca ni nó!... ¡Que siempre vos he de alcontrar asina!

-¡Ay, madruca de mi alma!-exclama el muchacho corriendo á agarrarse del refajo de la buena mujer.

-¿Por qué lloras, hijo? ¿Quién te ha pegao?

-¡Mujuééé.... Me pegó ... jun ... ú ... ú ... padreeéé!!

-Y todavía has de llevar más-murmura éste retirándose á la cuadra á arreglar el ganado.-¡Yo te enseñaré á golosear la nata!

-Yo no la comí, ¡ea!, que la comió Toñu el de la Zancuda...; ¡júmmaaá!

-Y pué que sea verdá, angelucu; que ese es un lambistón que se pierde de vista.... Vamos, toma unas castañas y no llores más.... Tu padre tamién tiene la mano bien ligera.... ¿Ha venío el estudiante?

-No, siñora....

-Dios quiera que no me lo coma un lobo en dá qué calleja.... ¿Y ónde está tu hermana?

-Fué á la juenti.

-Á esa pingonaza la voy yo á andar con las costillas.... No, pues; no me gusta á mí que á estas horas se me ande á la temperie de Dios, que ese hijo condenao de la Lambiona tiene un aquel ... que malañu pa él nunca ni nó.

Y murmurando así la tía Simona, deja las almadreñas á la puerta del estragal; cuelga la saya de bayeta con que se cubría los hombros del mango de un arado que asoma por una viga del piso del desván; entra en la cocina, siempre seguida del chico, con la cesta que traía tapada con la saya; déjala junto al hogar; añade á la lumbre algunos escajos; enciende el candil, y va sacando de la cesta morcilla y media de manteca, un puchero con miel de abejas y dos cuartos de canela; todo lo cual coloca sobre el poyo y al alcance de su mano para dar principio á la preparación de la cena de Navidad, operación en que la ayuda bien pronto su hija que entra con dos escalas de agua y protestando que «no ha hablao con alma nacía, y que lo jura por aquellas que son cruces..., y que mal rayo la parta si junta boca con mentira».

Poco después viene el tío Jeromo, que toma asiento cerca de la lumbre para auxiliar á la familia en la operación; pues la gente de campo de este país, sobria por necesidad y por hábito, goza tanto con el espectáculo de la cena de Navidad como saboreándola con el paladar.

El chirrido de la manteca en la sartén, el cortar las torrejas, el quebrar los huevos, el batirlos, el remojar en ellos el pan, el derramar el azúcar sobre las torrejas que salen calentitas de la sartén, el verter la leche ó la miel sobre ellas, etc., etc., y el considerar que todo ello, más el jarro de vino que está guardado como una reliquia, ha de ser engullido y saboreado por los pobres labriegos que lo contemplan, les produce unas emociones tan gratas que...; en fin, no hay más que ver los semblantes de la familia del tío Jeromo, olvidado ya el suceso de la nata.

¡Qué expansión!; ¡qué felicidad se refleja en ellos! La tía Simona, con el mango de la sartén en una mano y con una cuchara de palo en la otra y acurrucada en el santo suelo, se cree más alta que el emperador de la China, y en más difícil é importante cargo que el de un embajador de paz entre dos grandes pueblos que se están rompiendo el alma.

¡Lástima que no haya llegado el estudiante para solemnizar debidamente toda la Noche-Buena! Porque ésta tiene en la aldea varias peripecias.

Después del placer de preparar la cena y del de tragarla, falta el de la llegada de los marzantes, por los cuales ha preguntado ya muchas veces el vapuleado chicuelo, á quien, la verdad sea dicha, preocupan todavía más que la tardanza de su hermano.

Y es porque el infeliz no los ha oído nunca, ni en la Noche-Buena, ni en la de Año Nuevo, ni en la de los Santos Reyes, pues se ha dormido siempre antes de que lleguen al portal; así es que cree en los marzantes como en el otro mundo, por lo que le cuentan.

II

No vaya á creerse que el tío Jeromo, porque tiene un hijo estudiante, es hombre rico tomada la palabra en absoluto; el marido de la tía Simona tiene, para labrador, un pasar, como él dice. Pero en la familia hay una capellanía que ningún varón ha querido, y el tío Jeromo sacrificó de buena gana algunas haciendas para ayudar á costear la carrera á su hijo mayor y asegurarle la pitanza, ordenándole á título de aquélla, cuyas rentas, por sí solas, no alcanzaban á tanto. Eso sí, y bien claro se lo solfeó á su hijo:-«Si llegas á gastar los cuartos que me valieron las tierras sin cantar misa, Dios te la depare buena, porque, lo que es yo, te abro en canal.»

Contribuyó mucho á que el chico entrara en el Seminario, el consejo del mayorazgo de la Casona. Este sujeto había estudiado un poco de latín en sus mocedades, y era tan pedante, que sólo por tener alguno con quien lucir su sapiencia, insistió con tío Jeromo un día y otro día hasta que logró decidirle á que su hijo aprendiera latinidades. Y tan obcecado es el mayorazgo en su saber, y tal es su pedantería que, ingresado ya el primogénito del tío Jeromo en el Seminario, varias veces ha querido renunciar á las vacaciones por no hallarse cara á cara con el vecino, que le asedia con latinajos arrevesaos, como dice el estudiante.

Huyendo, pues, de encontrarle en alguna calleja ó sentado en el banco del portal de su padre, como suele estar todos los días, el seminarista ha salido tarde de su celda con el objeto de entrar de noche en el pueblo; y esto es lo que explica su tardanza, que ya va metiendo en cuidado á la tía Simona.

Pero lo que ésta no sabía, ni sospechar pudo el mismo estudiante, fué que, habiéndose éste sentido con sed y decidido á echar medio en sangría en la taberna del lugar, que halló al paso, huyendo de la máxima de su padre de que «el agua cría ranas», lo primero con que tropezó, antes que con el tabernero, fué el mayorazgo, el cual, al guiparle, le enjaretó un «amice, ¿quo modo vales?» que quitó al estudiante hasta la sed.

-¡Cóncholes con el hombre!-murmuró el interpelado, recogiendo otra vez el lío de ropa ó sea el balandrán y dos camisas sucias, que había puesto sobre un banco al entrar en la taberna.

-¿Unde venis? ¿Quórsum tendis?

-¡Jeringa, digo yo!; que traigo andadas cuatro leguas á pie, y no estoy pa solfeos de esa clase. Queden ustedes con Dios.

-Aguárdate hombre. ¡Que siempre has de ser arisco!

-Y usté preguntón. Y es que el mejor día le echo una zurriascá de latín que no se la sacude en todo el año.... Porque yo también.... Pues si le entro á teología, veremos ónde usté se me queda.

-Parce miqui, incipiens sa-cerdo.

-Cuidado con la lengua, le digo, que aunque parece que no entiendo, ya sé traducir.... ¡Y si se me hincha la paciencia!...

-Eres un pobre hombre y no tienes nada del virum fortem.... No corras tanto, ¡caramba! ¡Tras de que deseo acompañarte hasta tu casa!...

De poco sirvió al mayorazgo esta represión. El seminarista apretó el paso, renegando de su mala estrella; dejó á medio camino al importuno, y no paró hasta la cocina de su padre, donde se presenta con el humor más perro del mundo.

-¡Cóncholes, qué hombre!-exclama por todo saludo al hallarse entre la familia.

-Pero ¿qué te pasa?-dice el tío Jeromo.

-¿Qué me ha de pasar? Ese fantasioso de mayorazgo..., ¡siempre con su latín!

-¿Y qué cuidao te da á ti? ¿No has estudiao tres años ya? ¿Por qué no le contestas?

-Porque no soy tan jaque como él.... Y luego él ha estudiado por otro arte. El mío no trae todas esas andróminas que él sabe.... ¡Cóncholes!, como quisiera entrarme á piscología ... ¡sé más de ello!

-¿Y cuándo cantas misa?-añade la tía Simona cayéndosele la baba y mientras contemplan de hito en hito al estudiante sus dos hermanos.-Mira que el lugar está perdío.... El señor cura es tan viejo....

-Y que no sabe una palabra, madre. ¡Si fuéramos nusotros! ¡Cóncholes, cuánto aprendemos! Verán que sermones echo los días señalados....

III

Como quiera que no sea el objeto principal de este artículo retratar al hijo mayor del tío Jeromo, hago caso omiso de todo el diálogo promovido por su despecho contra el mayorazgo, y vamos á seguir con nuestro asunto comenzado, asistiendo á la cena de esta honrada familia en la noche de Navidad.

Después que el estudiante retira del fuego el puchero del guisado para que el calor de la lumbre le seque á él el lodo de los pantalones, y cuando su hermana ha recogido con gran esmero el balandrán y las camisas, toma aquél el jarro de la leche, ya que el papel del azúcar le tiene su padre, y se dispone á auxiliar á su madre y á su hermana en la preparación de las tostadas, amenizando el trabajo con el relato de sus proezas y aventuras de estudiante.

Cuando cada manjar «le puede comer un ángel» de bien sazonado que está, como dice la tía Simona, y todos ellos quedan cuidadosamente arrimados á la lumbre para que se conserven en buena temperatura, precédese á otra operación no menos solemne que la cena misma: poner la mesa perezosa.

Esta mesa se reduce á un tablero rectangular sujeto á una pared de la cocina por un eje colocado en uno de los extremos; el opuesto se asegura á la misma pared por medio de una tarabilla. Suelta ésta, baja la mesa como el rastrillo de una fortaleza, y se fija en la posición horizontal por medio de un pie, ó tentemozo que pende del mismo tablero.

La perezosa no se usa en las aldeas más que en el día del santo patrono, en la noche de Navidad en la de Año Nuevo y en la de Reyes, ó cuando en la casa hay boda.

Por eso no debemos extrañarnos del estrépito que se arma en la cocina del tío Jeromo al hacerse esta operación.-«¡Que no se te caiga!-¡Ayúdame por esta banda!-¡Quita ese banco!-¡Apaña esa cuchara!-¡Allá va!-¡Que está torcía!-¡Calza de allá!-¡Fuera esa pata!» Poco menos alboroto y mayores precauciones que si se botara al agua un navío de tres puentes.

Puesta la mesa y sobre ella los manjares, y echada la bendición por el estudiante, dejaremos á la familia cenar con toda libertad: es operación, salvas algunas leves diferencias de forma en los cubiertos y de fuerza de masticación, que todos hacemos lo mismo. Además, nuestra presencia tal vez impidiera al buen Jeromo sorber la salsa que queda en la cazuela del guisado, y á su mujer pasar el dedo por la tartera de las tostadas para rebañar el azúcar, y al seminarista apurar «hasta verte, Jesús mío», el vaso de vino blanco.

Volvamos á la misma cocina una hora más tarde.

Todos están más locuaces que antes, y hasta el viejo labrador ha desarrugado su habitual entrecejo. El rapazuelo ronca tendido sobre un banco, y el estudiante habla en latín y asegura que si entonces pillara al mayorazgo, ¡ira de Dios!... La tía Simona canta por lo bajo:

«Esta noche es Noche-Buena
y mañana Navidad;
está la Virgen de parto
y á las doce parirá.»

Su hija se dispone á hacerle el dúo, cuando se oye en el corral un coro de relinchos y un ruido sobre los morrillos, como si avanzaran veinte caballos.

-¡Ahí están los ladrones!-diría en tal caso un ciudadano alarmado.

Pues, no señor, son los marzantes, es decir, dos docenas de mocetones del lugar que andan recorriéndole de casa en casa. El ruido sobre los morrillos y los relinchos los producen las almadreñas y los pulmones de los mozos.

Este acontecimiento hace en los personajes de la cocina un efecto agradabilísimo; callan todos como estatuas y se disponen á escuchar.

-Vaya, señor don Jeromo-dice una voz en falsete para disfrazar la verdadera, desde el portal:-á ver esas costillas que se están curando en el varal; esos ricos huevos de la gallina pinta que cacareaba en el corral, por, por, por, poner, por, ¡poner!... ¡Que sí!... ¡Vaya, que sí!...

El coro contesta con relinchos á esta primera tirada de algarabía, que así se llama técnicamente la introducción de los marzantes, y vuelve á continuar la voz pidiendo «morcillas en blanco, ó aunque sea en negro», y otras cosas por el estilo, hasta que concluye diciendo:

-¿Qué quiere usted?; ¿que cantemos ó que recemos?

-Que recen-dice Jeromo.

-¡Que canten, cóncholes!-replica el estudiante,-que á mí me gustan mucho las marzas.... ¡Ea, á cantar!-añade luego, abriendo una rendijilla, nada más, de la ventana.

Esta orden es acogida afuera con otro coro de relinchos, y al punto comienzan á cantar los marzantes, en un tono triste y siempre igual, un larguísimo romance que empieza:

«En Belén está la Virgen
que en un pesebre parió;
parió un niño como un oro
relumbrante como un sol....»
y concluye:

«Á los de esta casa
Dios les dé victoria,
en la tierra gracia
y en el cielo gloria.»

Esta copleja tiene esta otra variante que los marzantes suelen usar cuando no se les da nada, ó cuando se les engaña con morcillas llenas de ceniza:

«Á los de esta casa
sólo les deseo
que sarna perruna
les cubra los huesos.»

Los pesados lances á que esta jaculatoria suele dar lugar, y los nada ligeros que se suscitan siempre al fin de la velada cuando van los mozos á comer las marzas á la taberna, ya encontrándose con los marzantes de otro barrio, ó ya provocando á algún vecino, es sin duda la causa de que disfrace la voz el que pide y de que guarden asimismo el incógnito todos sus compañeros.

Pero en casa de Jeromo no se engaña á nadie, y la tía Simona alarga media morcilla de manteca á los marzantes; y éstos, después de echar la primera copla, se marchan relinchando de placer.

La familia tira los últimos golpes á la cena, agótanse los jarros de vino, y el chicuelo despierta preguntando por los marzantes. Cuando sabe que se han marchado, alborota la cocina á berridos, dale su padre un par de guantadas, interpónense el seminarista y su madre, apágase la lumbre, oscila la luz del candil, dormita la moza, maya perezoso el gato, cáesele la pipa más de una vez de la boca al tío Jeromo, habla torpe sobre los fenómenos de la luz el seminarista; y cuando los relinchos de los marzantes se escuchan lejanos, hacia el fin de la barriada, desfila al paso tardo y vacilante la familia del tío Jeromo á buscar en el reposo del lecho el fin de tan risueña y placentera velada.

La tía Simona sale la última; y mientras se lamenta de haber dejado de rezar el rosario por causa del jaleo, y jura que al día siguiente ha de rezar dos, guarda en el arcón que ya conocemos los despojos del pan, del azúcar y de la manteca, para que en el primer día de Pascua pueda la familia, «manipulándoselo bien», recordar, con algo más que la memoria, la noche de Navidad.

LA LEVA

I

Enfrente de la habitación en que escribo estas líneas hay un casucho de miserable aspecto. Este casucho tiene tres pisos. El primero se adivina por tres angostísimas ventanas abiertas á la calle. Nunca he podido conocer los seres que viven en él. El segundo tiene un desmantelado balcón que se extiende por todo el ancho de la fachada. El tercero le componen dos buhardillones independientes entre sí. En el de mi derecha vive, digo mal, vivía hace pocos días, un matrimonio, joven aún, con algunos hijos de corta edad. El marido era bizco, de escasa talla, cetrino, de ruda y alborotada cabellera; gastaba ordinariamente una elástica verde remendada y unos pantalones pardos, rígidos, indomables ya por los remiendos y la mugre. Llamábanle de mote el Tuerto. La mujer no es bizca como su marido, ni morena; pero tiene los cabellos tan cerdosos como él, y una rubicundez en la cara, entre bermellón y chocolate, que no hay quien la resista. Gasta saya de bayeta anaranjada, jubón de estameña parda y pañuelo blanco á la cabeza. Los chiquillos no tienen fisonomía propia, pues como no se lavan, según es el tizne con que primero se ensucian, así es la cara conque yo los veo. En cuanto á traje, tampoco se le conozco determinado, pues en verano andan en cueros vivos, ó se disputan una desgarrada camisa que á cada hora cambia de poseedor. En invierno se las arreglan, de un modo análogo, con las ropas de desperdicio del padre, con un refajo de la madre, ó con la manta de la cama.

El Tuerto era pescador, su mujer es sardinera, y los niños ... viven de milagro.

En la otra buhardilla habita solo otro marinero, sesentón, de complexión hercúlea, y un tanto encorvado por los años y las borrascas del mar. Usa un gorro colorado en la cabeza y un vestido casi igual al de su vecino el Tuerto. Tiene las greñas, las patillas y las cejas canas. No sé de cierto cómo tiene la cara, porque es hombre que la da raras veces, y no he podido vérsela á mi gusto. Se llama de nombre tío Miguel; pero responde á todo el mundo por el mote de Tremontorio, corruptela de promontorio, mote que le dieron en su juventud por su gigantea corpulencia y por su vigor para tirar del remo contra corrientes y celliscas. Á la edad que cuenta, lleva hechas dos campañas de rey; es decir, le ha tocado la suerte de servir en barco de guerra, dos veces á cuatro años cada una. La última campaña la hizo en la Ferrolana, y con esta fragata dió la vuelta al mundo, con el cual viaje acabó de conquistar el prestigio que le iban dando entre sus compañeros sus muchos conocimientos como marinero, su valor, su buen corazón ... y sus férreos puños. Se conserva soltero, porque entre su lancha, sus campañas y sus redes, que teje con mucho primor, nunca le quedó un cuarto de hora libre para buscar una compañera.

Por último, en el cuarto segundo habita un matrimonio contemporáneo del tío Miguel; y si no tan robustos como éste, los dos cónyuges esta aún más desaliñados que él, y tan canos, tan curtidos y arrugados. De este matrimonio nació el Tuerto de la buhardilla, quien al lado de su padre aprendió á tirar del remo, á aparejar sereña, á ser, en fin, un buen pescador. El padre del Tuerto, tío Bolina llamado, porque siempre al andar se ladeó de la derecha, sigue, á pesar de sus años, bregando con la mar, como el tío Tremontorio; y no por afición á ella, como diría muy serio un poeta del riñón de Castilla ó de la Mancha, acostumbrado á mandar las maniobras y á conjurar tormentas des de un escenario, ó en el estanque del Retiro, sino porque viven de lo que pescan, y sólo pescan para vivir exponiendo la vida cien veces al año en el indómito mar de Cantabria, sobre una frágil lancha.

Dados estos pormenores, debo decir al lector, por si se ha sorprendido al verme tan enterado de ellos, que ni yo los he buscado ni los personajes descritos han venido á traérmelos: ellos, solitos, se han colado por la puerta de mi balcón, de la manera más sencilla.

La aludida casa está separada de la en que escribo, por la calle, que no es muy ancha; y mis vecinos, lo mismo en invierno que en verano, saldan todas sus cuentas y ventilan los asuntos más graves, de balcón á balcón.

Por ejemplo:

Se acerca un día la hora de comer. En la buhardilla del Tuerto se oyen gritos y porrazos de su mujer, y lloros y disculpas de los chiquillos que los reciben.

No se ve la escena, porque lo impide el humo de la cocina que sale á borbotones por el balconcillo, conductor único que para él hay en la casa.

La mujer del tío Bolina está clavando unas rabas de pulpo en la pared de su balcón, para que se oreen. Su nuera aparece en el suyo, más desaliñada que nunca, con la cara roja como un pimiento seco y con la crin suelta, en medio de una espesísima nube de humo, ¡aparición verdaderamente infernal!; saca medio cuerpo fuera de la balaustrada, y con voz ronca y destemplada, grita, mirando al piso segundo:

-¡Tía!...

Debo advertir que este es el tratamiento que se da, entre la gente del pueblo de este país, por los yernos y nueras, á las suegras.

La vieja del segundo piso, sin dejar de clavar las rabas, al conocer la voz de su nuera, contesta de muy mala gana:

-¿Qué se te pudre?

-¿Tiene un grano de sal pa freir unas bogas?

-No tengo sal.

-Salú es lo que no había de tener usté-refunfuña la mujer del Tuerto.

-Vergüenza es lo que á tí te falta-gruñe, al oirlo, la vieja.-Y sábete que tengo sal, pero que no te la quiero dar.

-Ya me lo figuro, porque siempre fué usté lo mismo.

-Por eso te he quitao el hambre más de cuatro veces, ¡ingratona, desalmada!

-Lo que usté me está quitando todos los días es el crédito, ¡chismosona, mas que chismosa!; y si no fuera por dar al diablo que reir, ya la había arrastrao por las escaleras abajo.

-Capaz serás de hacerlo, ¡bribonaza!; que la que no quiere á sus hijos, mal puede respetar las canas de los viejos.

-¿Que no quiero yo á mis hijos!...; ¿que no los quiero!-ruge la de la buhardilla, puesta en jarras y echando llamas por los ojos.-¿Quién será capaz de hacerlo bueno?

-Yo-replica con mucha calma la vieja;-yo que los he recogido muchas veces en mi casa, porque tú los dejas desnudos y abandonaos en la calle cuando te vas á hacer de las tuyas de taberna en taberna ... ¡borrachona!

-¡Impostora..., bruja!-grita al oir estas palabras, descompuesta y febril, la mujer del Tuerto.-¿Yo borracha! ¿Cuántas veces me ha levantado usté del suelo, desolladura? Y aunque fuera verdá, á mi costa lo sería: á denguno le importa lo que yo hago en mi casa.

-Me importa á mí, que veo lo que suda el mi hijo pa ganar un peazo de pan que tú vendes por una botella de aguardiente, en lugar de partirle con tus hijos. Por eso los probes angelucos no tienen cama en que dormir, ni lumbre con que calentarse, ni camisa que poner; por eso no tienes tú un grano de sal y me la vienes á pedir á mí.... Cómpralo, ¡viciosona!... Pero vienes tú de mala casta para que seas buena.

-Mi casta es mejor que la de usté, por todos cuatro costaos. Y yo en mi casa me estaba. Él fué á buscarme.

-Nunca él hubiera ido...; bien se lo dije yo:-«¡Mira que esa es callealtera y no puede ser buena!»

-Los de la calle Alta tienen la cara muy limpia y se la pueden enseñar á todo el mundo ... algo mejor que los de acá abajo...; ¡flojones, más que flojones!, que se han dejao ganar tres regatas de seguido por los callealteros.... Esa es la rescoldera que á usté le pica; pero por más pedriques que echen en Miranda y más velas que pongan á los Mártiles, San Pedruco el nuestro los ha de echar á pique.

-San Pedro no puede amparar nunca á gente tan desalmada como tú, y si se perdieron las regatas, Dios sabe por qué fué.

-Por falta de puños, pa que usté lo sepa.

-Grita, grita más alto; que te lo oiga el tu marido que por allá abajo asoma, y mira después ónde te

41

metes.

-Yo digo la verdá aunque sea delante del mi marido-replica la de la buhardilla, mirando de reojo á una esquina de la calle y bajando la voz así que ve al Tuerto.

La vieja del segundo clava la última raba, y sin mirar hacia su nuera, vase retirando del balcón, dejando fuera estas palabras:

-Anda, anda á prepararle la comida, ¡borrachona!

La aludida en ellas desaparece también, metiéndose furibunda por lo más espeso de la columna de humo que sigue saliendo de la cocina después de haber despedido á su suegra con estos piropos:

-¡Bruja, brujona!...; vaya á discurrir los cuentos que le ha de decir al mi marido...; ¡chismosa, infamadora!

Antes de pasar más adelante, debe saber el lector que desde tiempo inmemorial, existe entre los mareantes de la calle Alta y los de la del Mar, barrios diametralmente opuestos de Santander, una antipatía inextinguible.

Cada barrio forma cabildo aparte, y no han querido para los dos un mismo patrono. San Pedro lo es de la calle Alta, ó Cabildo de Arriba, y la calle del Mar, ó Cabildo de Abajo, está encomendado al amparo de los santos mártires Emeterio y Celedonio, á cuyas gloriosas cabezas, de las que se cuenta que llegaron milagrosamente á este puerto en un barco de piedra ha dedicado, construyéndola á sus expensas, una bonita capilla en el barrio de Miranda, dominando una gran extensión de mar.

Con estos datos no se extrañará ya que mis dos vecinas, después de apostrofarse recíprocamente, como lo hacen en la primera parte del diálogo transcrito, puedan hallar ofensivo á su dignidad el ser callealteras ó el dejar de serlo.

Y prosigamos.

Llega á su casa el Tuerto. (Y adviértase que el humo se va disipando, y no impide ya que yo vea la escena, con todos sus pormenores.) Quítase el sueste, ó sombrero embreado, de la cabeza; coloca sobre un arcón viejo el impermeable de lona que llevaba al hombro, y cuelga de un clavo un cesto cubierto con hule y lleno de aparejos de pescar. Su mujer desocupa en una tartera desportillada un potaje de berzas y alubias, mal cocido y peor sazonado; pónelo sobre el arcón, y junto á él un gran pedazo de pan de munición. El Tuerto, sin decir una sola palabra, después que sus hijos han rodeado la tartera, empieza á comer el potaje con una cuchara de estaño. Su mujer y los chicuelos le acompañan, por turno, con otra de palo. Conclúyese el potaje. El Tuerto espera algo que no acaba de llegar; mira á la tartera, después al fondo de la olla vacía, y, por último, á su mujer. Ésta palidece.

-¿Ónde está la carne?-pregunta al cabo, con voz ronca, el pescador.

-La carne ...-tartamudea su mujer,-como ya estaba cerrada la tabla cuando fuí á buscarla, no la traje.

-¡Mentira!... Yo te di ayer al mediodía dos reales y medio para comprarla, y la tabla no se cierra hasta las cuatro. ¿Ónde tienes el dinero?...

-¿El dinero?...; el dinero ... en la faltriquera.

-¡Bribona, tú la has hecho hoy ... y yo te voy á abrir en canal!-grita exasperado el Tuerto al notar la turbación, cada vez más visible, de su mujer.-Á ver el dinero, digo, ¡pronto!

La interpelada saca, temblando, unos cuartos de su faltriquera, y sin abrir toda la mano, se los enseña á su marido.

-¡Esos no son más que ocho cuartos ... y yo te dejé veintiuno!... ¿Ónde están los otros?...

-Se me habrán perdido...; que yo tenía los veintiuno esta mañana....

-No puede ser: yo te di dos reales en plata.

-Es que ... los cambié en la plaza....

-¿Qué ha hecho tu madre esta mañana?-pregunta rápido el Tuerto al mayor de sus hijos, cogiéndole por un brazo.

El chiquitín tiembla de miedo, mira alternativamente á su padre y á su madre, y calla.

-¡Habla pronto!-dice el primero.

-Es que me va á pegar madre si lo digo-contesta, haciendo pucheros, el pobre chico.

-¡Es que si callas te voy á deshacer yo la cara de una guantá!

Y el muchacho, que sabe por experiencia que su padre no amenaza en vano, á pesar de las señas que le hace su madre para que calle, cierra los ojos y dice rápidamente, como si le quemaran la boca las palabras:

-Mi madre trejo esta mañana un cuartillo de aguardiente, y tiene la botella escondía en el jergón de la cama.

El Tuerto, oída esta última palabra, tumba de un sopapo á sus pies á la delincuente, corre á la cama, revuelve las hojas de su jergón, saca de entre ellas una botellita blanca que contiene un pequeño resto del delatado contrabando, vuelve con ella hacia su mujer, y arrojándosela á la cabeza en el momento en que se incorporaba, la derriba de nuevo y salpica á los chiquillos con el líquido pecaminoso. Gime, herida, la infeliz; lloran asustados los granujas, y el iracundo marinero sale al balconcillo renegando de su estrella y maldiciendo á su mujer.

Tío Tremontorio, que vino de la mar con Bolina y el Tuerto, se halla en su balcón tejiendo red (su ocupación preferida cuando está en casa) desde el principio de la reyerta de sus vecinos, y tirando de vez en cuando un mordisco á un pedazo de pan y á otro de bacalao crudo, manjares que constituyen su comida ordinariamente. No se da con el Tuerto por advertido del suceso que acaba de ocurrir y del que se ha enterado perfectísimamente, pues no le gusta meterse en lo que no le importa; pero el irascible marido, que necesita dar salida al veneno que aún le queda en el cuerpo, llama á su vecino, y de balcón á balcón entablan este diálogo á grandes voces:

-Tío Tremontorio, yo no puedo con esta bribona, y voy á hacer un día una barbaridá.

-Ya te he dicho que tienes tú la culpa desde un principio; en cuanto la veías ceñir un poco, arriabas en banda....

-¿Y qué había de hacer yo si me paecía una santa de Dios?

-¿Qué habías de hacer? ¡Tiña!; lo que yo te decía siempre:-«Caza firme y trinca bien; viento duro por la popa, y hala por avante.»

-¡Pero si no tiene ya un hueso en el cuerpo que no le haiga yo carenao á golpes!

-¡Después que se le había podrió la maera, tiña!

-¡Me valga Dios, qué pícara!... ¿Qué va á ser de estas criaturas el día que la suerte me saque de casa!...; porque el demonio no tiene por ónde desechar á esta mujer. La semana pasá la entregué veinticuatro riales pa que vistiera á los hijos...; ¿usté los ha visto?: pos tampoco yo. La borrachona los consumió en aguardiente. Peguéla una trisca que la dejé por muerta, y á los tres días me vende una sábana por media azumbre de caña; dóila ayer veintiún cuartos pa carne, y bébelos tamién.... Y á too esto, las criaturas esnudas, yo sin camisa, y sin atreverme, si á mano viene, á echar un vaso de vino un día de fiesta.

-¿Por qué no la conjuras, tiña? Pué que sea mal-dao.

-¡Si llevo gastao, tío Tremontorio, un costao en esos amenículos! Llevéla á má é tres leguas de aquí, á que un señor cura, que icen que tiene ese previlegio, la echara los Avangelios; leyósclos, dióme una cartilla bendecía y un poco de ruda, cosílo too en una bolsa, colguésela al pescuezo, costóme la cirimonia al pie de un napolión..., y ná: al día siguiente cogió una cafetera que no se podía lamber. Yo la he dao aguardiente cocío con pólvora, que icen que es bueno pa tomar ripunancia á la bebida, y á esta condená paece que le gusta más desde entonces. He gastao en velas pa los Santos Mártiles, á ver si la quitan el vicio, un sentío..., y como si callara.... Ya no sé qué hacer, tío Tremontorio, si no es matarla, porque es mucho el vicio que tiene. Fegúrese usté que dempués que la di el aguardiente con pólvora, la entró un cólico que creí que reventaba. Como yo había oído que el aguardiente es bueno pa quitar el dolor de barriga, poniendo por fuera unos paños bien empapaos en ello, calenté en una sartén como medio cuartillo; y cuando estaba casi hirviendo, llevélo así á la cama onde se estaba revolcando la muy bribona. Mándola que tenga un poco la sartén mientras yo iba al arcón á buscar unos trapos, vuelvo con ellos...: ¿creerá usté, puño, que ya se había trincao el aguardiente de la sartén, abrasando como estaba? ¡Hombre, si esto es más que maldición de Dios!

-Pues, amigo..., tocante á eso..., ¿qué te diré yo? Cuando la mujer da en torcerse, como la tuya, mucho palo; si con él no sale á flote, ó échala á pique de una vez, ó cuélgate de una gabia.

-¡Si le digo á usté, hombre de Dios, que la he solfeao too el cuerpo á leña; que le he puesto la cara á morrás más negra que la tinta de un magano!...

-Pues ahórcate entonces, y déjame en paz y en gracia de Dios tejer estas mallas, que por no perder la pacencia no me he querido casar yo, ¡tiña, retiña!

-¡Mal rayo me parta treinta veces y media, y permita Dios que al primer noroeste que me coja en la mar me coman las merluzas!... ¡Si pa esto nace uno, valiérame más no haber nacío!... ¡Perro de mí, que no la hice macizo antes de llegar á perder la pacencia y la salú por la grandísima bribona!...

Y comiéndose los labios de coraje, métese el Tuerto en su buhardilla y cierra la puerta del balcón.

El tío Tremontorio, sin levantar los ojos de su labor, le despide canturriando con su áspera voz esta copleja:

«Por goloso y atrevido
muere el pez en el anzuelo;
porque yo no soy goloso
en paz y libre navego.»

Suponte ahora, lector, que estamos en un día de fiesta.

-¡Bolina!... ¡Bolina!-grita la voz de Tremontorio.

-¿Qué hay?-responde Bolina saliendo al balcón.

-Que no paso por esta cuenta; que á mí me falta dinero ... y que me falta, ¡ea!

-¡Malos tiburones te coman! Yo no sé de qué te ha servío tanto como has rodao por el mundo, que toavía no sabes contar los deos de la mano. ¿Qué es lo que te falta ahora?

-Me falta, me falta ... yo no sé cuánto, pero me falta dinero.

-Si no dices más que eso.... ¿No ajustemos endenantes la cuenta más de treinta veces? ¿No viste que no te faltaba ná?...

-Sí; pero en casa lo he pensao mejor, y no hay quien me saque de que aquellos treinta riales....

-¡Dale con los treinta riales! ¿No te correspondían á ti diez duros por la costera de la semana?

-Sí.

-¿No nos habían emprestao á ti, al mi hijo y á mí, un barril de parrocha en la taberna del Estrobo?

-Sí.

-¿No costaba el barril setenta y dos riales?

-Sí.

-¿No te corresponden á ti veinticuatro?

-Sí.

-¿No debías además en la taberna, primeramente treinta cuartos de café y copas, y luego dos riales y medio emprestaos?

-Sí.

-Pus veinticuatro y seis, treinta. ¿Cuánto tienes tú?

-Tengo, tengo ... dos y dos son cuatro..., cuatro ... cuatro de á decinueve, primeramente.

-Bueno: pon una peseta con ellos.

-Ya está.

-Pus tendrás ahora cuatro duros.

-Cabales.... Ahora hay, por otro lao, dos pesetas en cuartos y dos tarines.

-Que son diez riales; y ochenta que tenías antes, noventa.

-Noventa. Ahora me quedan cuatro peseta de á cinco, y ... uno, dos, tres ... y dos, cinco ... y uno, seis...; seis medios duros, que son....

-Que son, que son...; teníamos antes noventa riales, que con las cuatro pesetas de á cinco hacen, hacen ... noventa, y luego veinte.... Si fueran diez serían ciento; ciento, y diez ... ciento diez.... Luego, seis medios duros, que son tres.

-Y ciento diez, ciento y trece justos ... hasta doscientos que debían de ser, ¡tiña!, mira si me falta dinero.... Y no te canses, Bolina, que cuando yo digo una cosa, ¡tiña!...

-Pero, peazo de animal, déjame acabar.... Si too lo embrollas. ¿Quién te ha dicho á ti que ciento diez riales y tres duros son ciento y trece riales?

-Aquí y en Francia han sío siempre ciento diez y tres, ciento trece, ¡retiña!

-Sí; pero como esos tres son duros, y tres duros son sesenta riales, será la cuenta ciento diez, y sesenta, ciento setenta.

-¿Y cuántos duros hacen?

-Media onza es lo mesmo que ciento sesenta riales, y éstos son ciento setenta; conque son, media onza y medio duro ... ocho duros y medio.

-Lo mesmo que endenantes, ¿lo ves?...; hasta diez que han de ser ... ¡si cuando yo digo una cosa!

-¡Mal rayo te parta! ¿Pues no te he dicho que había que desquitar treinta riales que debías en la taberna?

-Sí.

-Pus esos treinta que te faltan hasta los doscientos, son los que te dieron de menos.

-Conque es decir que por un lao se me dan treinta riales de menos, y por otro me rebajas tú en la cuenta otros tantos.... ¡Tina!, pues ahora salgo peor; treinta de acá ... y treinta de allá.... Esto no lo dejo yo así, y ahora mesmo voy al Muelle, ¡retiña!

-¡Anda, burro, más que burro!... ¡Este hombre no tiene timón en la cabeza! ¡Mal vendaval te sople, animal!...

Imaginémonos ahora que está lloviendo, desde hace ocho días, pero del Noroeste, con temporal recio afuera.

-Tío Tremontorio, ¿ha visto por la banda del Norte cómo se va poniendo?

-Hay tremolina armá pa unos días.... Esta madrugá abrió un poco el ojo el Nordeste y pensé que íbamos á salir mañana á la mar; pero se ha corrío otra vez al vendaval y con un carís peor que el tuyo.

-¡Y qué lástima de costera, hombre!... ¡Si había besugo pa aborrecelo!... Le digo á usté que esta invurná nos va á costar muy cara.

-Por mor de eso, y pa ayuda de males, nos pegaron aquella troncá esta mañana en el Cabildo.... ¡Y pa eso le citan á uno y le sacan de casa!... ¡Tiña, si me hubiera dejao llevar de mi genio!... Decir á Dios que con el platal que ha entrao en fondo en too lo que va de año no ha de haber quedao pa hacer un reparto, por ver de pasar un par de días, pinto el caso, en que no se pué salir á la mar, ni se gana pa un amoderao[5] siquiera.... ¡Tiña, y que entoavía le han de pedir á uno el real que necesita pa no morirse de hambre!

-Duro es, tío Tremontorio; pero ello, pongámonos en lo justo. Ha dao la casualidá de que paece que se ha avisao media calle pa ponerse enfermo too el mundo. Tolete, con viruelas; tío Mocejón, con el muermo que le ajoga; Viruta, con una pata desbaratá; el Mordaguero, baldao de estribor...; y después, yo no sé cuántos más á pique de irse á fondo.... Por otro lao, el médico no quería asistir al Cabildo si no le aumentaban dos mil riales de sueldo, y ha habido que dárselos; la lancha del Puntal nos ha empeñao en un pico mu gordo este año, una bandera nueva pa la capilla..., y el diablo que paece que se ha desatao contra nusotros.... Dé usté á los enfermos el porqué que les corresponde cada día, pague usté al médico lo que pidió de más, pague usté la bandera, pierda usté lo que se ha perdió en el pasaje, y....

-¡Tiña, á mí cuéntame tú del otro mundo, que de éste no tengo ya ná que aprender...; y si Patuca sabe mucho, yo sé más que él. Yo lo que veo es que con un papeluco emborronao nos quiso tapar la boca. Miá tú cómo no estipuló el tanto más cuanto de la cosa, mano á mano como se debía. Pero como entiende de pluma, con decir «aquí está apuntao...»; y á mí no me la cuela él, que no me mamo el deo, aunque no conozco la O, tiña!

-Pero las cuentas ya se desaminaron bien allí, y por gente que lo entiende.

-Comosulas nos atrapan, ¡tiña!, no te canses.... Y digo que aquí engorda anguno con lo que tú y yo sudamos, y si no, vamos á ver. Patuca Malaspenas va á la mar; anda vestío y portao como un señor;

en su casa se come carne un día sí y otro no, y nunca falta el cuartillo de rioja, tiene un quiñón en la pinaza del Castrejo y está gordo que revienta. El diablo me lleve si no era tan pobre como yo hace poco tiempo. ¿De ónde ha salío tanto lastre? ¡Tiña! ... no quiero hablar; pero si no corriera él con los agorros del Cabildo, como corre hace dos años, no había de tener el pellejo tan reluciente.

-Esos son malos quereres, tío Tremontorio.

-¡Tiña, que yo me entiendo! ¿Por qué no quiso él que se entregara el dinero á un comerciante del Muelle cuando en el otro Cabildo se lo dijieron?

-Porque nos bastamos nusotros pa correr con ello sin ayuda de naide.

-Por lo que se pega, borrico.

-Que son malos quereres, tío Tremontorio.

-Que vos engañan, como bonitos, con cuatro papeles arrugaos, vamos.... Y si quieres irle con el cuento, ya que tanto le defiendes, maldito lo que se me importa.

-Yo no soy cuentero ni vivo de eso; pero cuando se dice mal de un hombre de bien..., vamos, tío Tremontorio, que no me gusta. Usté ha visto mucho mundo, pero á veces quiere saber más de lo regular.

-Y ya que tanto hablas, ¡tiña!, ¿es justo, que tú, cargao de hijos, con una mujer como la que tienes, que te consume hasta la sangre, no recibas uno ó dos ó medio en estos días de temporal? ¿No eres tú tan necesitao como el que más?

-Yo estoy bueno y puedo trabajar....

-¿Á qué? ¿Has de ir á jalar de las pipas del Muelle? Pa eso hay otros primero que tú, que tienes que atender al aparejo y á la lancha y á tu obligación.

-No diré que no me viniera bien uno ó dos ó medio; pero si no me le dan, ¿por qué le he de echar la culpa á quien no la tiene?

-¿Y por qué en lugar de dar nos piden?

-Ese es otro cuento.... Y al último, al que no tiene el rey le hace libre.

-Ya te lo dirán de misas.

-De toos modos, tío Tremontorio, las cuentas se han presentao y se han dao por buenas; y por más que usté y yo nos cansemos....

-Pues veremos lo que comes dentro de un par de días, si el tiempo no se echa á la tierra.

-Salú nos dé Dios, y ya lo veremos.

-¡Amén!... (¡Tina!...; ¡qué hombres hay en el mundo! Too lo encuentran güeno. ¡Así tienen ellos los calzones!)

Si mientras el Tuerto estaba á la mar, alguno de sus hijos rompía la olla, ó se comía el pan que estaba en el arcón, ó hacía cualquier diablura propia de su edad, en el balcón le sacudía el polvo su madre, en el balcón le estiraba las orejas y en el balcón le bañaba en sangre la cara.

Si de vuelta de correr la sardina salía alcanzada la mujer del Tuerto en la cuenta que éste le tomaba rigorosamente, en el balcón se oía la primera guantada de las que administraba el desdichado marido á su costilla; desde el balcón llamaba á su padre, á su madre y á Tremontorio; desde el balcón les contaba lo sucedido, y renegaba furibundo de su mujer; desde el balcón imploraba el auxilio de Dios..., y de balcón á balcón se enredaba un diálogo animadísimo que entretenía, por espacio de media hora, á las gentes de la calle.

Si el patrón de la lancha de que son socios mis vecinos, les debe algo, desde sus balcones lo dicen, y en los mismos discuten el medio de cobrarlo.

Por el balcón recibe Tremontorio las consultas que se le hacen sobre el tiempo; por el balcón las contesta, y el balcón es su observatorio.

En una palabra: mis vecinos tienen el balcón por casa, excepto para dormir y vestirse; y ni aun en estas dos ocasiones quieren prescindir totalmente de la publicidad. Tremontorio y Bolina, especialmente, se mudan la camisa y los pantalones en medio de la sala ... con todas las puertas abiertas; pero donde se echan los botones y se amarran la cintura con la indispensable correa, es en el balcón. Y esto en invierno; que en verano, ó cierro la puerta de mi antepecho, ó he de contemplarlos hasta en la menor particularidad de su vida íntima, tanto de día como de noche.... Por hacerme partícipe de sus costumbres estas pobres gentes, hasta me despierta á mí al mismo tiempo que á ellas el penetrante é intraducible grito de ¡apuyáàá! con que les llama, á las tres de la mañana en verano y á las cinco en invierno, para ir á la mar, otro marinero que tiene por esta obligación algunos gajes.

De todo lo cual resulta, lector, aun sin mi decidida afición á reparar en achaques de costumbres, más de lo suficiente para que comprendas cómo, sin poner trabajo alguno de mi parte, y sin que en mi obsequio se le tomara nadie, pude adquirir los datos que apunté en las primeras páginas de este bosquejo.

Ahora, pues, previa tu indulgencia por estas digresiones, y suponiéndote orientado en el terreno de nuestros personajes, voy á tratar del verdadero asunto de mi cuadro.

NOTAS:

[Nota 5: Arenque.]

II

Hace pocos días empezó á llamarme la atención el aspecto que presentaba la casuca de enfrente. La buhardilla del Tuerto apenas se abría, ni en ella se escuchaban las risas, los lloros y los golpes de costumbre.

El tío Tremontorio trabajaba en sus redes al balcón algunas veces, pero siempre mudo y silencioso, cual era su carácter cuando sus convecinos le dejaban en paz y entregado á sus naturales condiciones.

Los dos viejos del segundo piso se daban muy pocas veces á luz, y en algunas de ellas vi enrojecidos los arrugados y enjutos párpados de la mujer de Bolina. Indudablemente pasaba algo grave en aquella vecindad.

Un tanto preocupado con esta idea, puse toda mi atención en la casuca con el objeto de adquirir la verdad.

Las ahumadas puertas del balcón de la buhardilla se abrieron al cabo, después del mediodía, y lo primero que en el interior descubrieron mis ojos, fué un hombre vuelto de espaldas hacia mí, con camiseta blanca de ancho cuello azul tendido sobre los hombros, y gorra de lana, también azul, ocupado en colocar en un gran pañuelo de percal, desplegado sobre el arcón que conocemos, algunas piezas de ropa. Después que hubo anudado las cuatro puntas del pañuelo que contenía el equipaje, se incorporó el hombre, volvió la cara..., y conocí en ella á la del Tuerto: pero más obscura, más triste, más ceñuda que nunca. El pintoresco traje del pobre pescador me explicó en un instante la causa del cambio operado en aquella vecindad.

Hecho el lío de ropa, pasó el Tuerto su brazo izquierdo por debajo de los nudos, metió dentro de la gorra algunos mechones de pelo que le caían sobre los ojos, tiró de una bolsa de piel mugrienta que guardaba en un bolsillo de sus pantalones, sacó de ella tabaco picado, hizo un cigarro, encendióle en un tizón que le trajo su mujer, que lloraba, aunque en silencio, fijóse en los chicuelos que también lo rodeaban, y, haciendo un gran esfuerzo, dijo con voz insegura:

-¡Ea!, sobre que ha de ser, cuanto más pronto.

La sardinera, al oir á su marido, rompió á llorar á todo trapo; sus hijos la siguieron en el mismo tono.

-¡Á ver si vos calláis con mil demonios!-exclamó el pescador con visible emoción.-Y tú-añadió dirigiéndose á su mujer,-ya sabes lo que se va á hacer. Estas criaturas se vienen ahora mismo conmigo, y se las dejo á mi madre al tiempo de bajar. Allí se estarán con ella hasta que yo güelva.

-¡No, por todos los santos del cielo!-gritó la mujer, que al fin era madre.-Yo soy muy capaz de cuidarlas, y no quiero que naide más que yo dé de comer á mis hijos.

-Lo que eres tú me lo sé yo muy bien; y no me acomoda que el mejor día amanezcan los ángeles de Dios aterecíos á la puerta de la calle. Y sobre too, no te los tiro á la mar: bien acerca te quedan: too el día te puedes estar abajo con ellos.... Pero ya se lo he dicho á mi madre: «antes que dejarlos subir aquí, rómpales una pata».... Y esto sacabó. Vámonos pa bajo.... Y cuidao con que te vengas al Muelle detrás de mí, que no tengo ganas de perendengues; y cuanto más solo esté uno, mejor.... Así como así, estoy yo tan sastifecho, que si me descuido con la escotilla se me va el alma de la bodega, ¡puño!... Andando, hijos míos....

Y el desventurado Tuerto se bajó para coger al menor de los muchachuelos, que le miraban llorando. Entonces su mujer, cediendo á un irresistible impulso de su corazón, echó los brazos al cuello de su marido, y con el torrente de sus lágrimas arrancó al fin ¡las primeras, tal vez! de los torvos ojos de aquel rudo marinero.

Pero éste no era hombre que se entregaba rendido á semejantes debilidades; así es que, desprendiéndose de los brazos de su costilla, cogió entre los suyos al menor de sus hijos, mandó á los otros que le siguieran, obligó á su mujer á quedarse en casa, y salió de ella precipitadamente, cerrando detrás de sí la puerta de la escalera.

Pocos minutos después estaba en la calle, con su lío al brazo, en compañía de Bolina y Tremontorio. Los tres iban cabizbajos, taciturnos y caminando con repugnancia. Casi al mismo tiempo que ellos en la calle, aparecieron en sus respectivos balcones la mujer de Bolina, rodeada de sus nietos, y la del pobre Tuerto, sola, desgreñada y dando alaridos de desconsuelo. Sus hijos y su suegra, aunque sin gritar tanto como ella, vertían también abundantes lágrimas.

Al oir este coro desgarrador, los tres marineros apretaron el paso, los vecinos de la calle salieron á sus balcones, y yo me decidí á seguir á mis conocidos hasta el desenlace de la escena, cuyo principio había presenciado. El dolor tiene su fascinación como el placer, y las lágrimas seducen lo mismo que las sonrisas.

Tomé, pues, el sombrero y me largué al Muelle.

Una apiñada multitud de gente de pueblo se revolvía, gritaba, lloraba é invadía la última rampa, á cuyo extremo estaba atracada una lancha. En esta lancha había hasta una docena de hombres vestidos de igual manera que el Tuerto; y también como él llevaba cada cual un pequeño lío de ropa al brazo. De estos hombres, algunos lloraban sentados; otros permanecían de pie, pálidos; inmóviles, con el sello terrible que deja un dolor profundo sobre un organismo fuerte y varonil; otros, fingiendo tranquilidad, trataban de ocultar con una sonrisa violenta al llanto que asomaba á sus ojos. Todos ellos se habían despedido ya de sus padres, de sus mujeres, de sus hijos, que desde tierra les dirigían, entre lágrimas, palabras de cariño y desesperanza. Entretanto, algunos otros, tan desdichados como ellos, se deshacían á duras penas de los lazos con que el parentesco y la amistad querían conservarlos algunos momentos más en tierra. Por eso las palabras «padre», «madre», «hijo», «amigo», eran las únicas que dominaban aquella triste armonía de suspiros y sollozos. ¡Terrible debía ser la pena que hacía humedecerse aquellos ojos acostumbrados á contemplar serenos la muerte todos los días entre los abismos del enfurecido mar!

Sin calmarse un momento la agitación de la gente de tierra, los marineros que aún quedaban en ella fueron poco á poco pasando á la lancha: el último entró el Tuerto, después de haber dado un estrecho abrazo á su padre y á su vecino, que le acompañaron hasta la orilla. Nada quedaba de común, sino el corazón, entre los embarcados y la gente de tierra. El servicio de la patria era el arbitro de la vida y de la libertad de los primeros, durante cuatro años, á contar desde aquel momento; y ante deber tan alto, tenían que romperse los lazos de la familia y los de la amistad.

Los remos habían tocado ya el agua, y aún permanecía la lancha atracada á la rampa, y sujeta á ella por un cabo que tenía entre sus manos, por el extremo de tierra, un viejo patrón que contemplaba atónito la escena.

-¡Suelte!-le dijeron desde la lancha más de una vez, con débil voz.

Pero el viejo patrón, ó no oyó las advertencias, ó se hizo sordo á ellas, que es lo más probable, por disfrutar algunos instantes más de la presencia de sus compañeros.

-¡Que suelte!-le volvieron á repetir más alto.

Y nada: el viejo, clavado como una estatua á la orilla del mar, no soltó el cabo.

Pero el Tuerto, á quien el llanto de su padre y el recuerdo de sus hijos estaban martirizándole el alma, temiendo ceder al cabo al peso de la aflicción que ya enturbiaba sus ojos, al ver el poco efecto que en el patrón habían hecho las órdenes anteriores,

-¡Larga!-gritó con ruda y tremenda voz, dominando con ella los alaridos de tierra, y fijando su torva mirada en el viejo marino.

Éste obedeció instantáneamente; el cabo cayó al agua, crujieron los remos, oyóse un «¡adiós!» infinito, indescriptible; y la lancha se deslizó hacia San Martín, en cuyas aguas esperaba, humeando, un vapor que había de recoger á los pasajeros de ella.

En instante tan supremo, las mujeres que quedaban á la orilla redoblaron sus lamentos, abrazaron á sus hijos, á sus padres, á sus hermanos, á sus amigos, y se confundieron todos en un solo torrente de lágrimas.

Hay situaciones, lector amigo, que no á todos es dado describir, y ésta es una de ellas. Para sentirla, basta un buen corazón como el tuyo y el mío; para pintarla con su verdadero colorido, se necesita la fresca imaginación de un poeta y yo no la tengo.

Recuerdo que, dos años ha, mi amigo Eduardo Bustillo, el inspirado cantor de nuestras glorias nacionales, delante de una escena idéntica á la que voy describiendo, desde el mismo sitio, acaso sobre la misma piedra que yo, lloró con su alma las penas de las pobres familias á quienes una leva sumía en el abismo de todos los dolores, y puso en labios de una esposa desvalida estas palabras sencillas, pero tiernas y elocuentes:

«Mi pobre niña inocente
el amor perdido siente.
Mas ya, ¿quién pondrá en mis manos
su pan y el de sus hermanos?

¡Ay, Señor!,
que en mi profundo dolor
presiento males prolijos;
que en este afán angustioso,
lloro, más que por mi esposo,
por el padre de mis hijos.»

Supla esta bella estrofa las frases que yo no encuentro para pintar la desolación de aquella escena. Se lloraba al padre, al esposo, al hijo, que se iban, quizá para siempre; pero que, al irse, se llevaban el pan de los que se quedaban....

III

Cuando la lancha llegó al costado del vapor, la multitud que se había quedado en la rampa del Muelle, no distinguiendo más que un pequeño bulto negro en la superficie del agua, se fué retirando poco á poco y reduciendo á un solo grupo, formado por las familias de los marineros ausentes. Este grupo unido, compacto, como si en semejante cohesión hallase cada uno más pequeña su desgracia, comenzó á andar tristemente, consolando los hombres á las mujeres y éstas á los niños.

Sobre las figuras de aquel triste cuadro se destacaban los hombros y la cabeza de Tremontorio, que, como no tenía familia propia, adoptaba por suyas á todas las demás. Hombre corrido por los mares y desgraciado en levas, pues le habían cogido dos, como dije al principio, era el refugio á que acudían aquellas pobres gentes para saber algo de la suerte que esperaba á los objetos de su cariño.

-Y diga, tío Tremontorio, ¿es verdá que los castigan mucho, que los pegan á bordo?-preguntaba, entre sollozos, una pobre mujer.

-¡Quita d'ay!...; pataratas y na más que pataratas.... ¡Qué los tienen de pegar, tiña? ¡Pus no faltaba más! Eso era en un prencipio.... Yo no acancé ya el chicote; conque feúrate.... Además, el tu marido es hombre que sabe cumplir con su obligación, y lo pasará bien.... Lo que es á bordo, como no salga nostramo[6] con malas entrañas, no hay cuidao. Ahora, si es de esos atravesaos que dan al diablo que hacer, y le toma á uno sobre ojo, ¡válgame Dios!, lo mejor que se le antoja es mandarle á uno á fregar la perilla del mastelero de mesana, ó á tomar un riso á la gavia más alta, sin necesidad, en una noche de borrasca.... Pero, ¡quiá!, ya no se ve de esto.... Ahora da gusto servir en barco de rey.

-¿Y aónde los echarán ahora?

-Pues, por de pronto, van al Ferrol. Estarán en el departamento unos días; dempués á éste en la freata, al otro en el bergantín, al de más allá en el vapor, me los van embarcando á toos poco á poco. Unos se quedarán en da que guardacostas por los mares de acá, y se refiere tó ello á ná, á barloventear, como quien dice, de este puerto al otro, y á correr un chubasco de vez en cuando; pero como nos conocen estas aguas, no hay cuidao por ello. Otros irán á la otra banda, al apostaero. Allí la cosa tiene de too: poco trabajo, buena ginebra, buen tabaco y buen café; pero hay que sudar el quilo á cada paso.... Dispués, hoy que la cólera, mañana que el gómito negro.... ¡Tiña, y qué intención más mala tienen estos incomenientes con el probe marinero!... Al que acanzan con el bichero, hasta que le matan no le dejan. Si á usté le encajan en Manila, hasta el pan se conjura contra uno; el cuerpo no es más que una remanga en aquella tierra: lo mismo da llenarle, que no llenarle, que hace más agua que un casco viejo; y en cuanto se desembarca, no le queda una gota adrento.

Un mes en aquellos mares, deja al hombre que no le conoce la madre que le parió...; ¡tiña, más amarillo y más relambío se pone!... Guerras no hay ahora que le obliguen á uno á soltar un par de andanas á cada instante...; y como nusotros, en la Ferrolana, vimos cuantos mares Dios crió y cuanto mundo se pué ver, ¿á qué ha de ir naide ya por onde nosotros fuimos? ¡Tiña, no lo quiera Dios...; que hoy se asa usté vivo, mañana se aterece de frío, aquí calenturas, más allá sarna...; ¡hombre, qué climen más endino!...; ¡y qué gente, me valga Dios!; más colores tiene que una julia.- Tocante á las campañas de hoy, no hay que tener cuidao.... Conque..., ánimo, ¡tiña!, que de menos nos hizo Dios....

Y aquí estoy yo que no me he muerto, y ha hecho la suerte conmigo cuanto puede hacer un tiburón detrás de un bote.... Y no digo más.

El bueno de Tremontorio siguió largo rato consolando, á su manera, á aquellas pobres mujeres, hasta que el grupo, compacto siempre y cada vez más numeroso con la turba de chiquillos que se le iban agregando á su paso, cambió de rumbo al llegar al Consulado, y se internó en la población; y yo, que maquinalmente le había seguido escuchando á Tremontorio desde la Punta del Muelle hasta aquel sitio, perdíle en él de vista y continué hacia la Ribera, vivamente impresionado con las escenas de que había sido testigo aquella tarde.

Cuál sería la base de todas mis meditaciones, se adivina fácilmente; qué remedio fué el primero que se me ocurriera para evitar males tan considerables como el que deploraba entonces, no debo decirlo aquí por dos razones: la primera, porque, en mi buen deseo, puedo equivocarme; y la segunda, porque, aunque acierte, no se ha de hacer caso alguno de mi teoría en las altas regiones donde se elabora la felicidad de los nietos del Cid. Pobre pintor de costumbres, aténgome á mi oficio: copiarlas como Dios me da á entender y hasta grabarlas en mi corazón.

Por eso, mientras expongo este bosquejo á la consideración de los hombres que pueden, dado que se dignasen echar sobre él una mirada, puesta mi esperanza en Dios, que es la mayor esperanza de los desgraciados, me limito á exclamar, desde el fondo de mi corazón, con mi tierno amigo Bustillo:

«¡Ay, Señor!
Pues la ley en su rigor
los afectos no concilia,
haz que los hombres se hermanen,
porque al luchar no profanen
el amor de la familia.»

NOTAS:
[Nota 6: El contramaestre.]

LA PRIMAVERA

    Deja, Fabio, esa lira
que tanto te recrea,

ó aprende lo que ignoras

y canta lo que aprendas.

Basta de idilios tiernos,

basta de dulces églogas;

no más pastores, Fabio;

Fabio, no más praderas.

Yo quise entre los rústicos

paisajes de mi tierra

buscar de tus cantares

la realidad perfecta;

y ¡ay, Fabio!, tú no has visto

jamás la primavera.

Tú no has pisado el «campo

de terciopelo y seda»;

ni respiraste el «fresco

cefirillo que juega

de los sombríos bosques

con la enramada espesa»;

ni la cascada viste

que «rauda se despeña

en el profundo abismo

desde la altura inmensa»;

ni «matizadas flores»

cojiste entre la yerba,

ni oístes el «murmullo

del que manso la riega,
arroyo cristalino
do beben las Napeas
y encuentran las pastoras
cristal que les refleja
de sus cabellos de oro
las ondulantes hebras»;
ni el trino has escuchado
de «mil y mil parleras,
pintadas avecillas,
de las de arpada lengua,
entre el follaje verde
de misteriosa selva»;
ni vistes el cabrito
«triscar la mata fresca,
trepar de roca en roca
la tímida gacela,
ni sobre el fácil soto
rumiar la mansa oveja»,
ni, en fin, esos primores
que describir intentas
en las limadas coplas
que, tierno, canturreas.
Tu campo es un tapete,
    tus bosques son macetas,
tus flores, inodoras,
tus cefirillos, hielan;
de trapo son tus ninfas,
tus pastores, horteras,
gorriones tus jilgueros;
y tu cascada horrenda,
del carcomido techo
que á tu numen alberga,
por más que la levantes
es húmeda gotera.

Desde la ardiente zona
do te arrojó la adversa
fortuna cuando viste
del sol la luz primera,
no abarca una mirada,
	por alta que se meza
en el azul espacio
tu miserable celda,
las primorosas galas
que dió Naturaleza
á la, por ti, tan célebre
hermosa primavera.
Aquí, en estos confines
de la gloriosa Iberia;
desde el límite vasco
á la riscosa Liébana;
entre el Escudo gélido
y la feraz ribera
do rompen del salobre
cántabro mar, sin tregua,
con hórrido bramido
las olas turbulentas,
está lo que tú, cándido,
adivinar sospechas.

Deja, Fabio, la corte
fascinadora, déjala,
y corre presurosa
hasta mi noble tierra;
y aquí, entre su follaje,
junto á su gala espléndida,
desde que abril acaba
hasta que octubre empieza,
verás ... lo que no cabe

en pálidas endechas.
Mas no de la dulzaina
meliflua te proveas,
ni de ligeras cintas
de coruscante seda,
ni de pellico tenue
cortado á la francesa,
ni de leve sandalia
y primorosa media,
cual van en tus cantares
los hijos de las selvas.
Antes, Fabio procúrate
zapatos de dos suelas,
calzón de paño recio,
garrote y podadera;
que en el ameno prado
que la vista recrea,
hay charcos escondidos
y espinas ... y culebras;
y el cristalino arroyo
que manso serpentea,
es un regato, á veces,
que no pueden las piernas
saltar, sin el auxilio
de la tranca pasiega;
y en el frondoso bosque
hay zarzas y maleza
que el paso te interrumpen,
y has de cortar, so pena
de que en sus garras dejes
calzones y pelleja;
y, en fin, que el agua moja
hasta en la primavera;
y como en mayo llueve,
y llueve con frecuencia,

si tienes un paraguas
te ha de venir de perlas.

Verás entonces prados,
y cabañas cubiertas
por olmos y laureles
y mirto y madreselva;
verás espesos montes,
caminos y veredas
bajo toldos de verde,
fragante, inculta yerba;
verás montañas, cerros
y dilatadas sierras;
robustos, viejos troncos
y ramas que se quiebran
al peso del follaje;
mantos de rica hiedra
cubriendo de las ruinas
la desnudez escueta;
hondos, negros abismos
do pavoroso suena
el murmurante arroyo
que fué por la pradera;
verás valles risueños
y ríos y florestas,
y el humo que, tranquilo
en espiral se eleva,
y cabras y terneros
y alondras ... y miruellas:
respirarás las brisas
balsámicas que juegan
con las fragantes rosas
que esmaltan las praderas;
verás los rayos de oro
del sol cuando amanezca,

y perlas de rocío,
y hasta nubes de perlas;
verás, en fin, primores;
pero de tal grandeza,
que no podrás cantarlos,
ni los soñó siquiera
en sus aspiraciones
«la rica, gaya ciencia».

Mas del deliquio dulce
      en que el cuadro te aduerma,
cuida no te despierte
con su prosa grosera
la humanidad inculta
que la campiña puebla.
Aquí anda Nemoroso
detrás de su carreta,
sin rizos, con la barba
mal afeitada y recia,
con los calzones rotos,
luchando con la tierra
que, á costa de sudores,
al cabo le sustenta.
Verás que la zagala
gentil que te embelesa,
es una mocetona
de alborotada greña,
de libras y boyonte,
de tosca faldamenta,
sin cintas ni guirnaldas,
con lodo y almadreñas;
verás que si, ofuscado,
audaz la galantea,
no la colora el rostro,
como tus trovas cuentan,

las tintas sonrosadas
de púdica vergüenza;
sino que, ardiendo en ira,
como fornido atleta,
á bofetada limpia
te salta un par de muelas.

Así son los modelos
(al menos en mi tierra)
de las ninfas ... y ninfos
que vagan por las selvas;
así al Autor Supremo
le plugo que nacieran,
y así serán y han sido...,
y no hay que darle vueltas.

¡Qué fuera de nosotros,
gran Dios, de otra manera!;
¡si en vez de tales tipos
que el alma desalientan,
cruzaran por los prados
sensibles Doroteas!...
Porque no son las rústicas
pasiones de la aldea
las que la sangre inflaman,
holgando en las praderas:
el ámbar, el almizcle ...
y el Tamorlán de Persia
con todos sus divanes,
sus opios y sus siestas,
se agitan en la mente ...
y no hay que darle vueltas.

No creas, pobre Fabio,
que en solitaria selva

un Títiro sensible
con una Galatea
se pasa la mañana
tendido á pierna suelta,
tocando el caramillo,
sin reparar siquiera
que tiene la zagala
muchísima canela....
Ó Galatea es tonta,
ó Títiro es un bestia...,
ó son de otra substancia
distinta de la nuestra.

Tú, que el hervor aún sientes
de la vida en tus venas,
si vas por el Retiro
y bajo su arboleda
hallas una pastora,
como la rosas fresca,
tejiéndose guirnaldas,
en muelle negligencia;
si ves su pie pequeño
que se adivina apenas
en un zapato breve
de satinada tela;
si por crecer la brisa
agítase la seda
y los revueltos pliegues ...
(pero detente, péñola);
si sus lánguidos ojos,
llenos de amor, te asedian;
si su garganta late,
si su jubón..., etcétera...,
¿adonde irá á parar,
iluso, tu prudencia?

Pues bien: si en el Retiro,
do, sobre ardiente arena,
de mísero ramaje
raquíticos se elevan
árboles de artificio,
sin sombra ni belleza;
si entre la prosa, digo,
de esa enfermiza selva
las gracias de una ninfa
trastornan y marean,
¿qué harán entre estos bosques
cuando su gala ostenta
en voluptuoso alarde
la alegre primavera?

¡Oh, pobres trovadores
de tirso y pandereta!:
del cortesano mundo
entre la turba espesa,
cantad al sol de agosto
que sin piedad os tuesta;
llorad, míseros vates,
fatídicas cornejas,
sobre las tristes sábanas
de calcinada arena
donde la hispana corte
su pedestal asienta;
cantad al mar bullente
que surcan en calesa,
tras chulos argonautas,
impúdicas sirenas;
cantad al hambre, al frío,
al lujo, á la opulencia,
al vicio y á la intriga...,
al crup y á las viruelas,
que, pues vivís entre ello,

lo conocéis por fuerza;
mas del risueño mayo,
con tosca, ruda péñola,
no mancilléis los dones
que, como gala, ostenta
sobre florido trono
la dulce primavera.

Tú que la adoras, Fabio,
si quieres conocerla
deja al punto la corte
fascinadora, déjala,
y corre presuroso
hasta mi noble tierra;
y aquí, entre sus montañas
y encantadoras selvas,
renegarás del torpe
numen que, sin conciencia,
te hizo mentir soñando
mezquinas primaveras;
y acaso, convertido,
al ver tanta belleza,
arranques de tu lira
las insonoras cuerdas,
juzgando, cual yo juzgo,
que si á sentir se llega
de tan hermoso cuadro
la sencilla grandeza,
para cantarla es poco
«la rica, gaya ciencia».

SUUM CUIQUE

I

Don Silvestre Seturas tenía cuarenta años de edad, plus minusve, y era todo lo alto, robusto, curtido y cerrado de barba que puede ser un mayorazgo montañés que no ha salido nunca de su aldea natal más allá de un radio de tres leguas, cabalgando en el clásico cuartago, al consabido trote cochinero, como dicen por acá, ó al paso de la madre, expresándonos según los cultos castellanos ... de Becerril de Campos.

El mayorazgo de don Silvestre se componía de la casa solariega con portalada y escudo de una hacienda, cerrada sobre sí, de setenta y cinco carros de tierra, mitad labrantío, mitad prado con algunos frutales, al saliente de la casa; de diez cabezas de ganado al pesebre, y de algunos prados y heredades, sitos en diferentes llosas del lugar, y cuarenta ó cincuenta reses de varias clases, en aparcería; todo lo cual venía á proporcionarle una renta anual de dos mil quinientos á tres mil reales, si no abundaban mucho las celliscas, ó no se desarrollaban en la cabaña la papera ó el coscojo; pues en los años de estas calamidades, lejos de percibir un real de sus colonos, tenía que adelantarles, para siembras y labores, sus pocas economías, si había de recaudar en lo sucesivo algunos maravedís. Todo esto tenía don Silvestre; y digo mal: tenía también un pleito que le consumía la mitad de sus rentas, hubiera ó no celliscas, paperas ó coscojo; pues el abogado trabajaba á subio, y en sus minutas no cabía más enfermedad que la polilla, la cual evitaba perfectamente renovándolas con frecuencia y poniéndolas bajo el amparo de los haberes de su defendido.

Y no se vaya á creer que este agujero del bolsón patrimonial apenaba al solariego; nada de eso. Seturas pleiteaba con la desdeñosa tenacidad de todo buen montañés, para quien nada supone el bollo cuando se trata del coscorrón; lo propio hizo su padre, muerto gloriosamente de un sofocón á la puerta de la Audiencia, por llegar á tiempo á presenciar la quincuagésima-octava vista del proceso. Y aquí debo advertir que este pleito era de abolengo é inherente al patrimonio de los Seturas, quienes le defendían como punto de honra solariega, habiéndose jurado de generación en generación, las siete que contaba de fecha, gastar hasta la última teja en la rehabilitación de un derecho que estaba tan claro como la ley de Dios.

Y los Seturas tenían razón. Figúrense ustedes que el fundador del vínculo, el primer Seturas, como premio de un anticipo que le hizo el concejo para levantar una pared medianera que le derribó una invernada, consintió en que le echasen una rodada por un prado de quince carros, lindante, de Norte á Sur, con una cambera demasiado estrecha y que, por lo mismo, era inútil para el servicio público, toda vez que no consentía ningún vecino de los lindantes con ella que se atropellasen sus propiedades bajo el fútil pretexto de la comodidad del prójimo. Mientras vivió el fundador, no se opuso nunca á que algunos de sus convecinos pisasen con una rueda de las dos de sus carros la linde del prado de la cuestión. El primer Seturas era lógico, aunque lo ignorase: mientras no pagara el anticipo del concejo, el contrato con él celebrado estaba vigente en todos sus términos, y el dicho fundador no pagó en su vida. Pero murió éste de viejo, por más señas; y un sucesor que logró un par de años en que hubo plaga de patatas y de alubias, consiguió pagar el anticipo hecho á su ascendiente, sin desmembrar el mayorazgo, reclamando al mismo tiempo la extinción del compromiso de la rodada. Entonces el vecindario, que se evitaba un gran rodeo para servir la llosa yéndose por la linde del prado de los Seturas, reunido en sesión y asesorándose de un procurador, contestó al mayorazgo que estaba bien lo del dinero; mas que en cuanto á lo de la rodada:

«Visto que en la obligación del primer Seturas no aparecía término alguno para su compromiso;
»Vista la necesidad que tenía la llosa de servirse por aquella cambera; y
»Visto, por último, que ninguno de los vivientes del lugar la había servido por otra parte, y que la costumbre hacía ley; y
»Considerando una barbaridad y una injusticia que, aun en caso de tener Seturas alguna razón, se emplease ésta en exigir á los hijos el pago de las torpezas de sus padres, tenía á bien desestimar su

pretensión, aconsejándole que se conformara con el fallo y no se metiera en más honduras, no hiciera el diablo que le reclamasen el cambio de algunas columnarias que había entregado borradas entre las restantes monedas de pago.»

Seturas dijo que nones; pero fué condenado en juicio verbal á dejar la rodada por su linde ... y á dar al concejo tres duros claros de á veinte, por doce columnarias borradas. Entonces se armó la gorda. El mayorazgo protestó contra el acuerdo del concejo, y acudió á un abogado que apoyó sus razones y se comprometió á defenderle en el litigio que se entabló en seguida. Cayeron los primeros autos sobre la mesa, agregáronseles otros nuevos; y cose que te cose fojas y más fojas, murió este cuarto Seturas, y después el Seturas quinto, y vino el sexto de la familia solariega, que ni por morir al pie, como quien dice, del proceso, consiguió adelantar la causa más que sus antecesores que no la movieron un punto; y por último, entró en posesión del vínculo nuestro don Silvestre que, por de pronto, fué tan poco feliz como sus abuelos en el asunto de la rodada, y mucho más desgraciado que todos ellos, por ser el que recibió la herencia más mermada con el perpetuo y cada vez más ancho desaguadero de la curia.

Sabida esta última circunstancia económica, y teniendo presente que don Silvestre no carecía completamente de sentido común, no parecerá muy extraño que á la edad en que todos sus progenitores contaban por lo menos un heredero, él permaneciese célibe y con ciertos síntomas de recalcitrante. Efectivamente, don Silvestre comprendió al punto que su hacienda era harto exigua para cubrir con ella todas las necesidades de una familia, si no había de descuidar las exigencias de su pleito: para que no se extinguiera en él la raza de los Seturas legítimos, tenía que transigir con el concejo. Don Silvestre no vaciló.-«Piérdase la casta, dijo; pero adelante el pleito.»

Y aquí tiene el elector, dibujada á grandes rasgos, la perspectiva exterior, digámoslo así, de don Silvestre Seturas, pocos años antes de la ocasión en que se le presento.

Pero en la vida moral de este personaje hay algunos detalles que no deben ignorarse, si han de admitirse dos aseveraciones: una, de sus convecinos, que era el más listo de los Seturas, y otra, de su ama de gobierno, que no era últimamente, en genio y en saber, como ella le había conocido.

El padre de don Silvestre, ya por no tener más que un hijo, ya porque viera en él, aguzándole un poco, un instrumento más para el triunfo de sus hollados derechos, determinó mandar á su retoño á la villa inmediata para que estudiara latín con un dómine de torva catadura y de tantas narices como fama, y no era chato. Allí, á fuerza de linternazos y conjuros, que tanto podían significar sistema en el maestro como torpeza en el discípulo, aunque en este caso hay datos para creer que era por lo primero ... casi tanto como por lo segundo, llegó el joven Seturas á construir oraciones de activa con de. Siete meses después de haber vuelto por pasiva, una de ellas sin trocar el tiempo del verbo auxiliar, escribió á su padre que antes de un año sabría hacerlas de relativo compuestas, ó que perdería las orejas (cosa nada increíble según el dómine se las trataba); pero el desventurado padre no tuvo la dicha de admirar el aprovechamiento de su hijo, porque le sorprendió la muerte á la puerta de la Audiencia teniendo la carta en el bolsillo. Pudo haberla leído antes de salir de casa, cuando la recibió; pero los minutos que en ello tardara los perdía en la vista; y «todo buen Seturas-como él decía,-antes que á sus hijos, se debe á su pleito».

Este acontecimiento varió la faz de las cosas, y el púbero Silvestre fué llamado á su pueblo para arreglar la testamentaría. Su tutor, y tío á la vez, decidió que no estudiara más, pues, para mayorazgo, bastante sabía; y porque, por otra parte, la soga no estaba para muchos tirones.-Quedóse Silvestre en su lugar.-Aunque en la lengua de Tácito no hiciera grandes progresos, pudo, no obstante el poco tiempo que estuvo con el dómine, vencer la repugnancia tradicional de la familia á la lectura de todo documento que fuese extraño al pleito. Esto no lo conoció Silvestre mientras estudiaba; pero sí durante el primer año de su orfandad, bostezando, panza arriba, dondequiera que hallaba un palmo de sombra; enfermedad que le hizo recurrir al Nebrija como á un camarada antiguo. Repasando declinados y echándose oraciones á sí mismo, tuvo que hojear el Tesauro de Requejo y el Calepino, para traducir los ejercicios de Orodea. Como esto no le divertía gran cosa, aunque le aficionaba más á la lectura, rebuscó la casa y halló el Electo y Desiderio. El estilo de este libro patriarcal le formó cierto gusto para el diálogo; y amando, como joven, la intriga, el enredo y los desenlaces sorprendentes, dióse á Bertoldo con todas las potencias de su alma. Por desgracia, la biblioteca de familia no constaba de más volúmenes que los citados y algunos montones de copias de escrituras, y el tutor no quería dar un maravedí para la adquisición de otro libro que el calendario; así es que cuando el joven Seturas, al cabo de dos años, comenzó á fastidiarse de sus libros, que ya sabía de memoria, no pareció en todo el lugar más que un Fr. Junípero el de la panza gorda, que le sacó, por unos días, de aquella galbana perruna que le amagaba otra vez, y á la cual propendía notoriamente. Y como amaba por sistema los libros, á falta de otro mejor adquirió una baraja. Lo primero que aprendió con ella fué el tute arrastrado, y después el mus. Al principio jugaba de capirotazos y vueltas á riquicho con sus contemporáneos, mientras guardaban el ganado; después jugó los pocos cuartos que tenía, y en cuanto ganó una peseta, se fué un domingo al corro, acusó las cuarenta al cura en una sección de tute, echó en otra de mus un órdago á la mayor al secretario del concejo, y se armó para toda la semana. Desde entonces ya no se aburría. Poco después, debido tanto á su precoz desarrollo como á su categoría de mayorazgo, fué admitido en el corro de bolos, donde no tardó en hacer un emboque cerrado, al pulgar, desde el ultimó pás. Los mejores jugadores declararon que, si bien no las borneaba gran cosa, en cambio tenía mucho brazo, y que prometía. Quedó, por lo tanto, admitido entre los jugadores del lugar. Con esto y lo antedicho de los naipes, ya tuvo más de lo suficiente para dar expansión á su inteligencia, mientras la ley no le autorizase para disponer de su mayorazgo, sin necesidad de diálogos, ni de grecolatinos, ni de tumbarse detrás de cada tapia y bajo cada rama.

Llegó por fin el anhelado instante. Don Silvestre cumplió los veinticinco y entró en posesión libre de sus bienes.... Por cierto que, al entregarle su tutor las cuentas, de poco se arma otro pleito sobre no sé qué raspaduras hechas en los libros.

II

Dueño de algunos cuartejos, hubiera podido satisfacer el antojo de libros que tuvo años atrás; pero, sobre habérsele dormido la afición á ellos, le era imposible dedicarse á la lectura. Entre los naipes, los bolos y el pleito que corría ya de su cuenta, no le quedaba tiempo libre en todo el año más que para almorzar la cazuela de leche; tomar las once con medio de blanco; comer despacio el ollón de berzas, patatas y tocino, en compañía de su ama de llaves; echar la siesta, en verano bajo un nogal y en invierno en la pajera; cenar al anochecer otro ollón como el del mediodía; dormir diez horas, y, por último, pasar una escoba ó un puñado de yerbas sobre el lomo de su ganado antes que lo llevaran por la mañana al pasto, y segar el retoño para el caballo que estaba á su cargo.

Bien debe saber el lector de por acá, que de ninguno de estos pormenores puede prescindir un mayorazgo del corte de nuestro Seturas, si no se cruza en su vida algún incidente extraordinario, como se cruzó en la de don Silvestre años después de su advenimiento al mayorazgo.

Llevóle el procurador una Gaceta, al cual periódico estaba suscrito en unión de otros compañeros de la curia, aconsejándole que desde aquel día la leyese siempre, cuidando él de proporcionársela, pues le convenía estar al tanto de los decretos del Gobierno por si se hallaba con alguno á que se pudiese agarrar para su pleito; no porque dudase de la inteligencia y celo de su abogado, sino porque éste había citado, más de una vez, disposiciones derogadas medio siglo hacía, y pasado en silencio otras más recientes que favorecían la causa del mayorazgo.

Éste se conformó el primer día con leer el título del periódico y el pie de imprenta y contar los renglones de una columna, para calcular los que tendría todo el papel, y los reales que sumarían, suponiendo que á él le dieran un ochavo por cada línea.

Días después leyó un decreto; otro día leyó tres, y así sucesivamente, hasta que acabó por leerse todo el periódico y por despertar su antigua afición á lo negro, contribuyendo no poco á ello los comentarios políticos que dió en hacerle el cirujano, que recibía otro periódico, sobre los decretos que el primero le citaba casi de memoria. El romancista, que estimaba á don Silvestre porque sabía latín, le propuso el cambio de sus periódicos, y desde luego fué aceptado.

No tardó en sucederle á Seturas con los artículos de fondo algo parecido á lo que á don Quijote le sucedió con los libros de caballerías: fascináronle sus frases y acabaron por extraviarle el poco criterio que tenía, amarrándole completamente á la opinión del diario. Su Dulcinea era la patria; sus encantadores los enemigos políticos del periódico. Faltábale á su carácter la esencia romancesca que había en el de Quijano el Bueno: de otro modo, le hubiera costado muy poco hacer de su peludo cuartago un Rocinante, y, olvidado de su pleito, salir en busca de aventuras hasta romperse el alma con los verdugos de la perseguida patria.

Seturas, á pesar de su afición, que era tal que le obligaba con frecuencia á negarse á hacer la partida á los jugadores de naipes y de bolos, no había formado una opinión política sobre un cuerpo más ó menos sólido de doctrinas: en su afición era ciego y testarudo, y estaba tan encarrilado en la senda del periódico, que hubiera creído insultar la razón dudando una sola vez de sus declamaciones. Don Silvestre no veía en el diario de Madrid un papel más ó menos grande, con la impresión de unas letras de plomo colocadas mecánicamente, y detrás de todo ello la pluma y la cabeza de un hombre de talla común y de vulgares ambiciones, que apreciando á su modo la dirección de la cosa pública, prestase vida é interés á aquel objeto; el mayorazgo veía en él una idea fuera de todo contacto con lo humano, el destello de una inteligencia sobrenatural, ajena completamente á las escisiones de la vida civil; el periódico del cirujano era para él el catecismo, el Evangelio, un catálogo de verdades inconclusas, indiscutibles. Por eso al hablar de política con sus amigos, resolvía todas las cuestiones citando las palabras del diario, y con el apoyo de éste, reñía con cuantos le contradijesen.

En fin, que se sintió, por primera vez en su vida, hasta con deseos de ver la tierra en donde tanta maravilla se realizaba, y de contemplar de cerca á los seres que las producían. Y no era sólo la política lo que le hizo pensar en la corte. Las animadas descripciones de sus fiestas públicas; la tan cacareada especie de que en Madrid hace cada quisque lo que le acomoda sin que nadie se fije en él, y la plana de anuncios del periódico, según la cual se garantizaba la salud al más enclenque, y se vendían ropa, comestibles y bebidas dando al comprador dinero encima, hiciéronle pensar en la monotonía de las fiestas de su lugar; que en él no se podía tirar un pellizco á una muchacha sin que se contase el lance en todas las cocinas; que el día en que se le antojaba trincarse tres cuartillos, en lugar de la media azumbre que acostumbraba, el tabernero lo charlaba á todo el mundo; que habiendo en una ocasión añadido cuatro dedos de paño á las haldillas de su chaquetón, llevó una silba de todos sus convecinos en el portal de la iglesia, cuando iba á misa, en una palabra, que él, mayorazgo, libre y con salud, ni gastaba levita, ni bebía lo que necesitaba, ni podía echar un requiebro en paz, si no se ponía en guerra con el vecindario. Estas consideraciones, hechas á solas y exageradas por la pasión inoculada por el periódico, le arrancaron una noche estas palabras:-«Venderé una finca, ó la hipotecaré para sacar dinero; pero yo no me he de morir sin saber lo que es aquello.» Aquello era la corte; pero lo otro, de que se olvidó un momento, se le opuso en seguida á su proyecto. Y lo otro era ... el pleito. Los Seturas no se pertenecían á sí mismos. Siete generaciones de ellos habían vegetado en un solo punto, fijos, inmóviles como locas, pendientes siempre de sus entrevistas con los procuradores. Todos los días, por espacio de siete generaciones, un individuo de otras tantas de procurador, llegó á la casa solariega, y nunca se puso el sol quedando aplazada una conferencia por haber dormido fuera del hogar un Seturas; ninguno de ellos se hubiera atrevido á hacerlo sin presagiarse una sentencia fatal. Don Silvestre, al fin, era Seturas, y no quería desmentir su apellido.

Por eso, al dicho de sus convecinos de que era el más listo de la familia, debemos añadir que fué el más desgraciado. Sus antecesores estaban, como él, atados al pleito; pero con fe, con gusto, sin el menor deseo de ver el mundo. Él, por el contrario, tras de haber recibido la herencia muy cercenada, adquirió la necesidad de irse á gastar gran parte de ella fuera de su pueblo; necesidad que tomó en él un imperio terrible después de un suceso que vamos á conocer, aunque diga el lector que divago mucho.

Leyó un día en la Gaceta, y al pie de un documento de alta procedencia, un nombre que le sonó á muy conocido. Paróse un poco á reflexionar, y dándose un puñetazo en la frente, exclamó para sí:-«Así se llamaba uno que estudió conmigo latín; aquel madrileñito que estaba de temporada en la villa, adonde había ido su padre á tomar aires.... Pero no es posible.... Aquel chiquillo tan enclenque y enfermizo que me sacaba los significados, no puede haber subido tan alto.... No, señor.... Y ahora que me acuerdo, no me envió los tirantes de goma que me ofreció para cuando llegara á Madrid, por haber cargado yo con la culpa de esconder las disciplinas del dómine, ni me pagó nunca dos reales y medio que le presté.... ¡Si fuera él!...»

Y empezando por dudarlo mucho, acabó por enjaretar este documento, precioso por su espontaneidad:

«Señor don Fulano de Tal. (Aquí todos los títulos que leyó en la   Gaceta.)

»Madrid.

»Muy señor mío: Aunque no tengo el honor de conocerle, me tomo la   libertad de dirigirle la presente para que, á vuelta de correo, me   diga si eres tú ó no es usted el mismo Fulano de Tal que   estudió conmigo latín en la villa, y que, por más señas, me quedó   debiendo dos reales y medio y unos tirantes de goma. No es que yo   te los pida, caso de que seas el de marras: te los recuerdo para   que caigas mejor en lo que te quiero decir.

»Si no fuese usted el que yo deseo, dispense la curiosidad y mande   con franqueza á su seguro servidor

»Silvestre Seturas.

»P.D.-El pleito, sin novedad.»

Á los quince días de echada esta carta en la estafeta del lugar, recibió el solariego esta otra en rico papel con cantos dorados:

«Mi querido Silvestre: Ego sum, amigo mío, yo soy el que buscas,   el que estudió contigo en la villa, el que te debe dos reales y   medio y unos tirantes de goma. No puedo explicarte todo el placer   que he sentido al hallar, en medio de mi enojosa correspondencia   oficial, tu inestimable carta, que me ha despertado uno de los   recuerdos más gratos de mi vida, ni podrás sospechar siquiera todo   lo oportunamente que la he recibido.

»La suerte me ha sido favorable, ya que favor llama el mundo á que   le coloquen á uno donde todos le vean y le puedan zarandear á su   capricho; y no extrañes que no te lo haya participado, porque entre   las atenciones de mi destino, me olvido hasta de mí propio.

»Reconociéndote la deuda que me citas, es ahora, como siempre, tu   amigo que te quiere

»Fulano de Tal.

»P.D.-Celebro la buena marcha del pleito, aunque ignoro de qué se   trata.»

Dos impresiones causó en don Silvestre la lectura de esta carta: con la primera, que fué de placer, hizo una pirueta; con la segunda se llamó «bárbaro».

Hizo la pirueta, porque hallaba un amigo de campanillas que sirviéndole en el pleito, le proporcionaba motivo para ir á Madrid.

Y se llamó bárbaro, porque recordó que, cediendo á la costumbre tradicional en la familia, que nunca tuvo más correspondencia que la del pleito, había añadido á su amigo una posdata cuyo significado ignoraba éste.

Pero siendo la primera impresión la que más le dominó, echóse á la calle con ella, llegó al corro de bolos, pagó media á los jugadores ... y metió al alcalde en un zapato como quien dice, en cuanto oyó, vió y palpó el reyezuelo que el solariego se carteaba con señorones. Al día siguiente le propuso el concejo una honrosa transacción; pero ¡bueno estaba don Silvestre para capitular, cuando tenía la sartén por el mango!

III

Desde aquel día el mayorazgo no vivió más que para sus ilusiones, y, agobiado por ellas, tornóse caviloso, taciturno y solitario; huyó de los partidos de naipes y de bolos; y si alguna vez, cediendo á las instancias de los amigos, tomaba cartas, era para dejarse acusar las cuarenta por el último zarramplín del lugar. Don Silvestre, en fin, llegó á encontrar insoportable el rincón de sus mayores. En esta época de su vida es cuando se le presento al lector.

He creído necesarios los detalles apuntados para que éste hallase verosímil el aburrimiento que le aquejaba, y disculpables sus ulteriores decisiones. Porque un hombre que, como don Silvestre Seturas, tiene:

cinco pies y medio de talla,
tres ídem de espalda,
tanto estómago como despensa,
tanta salud como estómago
y tres mil reales de renta;

que no conoce el asco, ni el ruido, ni el miedo, ni los guantes, ni el charol, no debe aburrirse nunca en el campo, ó no hay en él seres felices; afirmación que negarán los poetas melenudos, de báculo y zampoña, y los novelistas sobrios, ascéticos y filósofos. Negaránla, es claro, porque precisamente en el campo es donde estos señores se han empeñado en colocarnos la felicidad terrena, ya bajo el aspecto de encanecido anciano, que perora con más elocuencia que Demóstenes y más profundidad que Sócrates, so la añosa encina, ó cabe la parlera fuente; ya bajo el de apuesto galán que cultiva el fértil valle, y aunque suda al sol y come ráspanos y borona, es por la noche bastante sublime para echar un discurso á su novia, que le espera con un ramo de flores, y que no es menos gallarda, menos elocuente ni menos poética que su adorado; ya, en fin, bajo la forma de blancos manteles, doradas frutas, triscador cabrito, fiel y respetuoso can, etc. etc...; y todo ello sin más inspiración que la Naturaleza, ni más mentores que los bardales, el susurro de las celliscas y las pláticas del cura. Pero estos señores poetas y novelistas sin duda han estudiado la campiña en el mapa, ó en el Museo de pinturas.

Y no entro con ellos en pelea para decirles cuatro cosas que se me vienen á las mientes, porque tal vez lo vaya haciendo insensiblemente, y, sobre todo, porque me llaman al orden los asuntos del mayorazgo, los tacos de sus dos mozos de labranza, y los aspavientos de su ama, á causa de que, con sus recientes ilusiones, el solariego descuida el caballo, no siega nunca el retoño, deja todo el peso de la labranza á los criados y no habla más que de Madrid y de su amigote.

Entretanto, volvió á escribir á éste, dándole cuenta de sus proyectos de viaje y explicándole al pormenor el estado y motivo de su pleito.

Al contestarle le aconsejó el de la corte que, tanto por el bien de su pleito como para satisfacer sus deseos de conocer á Madrid, se pusiese en camino cuanto antes; añadiéndole que él tenía gran interés en verle para arreglar cierto proyecto que había concebido.

Don Silvestre no vaciló más: envió el alguacil á casa de algunos colonos que le debían dinero, hízoles aflojarlo más que de prisa; y como no era mucho, consiguió que el cura le adelantase el resto.

Al día siguiente, tempranito, trancó la bodega, después de encerrar en ella la ejecutoria y algunas escrituras; colgó la llave, por el anillo, de un tirante de su pantalón, puesta ya su mejor ropa, guardó en un pañuelo un par de camisas de estopilla, y pendiente este lío de un garrote de acebo chamuscado que se echó al hombro, partió hacia el camino real á esperar la primera diligencia que pasara con dirección á Madrid.

IV

Con el breve monólogo de don Silvestre al encontrar el nombre de su amigo en la Gaceta, tienen los lectores lo suficiente para saber quién era y de dónde venía el personaje de Madrid; me dispenso, en obsequio á la brevedad, aunque hollando la costumbre, el relato de su historia desde que le perdió de vista el solariego hasta que le volvió á encontrar. Supóngase, y esto baste, que muerto su padre, en cuanto llegó á Madrid, y solo en el mundo, se dedicó á gacetillero, á repartidor de prospectos..., á padre de la patria, á cualquiera cosa; pues por todos estos escalones y otros mil idénticos, hemos visto subir á otros muchos hasta la altura en que habitaba oficialmente el amigote de don Silvestre.

Tampoco detallaré los efectos que en el mayorazgo causaron la bata persa de su amigo y las tapicerías de la habitación en que le recibió. Conocido el tipo, es muy fácil la deducción de estas menudencias.

He aquí el discurso que le dirigió el de la bata, pasadas las primeras formalidades del saludo y del abrazo:

«Amigo mío: estás en tu casa, elige la habitación que más te agrade y establécete en ella con toda libertad. Yo almuerzo solo, á la una y como á las ocho de la noche. Tendría mucho gusto en que me acompañaras á la mesa; pero si estas horas no te acomodan, puedes escoger otras para ti. Un carruaje estará siempre á tus órdenes, y mis criados lo son tuyos á la vez. La índole de mis ocupaciones no me permite acompañarte á ver las curiosidades de la corte; pero este caballero, que es mi secretario particular (y señaló á un elegante joven que escribía á su lado, y que saludó cortésmente), tendrá mucho gusto en sustituirme, y estoy seguro de que ganarás en el cambio. Ni la casa, ni el carruaje, ni toda la obstentación que te ofrezco, te asombren ni te acobarden; soy el mismo Fulano de la villa..., el que te debe dos reales y medio y unos tirantes de goma. Corre, pues, investiga y goza á tus anchas, que luego que te canses hablaremos de tu pleito y de mis planes, y entonces te rogaré que me dispenses lo que pueda haber de egoísmo en lo que ahora estás contemplando como un fenómeno de cariñoso agasajo, poco común en la historia de los hombres de mi talla.»

Don Silvestre era llanote y sencillo; oyó estas palabras con los oídos del corazón, y todas las proposiciones del personaje fueron aceptadas, menos la de sentarse á la mesa á distintas horas que él, pues de esta suerte hubiera creído ofender la generosidad y delicadeza de su amigo. Quedó pues, instalado en la casa el mayorazgo, revolviéndose en ella con el mismo desembarazo que si en ella hubiese nacido. Los extremos se tocan. La falta de aprensión de don Silvestre le prestaba la desenvoltura que á veces no dan las preocupaciones del gran mundo.

Su primera salida quiso hacerla á pie: había ido á la corte para enterarse de todo, y lo conseguiría mejor así que encerrado en un carruaje. Afeitóse bien su barba de ocho días; vistióse una camisa, cuyos cuellos, aunque doblados por arriba un par de dedos, le cubrían la mitad de las orejas; cepilló y se puso su chaquetón pardo y su sombrero de copa negro-verdoso; empuñó su bastón de acebo chamuscado; aseguróse bien de que no falseaban las correas de sus zapatos de becerro, y dijo al elegante secretario de su amigo, como si toda la vida le hubiese tenido á su servicio:-Vamos andando.

Algo disgustaba al elegante ir convertido en cicerone de un ente tan grotesco; pero la intimidad con que le trataba el personaje cortesano le hizo ver en el de la aldea un mandarín inculto, una potencia electoral, un reyezuelo de provincia. Su momentáneo desagrado se trocó bien pronto en solicitud deferente y hasta respetuosa.

Nada de particular halló don Silvestre por las calles, fuera del ruido de los carruajes y del incesante movimiento de la gente. Teníale el estrépito ensordecido, y tan atolondrado, que tropezaba con todos los transeuntes, y rompió siete cristales de otros tantos escaparates por huir de los coches, pensando que le atropellaban. El secretario estaba en ascuas, y lo estuvo más cuando notó que los cuellos del solariego y su cara avinatada llamaban la atención de muchas personas. El mayorazgo, afortunadamente, no lo conocía, pues descansaba en la persuasión de que «en Madrid todo pasa». Al retirarse, al anochecer, y bajo una temperatura africana, don Silvestre se achicharraba, y quiso refrescar. Entraron en un café. El secretario pidió un sorbete; su acompañado, ignorando lo que aquello sería, pidió otro. Sirviéronles los sorbetes. El de Madrid descogolló el suyo de un bocado, con la mayor limpieza imaginable; el aldeano, que desde que vió llegar los refrescos vacilaba en el modo de acometerlos, imitó á su compañero, ¡en mal hora para el desdichado! Lo mismo fué hincar sus dientes en el gélido amasijo, que revolverse en el café el ruido de un huracán. La inesperada impresión del frío del sorbete produjo en don Silvestre los efectos más estrepitosos.

Del primer resoplido, al morder el helado, fué éste con la copa hasta la mesa inmediata; y como el que ha tragado polvos de salbadera, Seturas escupía, se sonaba las narices y gritaba pidiendo agua, empeñado el iluso en que aquello abrasaba; y, por último, comenzó á estornudar ... ¡pero de qué modo!: cada estornudo era un cañonazo bajo los relucientes techos del café, acompañando á cada explosión una lluvia menuda que fué la delicia de los inmediatos parroquianos, durante las quince ó veinte veces que las mucosas de don Silvestre le dijeron «agua va». El estrépito duró un par de minutos.-Cuando las detonaciones se hicieron más débiles y más tardías, como las de una tormenta que se va alejando, la atención pública, hasta entonces en suspenso, comenzó á agitarse, cruzándose entre los parroquianos sonrisas, carcajadas y epigramas, que, afortunadamente, no comprendió el que era objeto de ellos; antes al contrario, pensando sólo en el fatal efecto del sorbete, y durándole aún la sed, comenzó á sacudir garrotazos sobre la mesa y á llamar con toda la fuerza de sus pulmones.

Un mozo se presentó, no poco alarmado con el estrépito.

-¿Qué demonios se puede tomar aquí para quitar la sed, que no se parezca á esa melecina condenada que me has dado?-le preguntó el mayorazgo, señalando el estrellado sorbete.

-Lo que usted pida, señor-contestó el otro, luchando por contener la risa.

-Pues tráete ... media de tinto.

-¡De tinto! ¿Cómo?

-¿Cómo? En sangría.

-No le entiendo á usted-dijo el mozo, trocando su sonrisa en expresión de sorpresa.

-Pues la cosa es bien sencilla-añadió el mayorazgo:-¿no hay aquí agua?; ¿no hay azúcara?; ¿no hay rioja?... ¿Pues qué taberna de los demonios es ésta?

Algo como carcajada estalló entre los concurrentes del café; y en seguida comenzaron los epigramas y los apóstrofes más cáusticos. Hubo para los cuellos del mayorazgo, hubo para su colmena, para su cara, para su garrote, y hubo ... que contener á don Silvestre, que, embravecido como un toro con aquellas banderillas que tan inhumanamente ponía á su inofensivo desparpajo cerril la intransigente civilización, quiso acometer á garrotazos á aquella turba de enclenques, famélicos, petardistas, vagabundos y tahures que poblaban el salón, disfrazados de personas decentes.

En medio del aturdimiento consiguiente á la escena en que acababa de ser actor, don Silvestre, al marcharse, en lugar de salir por donde entró, se fué hacia la sala de los billares: su acompañante, que temía otro escándalo, le llamó; pero ya era tarde. Una vez en ella se olvidó de lo pasado ante el aspecto de las bolas de marfil, cuyos choques le admiraron como á un niño; y más que las bolas, la locuacidad de un joven de rizadas patillas, gafas y pelo escarolado, que al paso que jugaba carambolas con otro aficionado, era el deleite de los cien curiosos que rodeaban la mesa, sentados sobre duras banquetas, con una profusión de chistes y una procacidad tan verde y desaliñada, que en un cuartel de blanquillos no le hubiera valido menos de un mes de cepo ó una carrera de baquetas.

Don Silvestre no se extrañaba tanto de la desvergüenza del elegante jugador como del eco que en la concurrencia hallaban sus torpezas; parecíale insoportable la impudencia del uno, pero mucho más imperdonable la aquiescencia de los otros.

Y como desconocía el verdadero valor de aquellas baladronadas, tomábalas muy á pechos, y hasta resuelto estuvo á interpelar muy seriamente al de las patillas, cuando le ocurrió preguntar á su acompañante, aún preocupado con el lance del sorbete, qué clase de hombre era aquél que tan bien manejaba la lengua.

-El redactor principal del N ...-le contestó el secretario,-director de una sociedad filantrópica, caballero de Carlos III, por una oda dedicada al rey; socio honorario de todos los clubs revolucionarios de París, por una elegía á Marat....

-¡Redactor del N!...-exclamó admirado el interpelante.-¿Entonces hay en Madrid dos periódicos de ese nombre!

-No, señor don Silvestre.

-¡Jesús me valga! ¿Con que es decir que aquel periódico que yo leía en mi lugar con tanta fe, está escrito por este hombre; y aquellos artículos en que tanto se clamaba por el orden, por la moralidad, por el bien de los pueblos, eran dictados por un anarquista cínico y desmoralizado? ¿Conque esas palabras de humanidad, filantropía, compañerismo, religión, hogar, derechos, lejos de ser una verdad en semejantes periódicos, son una burla sacrílega, un insulto á Dios y á los hombres, una explotación innoble de la pública buena fe?

El secretario se encogió de hombros por toda contestación, como diciendo: «este mozo ha estado en el limbo, cuando á su edad ignora lo que aquí saben los chicos de la escuela»; pero don Silvestre, que no entendía de mímica, no supo traducir aquella expresión; y careciendo de otra respuesta, por no romperse el alma (son sus palabras) con el periodista, rogó á su acompañante que se fueran á la calle.

No deseaba éste otra cosa.-Media hora después, limpiándose el sudor con su pañuelo de percal aplomado, hacía don Silvestre en casa de su amigote un resumen exacto de los acontecimientos de su primera salida por las calles de la corte.

V

El primer consejo que le dió el personaje fué el siguiente: «tanto para que te presentes con la debida decencia en los sitios que deseas ver, como para quitar todo motivo á las burlas de la gente, debes vestirte á la moda, porque, amigo mío, dum Roma fueris ... lo que sigue».

Por más que á don Silvestre repugnara el desprenderse de sus cómodos hábitos, al día siguiente tuvo que empaquetarse en los nuevos que le trajeron de una elegante ropería; pero como el diablo las carga, si bien, con trabajillos y todo, parecieron pantalón, levita, chaleco y sombrero, para las piernas, tronco, cuello y cabeza hercúleos de don Silvestre, no hubo un par de botas para sus pies en toda la corte, pues, como decían los zapateros á quienes se acudió, «hormas de tal tamaño no se hacían en Madrid sino de encargo».

De aquí resultó un chocante contraste: lo fino de los pantalones con lo grosero de los zapatos viejos del mayorazgo, que nunca vieron más lustre que el que les daba una corteza de tocino frotada sobre ellos cada ocho días. Y si á dicho contraste se añade el que formaba todo el don Silvestre con su equipaje, al que desaliñaba más y más metiendo los dedos de sus manos entre el pescuezo y la corbata que le molestaba, hasta dejar ésta debajo del cuello de la camisa, dígame el lector qué le pasaría al pobre hombre cuando en semejante arreo se echó á la calle, sin escuchar los consejos del amigote ni las protestas del elegante guía que, sin el miedo de perder su destino, se hubiera negado á acompañarle.

Sucedióle, claro está, que no bien se hubo mostrado al público cuando éste la tomó con él. Primero le miraron, después se sonrieron, hasta concluir por interpelarle irónicamente, y por reírse á sus barbas. Pero este nuevo insulto colmó la medida del sufrimiento de don Silvestre. -«¡Canario!-exclamó al hallarse en medio de un grupo de calaveras;-conque ayer, porque iba al uso de mi tierra, os reíais de mí; y hoy que, por complaceros, me visto como vosotros, me toreáis también, sin duda porque no sé llevar esta librea. Pues tanto, tanto, no lo sufrió jamás un Seturas.»

Y, sin otras explicaciones, largó una bofetada al más cercano, á quien metió de cabeza en el escaparate de una pastelería. Hubiera acometido á los restantes; pero al volverse hacia ellos ya habían desaparecido. Si todos los calaverillas madrileños hubieran presenciado esta escena, es más que probable que el mayorazgo no hubiera tenido que sentir más en igual género; pero como no todos los susodichos traviesos estaban allí cuando la primera bofetada, tuvo que pegar la segunda un poco más abajo, y la tercera más adelante, hasta que juzgó prudente ir á vestirse con su traje provincial, renegando de la independencia madrileña y de la educación y tolerancia de las «personas decentes».

Con este desencanto sobre su alma, y envuelto en el burdo ropaje de sus mayores, con el que, si no iba elegante, andaba sumamente cómodo, echóse á ver lo que le faltaba; empresa que consumiremos, en la imposibilidad de seguir al mayorazgo paso á paso y en cada una de sus impresiones.

Siendo la política su caballo de batalla, después de ver en los cafés que todos los periódicos que leía decían de sí propios lo mismo que el del cirujano de su lugar escribía de sí mismo y de su partido, es decir, que eran unos santos, al paso que renegaban de todos los demás, fuese al Congreso, donde esperaba oir aquellos discursos que, impresos, le admiraban, y aquellos hombres que, pronunciándolos, le parecían semidioses ó criaturas de distinta naturaleza, forma y color que el resto de la humanidad. Mas, ¡oh desengaño!, en el palacio de las leyes halló de todo menos discursos. Presenció en el seno de la Asamblea nacional disputas acaloradas, y encontró en los diputados unos hombres de talla común, que tenían el mismo prurito que los periódicos: la inmodestia de decir cada uno de sí propio, córam pópulo, lo que todos los demás les negaban: que eran lo mejorcito de la casa, y de lo poco que en virtudes cívicas, y hasta domésticas, se encontraba por el mundo. De aquí resultaba mucho de:-«¿Qué has de ser tú?-Más que tú.-Tú lo serás de lengua.-Esa es la que á ti te sobra.-Pues á mí nunca me han perseguido por revoltoso.-Justo, porque en ti es de familia ser un mátalas-callando.-¡Al orden!-No me da la gana»,-etc., etc. Preguntó, con este motivo, si había dos Congresos de diputados en Madrid, y que en dónde se pronunciaban aquellos discursos tan arregladitos y tan elocuentes que él acostumbraba á leer; y cuando supo algo de lo que pasaba en la redacción del Diario de Sesiones:-«¡Cáscaras!-dijo,-pues con un buen redactor, también habría oradores en el concejo de mi pueblo.»

VI

Curado con estos desengaños de la pasión política, dióse á lo de puro recreo; y quiso contemplar de cerca lo que tanto admiró desde lejos: la casa de fieras.-Que me aspen-dijo cuando la examinó jaula por jaula,-si el corral de mi casa no tiene que ver más que esto: para cuatro pavos, dos mastines y un mico, no necesitaba el Ayuntamiento un presupuesto y un personal como los de esta casa, cuyo título es una burla completa de lo que sus verjas debieran encerrar.

Ya que en el Retiro estaba, quiso, lleno de entusiasmo, recordando las campiñas y bosques de su tierra, tenderse un rato bajo aquella frondosidad tan decantada; mas, fuese culpa de la intensidad del sol, ó de la ruindad de los árboles, es lo cierto que en una extensión de media legua de bosque no halló tres dedos de sombra, ni dos docenas de yerbas donde tender su cansada humanidad. Esto le hizo recordar que el famoso Prado era un arenal completo en el que había de todo menos verdura y poesía; que el mismo desierto de Sahara no estaba más reñido que él con la vegetación, ni presentaba un aspecto más triste y desconsolador á las tres de una tarde de verano. Iba á preguntarse, por cuarta ó quinta vez, si el título de prado sería irónico, chocándole que cupiese en cabeza humana (ignoraba don Silvestre la historia del célebre paseo) la idea de llamar una cosa con el nombre que menos le conviene; pero recordó lo que acababa de ver con el de casa de fieras, y días atrás con los de puertas de Segovia y de Atocha, y se convenció de que Madrid era una pura ilusión.

Por fortuna, don Silvestre era muy poco artista y mucho menos literato, y con ello se ahorró otros muchos desengaños.

Pero, en cambio, era curioso y antojadizo, y nunca satisfizo un capricho de los muchos que le provocaban el aspecto y baratura de las mil trivialidades que veía en los escaparates de las tiendas, sin que al tomar el cambio de una moneda no recibiera un par de ellas falsas, monedas que, al entregarlas más tarde en otros establecimientos, le costaban serios disgustos.

Si iba al café, aun sacrificando sus apetitos al gusto de los demás parroquianos, por evitar escenas como la consabida del sorbete, notaba que los mozos le servían más tarde y peor que á todo el mundo; porque en el centro de la tolerancia y de la despreocupación se juzga y se respeta á los hombres en razón directa de la excelencia del corte y calidad de sus vestidos.

Los cocheros le trataban como al sentido común, es decir, inhumanamente: al verle con aquella estampa, ni se tomaban la molestia de aullarle con el brutal ¡jeeé! cuando le hallaban al paso, para indicarle que se apartara.

El buscar una calle cualquiera le costaba los cuartos que le exigía el brutal gallego por servirle de guía; y como las calles eran muchas y las conocía mal, y como no estaba dispuesto á pagar prácticos á todas horas, cuando salía solo no se atrevía á caminar por no desorientarse.

Esta circunstancia le hizo fijarse todas las tardes, al anochecer, en el famoso crucero de las Cuatro Calles, sitio en que podía recrear su vista sin necesidad de cicerone. Allí, entre los mil objetos y personas que cruzaban en todas direcciones, observó que, á semejanza de los aviones que en las calurosas tardes de verano revoloteaban incansables alrededor del campanario de su lugar, discurrían por una y otra acera, pasaban, volvían á pasar, y siempre las mismas, aunque en incalculable número, mujeres de incisiva y elocuente mirada, beldades de esbelto talle y desenvuelta marcha; mujeres que, sin saber por qué, le arrancaban del pecho hondos suspiros.

Mas, ¡ay!, en vano su ilusión le forjaba planes seductores.... Aquellas mujeres, cuyas miradas devoraban á los transeuntes, con cuyos movimientos, con cuya voz, en ocasiones, intentaban seducirlos, sólo para don Silvestre eran ariscas y desaboridas; para todos había sonrisas, guiños y hasta flores; para el infeliz mayorazgo escupitinas, desaires y malas razones. Don Silvestre recordaba entonces que en su pueblo se honraban las mozas con sus pellizcos, que sólo el temor á las lenguas de las envidiosas le hacían economizarse en las empresas galantes; y lanzando un suspiro angustioso, abandonaba su puesto favorito y marchaba hacia su casa, preguntándose por los placeres de la corte, y suspirando por el aire de su aldea;

-«¿Dónde está lo que yo venía buscando? De todo lo prometido, ¿qué es lo que encuentro? El calor sofocante, el polvo cáustico, el infernal estrépito de los carruajes, el peligro de ser por ellos atropellado, los pillos callejeros y algunos otros mercaderes, el rescoldo de las bebidas, el veneno de los estancos, la brutalidad de los cocheros, el vandalismo de los revendedores, la inhospitalidad de todo el mundo, el materialismo, la usura de la civilización: éstas son para mí las únicas verdades de la corte.»

Y eso que el buen hombre, gracias á su amigo, no había caído en la mayor ratonera de Madrid; no había sido martirizado en el más cruel de todos sus potros: en las casas de huéspedes; ni había, gracias á su corteza ruda y á su sencilla educación, visitado la corte por dentro. Si con su sencillez de aldeano perdía la brújula á la superficie del mundo, ¿qué le sucedería surcándole por lo más hondo de sus tempestuosos senos?

En algo parecido á esto debió de pensar después de la última escupitina con que le espabilaron las sirenas de las Cuatro Calles, porque, apenas llegó á su casa, hizo su pequeño lío, atravesó el garrote de acebo por entre los picos anudados del pañuelo que le formaba, dejóle así sobre una silla de su cuarto, y se dirigió al de su amigo, á quien endilgó un discursillo que, reducido á otras frases menos desaliñadas, venía á decir lo siguiente:

-«Bajo dos aspectos me interesaba la corte, vista desde el rincón de mi cocina: como centro en que se elaboraba esa política en que tan ciegamente creía, y como patria común á todos los hombres amantes de la libertad social y enemigos de los mezquinos chismes de corrillo. Muy pocos días he necesitado para conocer, á pesar de mi poca experiencia del mundo, que la tal política es una indigna farsa; que sus partidos, lejos de representar ideas de saludables recursos para la patria, no son más que posiciones que los ambiciosos ocupan para conquistar mejor los grandes destinos, que son el móvil principal de todos los políticos. De aquí que el poder tenga tantos opositores, y que éstos no convengan entre sí más que en hacer la oposición. De aquí que, siendo la verdad una sola, y habiendo doscientos que, opinando de otras tantas maneras, pretenden todos hablar con ella, comprenda al cabo el desapasionado ciudadano que todos mienten, que todos lo saben, y que todos le explotan.-Entre el Congreso de diputados y el concejo de mi lugar no hay más diferencia que el traje de los concurrentes y la índole de las cuestiones; la intención es la misma: primero «yo», después «mi partido», lo último «el país». «Yo tengo siempre razón, mi partido es el santo, el justo; mi vecino es un egoísta, su partido la ruina de la patria.» Dispénsame la parte que de mi juicio te alcance, y concédeme que tengo razón.

»Madrid como pueblo tolerante y centro de placeres para todos los gustos y para todas las inclinaciones, ya sabes, por mis relatos, lo que me promete. Aquí, según lo que me ha pasado, todo el mundo puede hacer lo que más le acomode, sin perjuicio del prójimo, por supuesto; pero es á trueque de romperse el alma con todos y cada uno de los que opinen de otro modo: esto es lo que yo ignoraba y lo que menos me conviene. En una palabra, para que yo viviera á gusto y disfrutara de todos los placeres con que brinda Madrid á los desocupados, sería preciso que olvidase todas mis costumbres y se cambiasen las condiciones de mi naturaleza: esto es tan imposible como que yo vuelva á leer un artículo de fondo, después que sé cómo y por qué se escriben. No por ello me pesa el viaje, pues te he dado un abrazo y he conocido lo que vale el inculto rincón de mis mayores, trocándole por la civilización. Ésta valdrá lo que quieras, pero á mi lugar me atengo; en él estoy como el pez en el agua, y á mi lugar me vuelvo. Conque, quédate con Dios.»

Don Silvestre se hubiera largado muy serio sin decir una palabra más; pero su amigo, agarrándole por las haldillas del chaquetón, le rogó que le escuchara.

-«Has hablado, Silvestre, como un libro; y guárdeme Dios de refutar lo más mínimo de tu discurso. Pero sabe que yo también reniego de la corte, y que la aborrezco con todos mis sentidos. Las atenciones de mi alto puesto me agobian, y las enemistades y miserias que él me produce entre las conexiones de la esfera en que habito, me desalientan; esfera, amigo mío, que por tu dicha no conoces. Soy rico, soy solo en el mundo, sencillo en mis gustos, inclinado á hacer el bien que puedo, refractario á la envidia y á la maledicencia, y no puedo contemplar, sin estremecerme, los dardos que me arrojan las rivalidades que cercan mi puesto, y la baja adulación de los que me necesitan ó me temen. No concibo que un hombre honrado se pueda acostumbrar á desayunarse todos los días con dos docenas de discursos impresos, en los que se le acusa de venal, de despilfarrador, ó, cuando menos, de estúpido; y el tratar en términos parecidos, si no peores, á los hombres de mi altura, es la ocupación de las tres cuartas partes de la prensa periódica; porque esta misma que en España se lamenta de que las letras, las artes y la industria, están en pañales y necesitan consejos y academias, consagra todos sus desvelos á calumniar, á fiscalizar el poder, cuando en él no están sus hombres, ó á adularlos servilmente cuando están al frente de la cosa pública. Sin más razón que la de ser yo lo que oficialmente soy, tiene derecho cualquier gacetillero hambriento, el último zascandil de la prensa periódica, á dudar de mi probidad, á llamarme inepto y á disponer contra mí la opinión pública. Estas innobles guerrillas que dirige y exacerba el hambre, ó cuando mucho, la ambición de mando ó de destinos, no puede sufrirlas un día y otro día ningún hombre que aprecie en algo su hidalguía y sienta aún el rubor de su dignidad calentarle las mejillas cuando una torpe lengua ó una envenenada pluma le hieren en el sagrario de su honra; que ésta no transige, ni ser puede más que una, ora se albergue bajo el burdo ropaje del campesino, ora bajo los bordados ostentosos del hábito de un magnate.

»Por eso, mientras tú te aburrías en esas calles, yo me desembarazaba de todos mis cargos y esperaba tu resolución para comunicarte la mía, que es el asunto de que había prometido hablarte.

Esperábala para decirte; amigo mío, colmadas todas mis ambiciones y agobiado por los desengaños, quiero abandonar la corte y respirar el aire libre de tus montañas, única campiña que he visitado en mi vida, y en la cual espero realizar todas las ilusiones que he adquirido con mi lectura favorita. Soy fanático admirador de la vida patriarcal y de los placeres del campo, de la poesía pastoril. ¡Lejos de mí el ruido del falso mundo, el seco afecto, el materialismo de la civilización! Como el venerable, tierno y sencillo poeta,

«Vivir quiero conmigo,
gozar quiero del bien que debo al cielo,
á solas, sin testigo,
libre de amor, de celo,
de odio, de esperanza, de recelo».

»¡Bien hayan tus campiñas y tus bosques! ¡Allí, con la conciencia del hombre honrado, verás, verás, Silvestre amigo, cuánto placer encuentro! ... sobre todo, cuando piense en el infierno de pasiones que aquí se agitan incesantemente, y cuando, mientras considere que en el mundo

«... se están los hombres abrasando
en sed insacible
del no durable mando,
tendido yo á la sombra esté cantado».

»He aquí mi mayor ambición de hoy; ambición que acaricio años ha, y que tus noticias y tu presencia han venido á provocar hasta el extremo de hacerme tomar una resolución invariable.- Ahora bien: mientras olvido mis hábitos de mundo, mientras me aclimato á ese paraíso de tus valles, necesito tu compañía, un rincón en tu casa y un puesto en tu mesa; pero sin que en tu sistema de vida hagas la menor alteración, sin que mi presencia aumente un solo manjar á tus comidas. Con estas condiciones aceptaría tu hospitalidad. Para regalarme con el veneno de nuestras cocinas y con la vida muelle de estos gabinetes, me quedaría en la corte. Éste es el egoísmo á que me refería cuando llegaste á mi casa. Con franqueza, amigo Silvestre, ¿te parece aceptable mi plan?»

El mayorazgo, que desde el principio del discurso de su amigo tenía un palmo de boca abierta, pero de puro placer, al oirle renegar de Madrid, y que, por otra parte, era generoso, sensible y hospitalario, y no había echado en saco roto que todo un personaje le hubiera reconocido á él, con su corteza de campesino, al cabo de tantos años de ausencia y sin otro motivo que una frívola amistad de la infancia, tendióle los brazos por toda contestación, en los que estrechó al personaje, quien, en premio de su cariñoso ofrecimiento, y con la promesa de no serle gravoso, si en ello no le ofendía, le anunció que dejaba muy bien recomendado su pleito y que contara con ganarle, deshechos algunos enredos que dificultaban el triunfo de su causa, debidos á los manejos de sus adversarios.

Este notición colmó de entusiasmo á don Silvestre, que tornó á abrazar á su amigo, quejándose de que le hubiera creído capaz de cobrarle pupilaje.

Pocos días después, salieron entrambos en una silla de posta, que debía dejarlos algunas leguas antes de llegar al pueblo, pues el amigote de don Silvestre quería hacer poco ruido para conservar el más riguroso incógnito, á fin de gozar más á sus anchas y en completa libertad todas las delicias que se prometía de la vida campestre y descuidada.

Por eso se despidió de todos sus amigos y allegados para el Mediodía, y no faltaron periódicos que anunciasen, con esa perspicacia y exactitud que les son peculiares, su feliz llegada «á la ciudad de los Califas».

VII

Aquellos de mis lectores que hayan visitado el país del cuco después de haber vivido algún tiempo en la clásica Castilla, y especialmente los que á esta última circunstancia reunan la de ser hijos de este poético suelo, me ahorrarían, de fijo, la pintura del efecto que en nuestros dos personajes causó el aspecto de la Montaña apenas hubieron perdido de vista la última llanura tórrida, monótona, infinita, de ese famoso granero de España. Me la ahorrarían, digo, porque ellos habrán sentido lo mismo que don Silvestre y su amigo al acercarse á este bello rincón del mundo por aquel camino. Pero como no todos los lectores se hallan en igual caso, diré, sólo para los que no conozcan esta comarca, que al acercarse á ella después de atravesar las planicies de Castilla ó de la Mancha, enfrente de tanta belleza se siente ... no tener cerca de uno á todos los moradores de las grandes capitales del mundo civilizado, orgullosos con sus prodigios de arte, para decirles:-«Mirad esa naturaleza, y pasmaos, porque junto á ella, todo es pequeño y raquítico. Ved aquí reunido y palpable cuanto de bello y fantástico ha cantado la poesía.»

Y, á propósito: no hay trovador novel ni poeta melenudo que se haya creído dispensado de echar su parrafito á las orillas del manso Guadalquivir, ó del aurífero Darro, ó á las aguas del histórico Guadalete, sembrando aquí y allá bosques y florestas, frondosidad y fragancia, césped y lirios, que así existen donde los colocan los vates, como yo soy arzobispo; en cambio, cuando alguno de aquellos ingenios ha pisado el suelo de la Montaña, en lugar de cantar lo que ella le mostraba, en lugar de darle lo que se le quita para engalanar ajenas hermosuras, se ha ocupado en escribir á «la civilización» si los moradores de aquende comen borona, andan descalzos y gastan los calzones más ó menos remendados, como si se tratara de un aduar de Marruecos ó de la isla de Annobón. Pero dejaría la poesía de serlo, si los poetas cantaran la verdad una sola vez en su vida.... Y vuelvo á mi cuento.

Dando resoplidos de pura satisfacción don Silvestre, y recitando su amigo los más tiernos idilios que recordaba á la vista de los fantásticos paisajes que descubría á cada paso, llegaron ambos al solariego albergue de los Seturas, donde los dejaremos descansar un largo rato: al de Madrid, entre sus bucólicas ilusiones y bajo el incógnito más rigoroso, y al otro, bajo la impresión de sus recientes desengaños, y, por lo mismo, más satisfecho que nunca al verse dentro de las recias y ahumadas paredes de su casa.

VIII

Faltábale tiempo al de Madrid, en cuanto se levantó á la mañana siguiente, para correr por la solana, tumbarse bajo un nogal y caminar errante por las mieses; para gozar, en fin, con la loca expansión de un colegial en vacaciones. Y tan abstraído estaba, que al volver á casa, al crepúsculo de la tarde, no se acordaba de que no había comido al mediodía, ni echó de ver que llevaba desgarrados los pantalones y sangrando una rodilla, caricias debidas á las espinas de los setos por los cuales tuvo que saltar.

En ocupaciones análogas pasó los primeros días, cada vez más alegre, más satisfecho y más juguetón. La bazofia y los condumios del ama de gobierno le parecían los manjares más deliciosos; el duro taburete en que se sentaba, mucho más blando que un sillón ministerial; y el aspecto rústico que tenían todos los objetos que encontraba y de que servía en casa de su amigo, eran el complemento de sus mejores ilusiones. Pero cuando gozaba extremadamente era por las noches, después que, oído el toque de ánimas y rezadas las oraciones de costumbre por el mayorazgo, á quien contestaban unísonos todos los de la casa, se sentaban en el ancho balcón del mediodía. El canto incesante de las ranas, el aroma de la campiña, el susurro elocuente y misterioso de la naturaleza, los relámpagos fantásticos é incesantes que en el horizonte presagiaban, según el ama de llaves, fuertes calores para el siguiente día; de tiempo en tiempo el canto monótono del labrador que iba á dar agua á una pareja, cuyas sonoras campanillas le hacían el acompañamiento; el vuelo rápido del murciélago que cruza indeciso á cada instante por delante del balcón; los regaños del ama en la cocina, que entre el charrasqueo de la sartén se destacaban, con poco placer de los criados á quienes iban dirigidos, y tantos otros ecos y fenómenos que en las noches de verano se perciben en el campo, abstraían de tal modo al forastero, que no hubiera cambiado entonces el balcón de don Silvestre por el trono más elevado del mundo.

Y cuando por las mañanas, al romper el día, le robaban el sueño el cencerreo del ganado que salía al pasto, los silbidos de los criados, las seguidillas de las mozas que iban á la mies, el toque al alba, los ladridos del perro, el cacareo de las gallinas y los relinchos del caballo, lejos de incomodarse, bendecía en sus adentros el instante en que se le ocurrió trocar el agitado torbellino de pasiones de la corte por el obscuro rincón de la vivienda de los Seturas.

Con la contemplación de éstos y otros cuadros á cual más sencillo, su lectura favorita adquiría para él cada vez mayor encanto; y hasta las tiernas églogas de Garcilaso le parecían la expresión más fiel de la verdad, y todos los recuerdos de todos los patriarcas descritos hasta entonces le asaltaban las mientes, y veía los trasuntos de todos los cuadros pastoriles del siglo de oro, y hasta sentía el calorcillo de sus venerandos y rústicos hogares; y tal era el dominio que sobre él ejercían estas ideas, que, fingiéndose extraviado, sorprendía á un vecino comiendo; entraba en la choza de otro cuando, sentado éste al frente del grupo de su familia, rezaba el rosario antes de acostarse; pedía aquí candela, más allá un guía, y por dondequiera aliviaba la miseria, complaciéndose en dejar oculta una moneda de plata, ya en el regazo de un niño que jugueteaba arrastrándose á la puerta de su casa, ya sobre el poyo de la cocina. Y todo esto lo hacía el buen señor, excepto lo de las limosnas, en verdad sea dicho, sin darse de ello la menor cuenta. No reflexionaba ni estudiaba aquello que veía, porque los cuadros y las impresiones se sucedían con la rapidez del pensamiento.

Pero á los quince días de estancia en la casa de don Silvestre, comenzó á notar que no descansaba bastante en la, aunque mullida, incómoda cama que le habían puesto; que la bazofia le agriaba el estómago, y que, por falta de cielo raso en la alcoba, le escocían los ojos con el polvo que caía del desván, cada vez que (y esto sucedía todas las noches), cada vez que las ratas armaban sus jaleos acostumbrados entre las panojas sobrantes de la anterior cosecha-Con este motivo la rancia morada de los Seturas abrió por primera vez sus puertas á la civilización, que entró en la mejor alcoba de la casa en forma de colchón de muelles, cama de hierro, techo de yeso y papeles de colores, traído todo de la ciudad y colocado á expensas del huésped de Madrid, y con no poca delectación del mayorazgo, del ama y de todos los vecinos del lugar, que acudieron, por turno rigoroso, durante una semana, á contemplar las maravillas de la alcoba del madrileño, cuando éste se largaba á hacer sus excursiones de costumbre.

Estas eran siempre por el campo, donde cada día buscaba un paisaje distinto y al antojo de su poética fantasía. Y, preciso es confesarlo: las praderas y valles del lugar de don Silvestre, como toda la Montaña, superaban en perspectiva á todos los cuadros que se imaginaba el señor de la corte: en esta parte era feliz el amigo de don Silvestre. Pero no lo era tanto cuando se acercaba á gustar prácticamente las delicias que, desde el fondo de los alfombrados gabinetes de las populosas ciudades, descubren los poetas entre el follaje de los bosques y sobre el blando césped de las campiñas.

Es decir, que si el madrileño, siempre con sus libros debajo del brazo y en busca de paisajes, encantado por el aspecto de un artístico murallón cubierto de verde y tupida hiedra, se recostaba contra él, sentado sobre césped de un palmo de espesor, no bien se ponía á leer á cualquiera de los poetas, desde Gonzalo de Berceo hasta el último bucólico de nuestros gacetilleros y romancistas, y exclamaba, por ejemplo el primero:

«Nunca trobé en sieglo lugar tan dileitoso»,

ó con alguno de los modernos otra frase equivalente en menos rancio castellano, cuando llegaba el impertinente tábano, que le hacía girar como las aspas de un molino para defenderse de sus iras, ó cantaba á su lado la chicharra, ó se punzaba las asentaderas con alguna zarza traidora, ó caía una lagartija sobre la más sentimental y pastoril de las estrofas de su libro. Con cualquiera de estos contratiempos concluía el apasionado madrileño por sacudirse la ropa y marcharse punzado, aturdido y tiznado en busca de otro lugar no menos bonito, aunque más cómodo.

-¡Oh magnificencia!-exclamaba una vez contemplando un nuevo sitio;-¡esto excede á la más sublime creación del más sublime de todos los poetas; á la región del más tierno pastor de cuantos ha creado la poesía!

«Corrientes aguas, puras, cristalinas,
árboles que os estáis mirando en ellas,
verde prado de fresca sombra lleno,
aves que aquí sembráis vuestras querellas,
hiedra que por los árboles caminas
torciendo el paso por su verde seno....»

todo esto, y mucho más, veo yo, oigo y toco. ¡Y por qué el sensible Nemoroso no ha de ser posible en estos valles? ¿Qué distancia hay de ellos á las imaginaciones de Garcilaso? ¡Oh divina poesía!: te veo y te palpo.... Pues señor, aquí, tras este tupido zarzal, cabe el arroyuelo que murmura á mis pies, sobre la florida y olorosa pradera, á la sombra de estos seculares castaños, voy á entregarme á mis gratos ocios. ¡Y dirán las almas de prosa que la poesía es una quimera!

Y al contemplar aquella lozana vegetación, tan caprichosamente distribuída como no pudiera imaginárselo el más diestro jardinero, exclamó, hasta con fe en las palabras del poeta:

«Oh driades de amor hermoso nido,
dulces y graciosísimas doncellas,
que á la tarde salís de lo escondido,
con los cabellos rubios, que las bellas
espaldas dejan de oro cobijadas....»

esperando, tal vez, que abriéndose las zarzas dejaran libre paso á la misma Galatea. Así es que al oir agitarse la enramada inmediata, no se sobrecogió lo más mínimo, en espera, como estaba, de algún prodigio. Pero cuando en lugar de los cabellos de la Ninfa, vió, atropellando las enmarañadas árgomas, madreselva, espinas, zarzas, juncias y ortigas, las afiladas astas de un novillo de cuatro años, descendiendo de la sublime región adonde se había elevado con sus pensamientos, á la clásica morada de los revolcones y de los ojales en la piel, despojóse hasta de sus libros para mayor desembarazo, y no paró de correr hasta la portalada de los Seturas.

IX

Éste y otros percances análogos y un tabardillo que le produjo al fin tanta y tanta insolación como tomaba, buscando por el campo la sombra de la poesía, le obligaron á desistir de sus excursiones ordinarias, conformándose después con la sombra del nogal solariego para los pocos ratos que consagraba á la lectura desde el último desencanto. Y como no tenía una sola persona á quien hacer confidente de sus impresiones, pues don Silvestre, nacido entre los prodigios de aquella naturaleza, de nada se pasmaba, como que nada hallaba que le chocase, y fuera de la naturaleza rústica y virgen, no conocía á fondo más que sus recientes desengaños, le pareció muy fastidiosa la contemplación de los fenómenos naturales durante las primeras horas de la noche, desde la solana del mayorazgo; halló también insoportable la noche misma hasta la hora en que se acostaba; y como el sueño era acaso el mayor placer que experimentaba ya en el campo, incomodábale de veras el tener que despertarse á las cinco de la mañana entre la gritería del ama de llaves, los silbidos de los criados y el cencerreo del ganado, después de haber dormido mal toda la noche, desvelado á cada instante por los ladridos del mastín, cuya vigilancia llegaba á ser impertinente, á fuerza de ser escrupulosa.

Agréguese á esto que la prodigalidad del señor de don Silvestre, como llamaban en el pueblo al de la corte, había corrido de cocina en cocina por todo el vecindario, y que, por lo mismo, no hubo en él una sola persona que no se creyese con derecho á pedirle dinero, pretextando necesidades, unas veces ciertas y justificadas, otras fingidas é indignas de la largueza y caridad del forastero; de suerte, que ni siquiera le quedó el placer que experimentaba aliviando la desgracia, pues temía equivocarla con las consecuencias de la haraganería, y contribuir al fomento de más de un vicio, procurando socorrer la verdadera miseria.

Una de las impresiones más agradables que recibió en la aldea, fué al ir por primera vez á oir la misa de la parroquia. Bajo la tejavana, ó portal, que se extendía á todo lo largo de dos fachadas de la iglesia, como en todas las de las aldeas de la Montaña, estaban reunidos y en espera del toque de campanilla que les avisara la salida del sacerdote al altar, todos los viejos, jóvenes y niños del lugar que no tenían un impedimento justificado que los eximiera de aquella obligación de conciencia. Todos con el mejor vestido, y formando corrillos en los que se departía á gritos, como es costumbre entre la gente de campo, no porque el furor sustente los debates, sino por hábito adquirido viviendo casi siempre fuera de techado; todos, repito, se entregaban á aquel primer momento de ocio, después de una semana de rudas fatigas, con las más expresivas señales de satisfacción, buscándola especialmente en comunicarse unos á otros las observaciones, planes y labores que cada cual había hecho desde el domingo anterior.

Cuando el de Madrid, al lado de don Silvestre, se acercó al portal de la iglesia, el rumor que veinte pasos antes llegara bien claro á sus oídos, cesó de repente; levantáronse los hombres que estaban sentados, suspendieron los muchachos sus juegos y carreras, y descubriéndose todos respetuosamente, abrieron calle al madrileño y á su amigo hasta donde el primero juzgó oportuno detenerse.

Esta muestra de deferencia y de respeto afectó al huésped del mayorazgo, acostumbrado al frío y egoísta contacto del pueblo de las grandes ciudades; y en prueba de su reconocimiento, trató de mostrarse afable y cariñoso, más aún de lo que era de ordinario, con el dueño del rostro más cercano, entre los varios que le contemplaban inmóviles desde su llegada.

Á las primeras palabras dirigidas afectuosamente al aldeano, los que detrás de él formaban silenciosos, adelantaron un paso, y á la cuarta pregunta del de la corte, un círculo compacto de curiosos le envolvía, disputándose todos la ocasión de oir la voz del señor forastero, y de seguir de cerca con la vista el movimiento de sus brazos y la dirección de su mirada. Esto duró hasta que se oyó el repiqueteo de la campanilla; porque entonces, los chicuelos rompieron la humana valla que á duras penas habían atravesado para ver al caballero más de cerca, los viejos apagaron sus pipas, los jóvenes restregaron el fuego de sus cigarros contra el poste más inmediato y se guardaron las puntas en el bolsillo del chaleco, los que tenían la chaqueta tirada sobre los hombros, se la vistieron, y todos corrieron al templo atropelladamente para llegar á él antes que el párroco pisara las gradas del altar.

-¡Qué feliz he sido hoy en medio de esos honrados aldeanos!-decía á don Silvestre su amigo durante la comida.-

¡Cuánta poesía en aquel cuadro que me rodeaba! Porque su expresión no era la que dan la bajeza ni la ignorancia, sino la mansedumbre del justo, ó el rubor de la inocencia.

Don Silvestre hubiera hecho algunas enmiendas al panegírico de su amigo; pero tan habituado le tenía éste á semejante lenguaje, que ya no se cansaba en contestarle siempre que con él le hablaba.

X

Las escenas del portal de la iglesia se repetían cada día festivo, no solamente en este sitio, sino en el corro, á donde iba el madrileño á ver bailar y jugar á los bolos. Pero llegó á notar este fanático personaje que el círculo de curiosos que siempre le envolvía era cada vez más estrecho; que entre los espectadores, antes mudos como estatuas, había muchos que se permitían sus apartes intencionados y con presunciones de graciosos; que los que este título llevaban entre los convecinos, á trueque de conquistarse sus carcajadas, faltaban aliquando al de Madrid, siempre digno y prudente, con una grosera impertinencia; que los chicuelos, que antes le contemplaban con la boca abierta y las manos en los bolsillos del pantalón, se le acercaban hasta tocarle con un dedo la cadena del reló, mientras á la descuidada tentaban con la otra mano el paño de su levita, cuya finura les admiraba; y, por último, que las mozas del lugar, á quienes dirigía delicadas galanterías y que al principio no se atrevían á mirarle á la cara, le volvían ya cada fresca que le dejaba helado. De modo que, después de la metamorfosis de Galatea en novillo uncidero, dándose á reflexionar durante la convalecencia del tabardillo sobre el carácter de la gente del campo donde habitaba, á despecho de sus ilusiones se concedió á sí mismo que pedir prudencia, saber, dulzura y poesía á unos seres cuya sociedad constante son las bestias, cuya educación son las rudas tareas del campo, y cuyas aspiraciones están limitadas á salir del año sin morirse de hambre, es una exigencia que toca en lo ridículo. ¡Harto harán, los pobres, sabiendo saludar en turbio castellano! Demasiado es en ellos esa suspicacia extremosa que forma su carácter, primer testimonio de que no carecen de criterio. ¡Ojalá supieran educarle, y entonces no emplearían aquélla en dudar de todo el mundo, ni se acarrearían esas guerras intestinas que los lleva á cada instante á disputar sus derechos ante los tribunales de justicia, consumiendo en empresas tales el fruto de sus faenas, mientras sus hijos se arrastran desnudos, pidiéndoles un pedazo de pan que no siempre reciben!

Merece consignarse otro de los incidentes que más contribuyeron al desencanto de nuestro personaje.

Departiendo una mañana en el portal de la iglesia con el alcalde del pueblo, brindóse de muy buena gana á traer de su cuenta, un reló de torre para la iglesia del pueblo, como un regalo que dedicaba á los honrados vecinos entre quienes tan buenos ratos había pasado. El alcalde, al oir la palabra regalo, abrió unos ojos de á tercia, y dióse á reir de pura satisfacción; pero cuando se puso á reflexionar sobre el motivo de tanto desprendimiento, tornóse serio, y dijo al personaje, con la mejor cara que pudo, que al día siguiente le daría la contestación. Éste, que atribuía á modestia ó á cortedad semejante respuesta, no volvió á pensar más en ella, y en cuanto se separó del alcalde, no dudando que su proposición sería bien acogida, se puso á discurrir sobre el modo de que el reló llegase al pueblo lo más pronto posible. Entre tanto el alcalde, apenas pronunció el cura el «Ite missa est», se acercó al campanero y le dijo con ansiedad:-Toca á concejo.

Como el edificio en que las sesiones se celebraban, ó sea la casa consistorial, estaba á dos pasos de la iglesia, á medida que ésta se desocupaba iba llenándose la otra, deseosos los vecinos de saber de que se trataba, pues ni había carreteras que componer, ni arbitrios que rematar, ni repartos que hacer sobre el territorial, ni sorteo de mozos para el ejército, ni siquiera ajustes de puertos y pastores.

-Señores-dijo el alcalde, tan pronto como el alguacil pasó lista á los asistentes y vió que, legalmente, se podía celebrar sesión;-se trata de que el señor forastero quiere regalar un reló de campana para la torre de la iglesia del pueblo.

-Pues Dios se lo pague-contestaron á coro la mayor parte de los concurrentes.

-Á mí me parece que no habrá compromiso en que le cojamos por la palabra-añadió el alcalde, dejando entrever ya el fondo receloso que, como opinaba muy bien el personaje, forma el carácter de los aldeanos montañeses.

No necesitaba tanto el vecindario para calcular los inconvenientes que, en su concepto, podría traer al pueblo la aceptación del regalo; así es que al oir la palabra «compromiso» en boca del alcalde, cada vecino se volvió hacia su colateral, con una expresión en la cara que, aun cuando de pronto parecía de estupidez, leyéndola bien se podía traducir en estas palabras:-«¿Que te parece de esto?; ¿nos cogerá de primos?»

Pero tan franco, tan claro era el ofrecimiento, que ni aun con la mala fe de que ellos eran capaces encontraron en el primer cuarto de hora una sola objeción que hacer al generoso forastero. No obstante, lejos de decir explícitamente «aceptamos», todos, y el primero el alcalde, dirigieron sus miradas inquietas á un rincón de la sala donde estaba sentado un viejo con calzón corto remendado, montera bajo la cual asomaban, entrecanos y nada limpios, dos mechones de pelos, uno sobre cada sien y de un palmo de largos, según la antigua moda, chaqueta al hombro y un garrote chamuscado con el que hacía garabatos sobre el polvo del suelo fingiéndose distraído.

El tío Merlín, que así llamaban al viejo de las sucias greñas, era la notabilidad del pueblo, donde se le había dado el nombre que llevaba por la reputación de listo que le acompañaba desde sus contemporáneos, que, al emigrar de este mundo, se le recomendaron á la generación heredera como un dije inestimable, como una providencia. El tío Merlín reunía á la condición de listo la fama de celebre, nombre que entre los aldeanos equivale á decidor, oportuno, chistoso; circunstancia que, por sí sola, dice bastante para que todos los lectores comprendan el dominio que el tío Merlín ejercería sobre sus convecinos. Porque en aquel lugar, lo mismo que en el mundo de la cultura, un hombre á quien los demás escuchan con la sonrisa en los labios y dan el apellido de gracioso, tiene amplias facultades, no solamente para provocar la risa sin ofender á nadie, sino para ser importuno, molesto y hasta grosero donde y cuando le acomode, sin que á nadie se le ocurra darse por ofendido. ¿Y cuál no será la influencia de un hombre de éstos entre los que le rodean, cuando sobre su carácter de gracioso lleva la fama de sabio, como el tío Merlín? Por eso á este personaje se le encontraba presidiendo todos los acontecimientos del lugar. Bodas, bautizos, entierros, juntas, tertulias..., en cualquier acto de éstos y otros muchos, lo primero que la pública curiosidad buscaba anhelante era la presencia del tío Merlín; porque aquí para provocar la risa, allá para dar un consuelo y en el otro lado para ilustrar el juicio de los demás, su presencia era tan indispensable, que sin ella no se encontraba alegría, ni lágrimas, ni consuelo, ni parecer.

Y es de notar que el tío Merlín jamás era explícito en sus dictámenes, y que sus admiradores, al repetir á otros las ocurrencias del célebre viejo, apenas hallaban por donde cogerlas; y es claro: el tío Merlín, como casi todos los decidores del mundo, tenía todo su chiste en aquello que callaba, y lo que callaba era lo más importante. Así es que la reticencia era su fuerte, y con un interrogante, unos puntos suspensivos y un gesto de «¡qué pillo soy!» resolvía todas las cuestiones, arrancaba á su placer las carcajadas al auditorio y enredaba á sus convecinos cada día en un berenjenal de pleitos y rencillas, extraviándoles más y más la justicia con lo vago de sus maliciosos pareceres. Pero su fama era bastante más vieja que todos sus convecinos entre quienes el buen criterio no pudo nunca aclimatarse, y el tío Merlín era siempre listo y celebre,..., y por eso en el concejo se buscaba su opinión al tratarse de aceptaré ó no la oferta del rumboso madrileño.

-¿Qué dice de esto el tío Merlín?-preguntó el alcalde después que, como todo el concejo, le hubo mirado por algún tiempo en silencio, estudiando hasta el rumbo más vago de su garrote.

El interrogado, sin dejar de hacer garabatos, miró de reojo á todos los circunstantes; fijóse en el alcalde, que inclinado sobre la mesa enseñaba unos dientes tan grandes como habas cochineras, ansiando la respuesta del viejo, y después de arreglar la chaqueta sobre los hombros, contestó muy pausadamente:

-¿Conque ... qué digo yo de esto, eh?... Pues digo que.... ¡Jummma!...

Esta carraspera arrancó al concejo una carcajada que duró medio cuarto de hora.

-Vamos al decir, tío Merlín, de que usté cree....

-Que la cosa no trae malicia, señor alcalde ... ¡jui! que las pillo yo al vuelo....

-Pero, señor, fegúrese usté que el hombre me llama y me ice «doy el reló pa la torre sin el menor aquel de gastos pa el respetive: yo pago too el jaleo, y puen ustedes desde hoy avisar á los carpinteros y albañiles que han de juriacar la paré, porque la cosa estará aquí en toa la semana que viene.»

-¡Hola!... ¿Conque hubo too eso? ¿Conque le ice á usté ese señor que busque carpinteros y que juriaque la paré de la torre..., y entoavía no atisba usté la estruchá?

-Hombre-repuso el alcalde con cierta humildad que le imponía la sagacidad del viejo,-no diré yo que no viera algo de ella, y por eso mandé tocar á concejo.... Pero ello, ¿qué es lo que usté teme?

El tío Merlín bajó la cabeza, sonrióse, volvió á hacer rayitas en el suelo, y por toda contestación largó otro ¡jummmaaá! que produjo el mismo efecto que el anterior. Al cabo de un rato añadió:

-Señores, en el juriaco que se quiere abrir en la torre, ¿no ven ustedes ná?

Los circunstantes se encogieron de hombros.

-Lo dicho-continuó el viejo,-no ven ustedes un buey á cuatro pasos.... Pues yo veo que por ese juriaco se nos mete en casa el forastero; que el reló es una trampa que se nos quiere armar para dejarnos á toos en cueros vivos en el día de mañana.

Una exclamación de sorpresa fué la contestación del concejo.

-Eso no puede ser, tío Merlín-objetó luego el alcalde;-la cosa no trae tanta malicia. ¿Y á qué se agarra usté pa creer...?

-¿Que á qué me agarro?... Esa es cuenta mía. Nos vió aldeanos, le gustó el pueblo, y dijo: «á pescar lo que se pueda....» Porque, señores, pinto el caso de que uno cualquiera de ustedes va al lugar de ese señor, y tiene tanto dinero como él: por mucho que el lugar le guste, ¿se le ocurrirá regalar un reló para la torre de la iglesia?

-Es claro que no-contestaron algunos.

-Pues cátalo ahí-exclamó triunfante el tío Merlín.-¿Á qué santo ese hombre nos ha de regalar un reló, sin más acá ni más allá?

El concejo se quedó tamañito bajo tan contundente argumento.

-De manera-dijo el alcalde,-que nos convendrá decir á ese señor que se guarde el regalo para engatusar á otros tontos....

-No, señor: «á la zorra candilazo», que dijo el otro-replicó el tío Merlín.-Aquí va á ir de pillo á pillo. Puede usté decirle que traiga el reló, pero firmando un papel.

-¡Á ver, á ver! ...-murmuraron sus convecinos, llenos de curiosidad.

-Escriba usté, secretario-dijo á éste el alcalde;-que la cosa tiene que ver. Dite usté, tío Merlín.

Éste, después de rascarse mucho la cabeza, colocó sobre el garrote sus dos manos, sobre ellas la puntiaguda barbilla, y con los ojos radiantes de malicia y de satisfacción, empezó á dictar al secretario lo que, entre un aluvión de carcajadas y después de cien enmiendas y al cabo de media hora, decía al pie de la letra:

«Digo yo, don Fulano de Tal, que por mí y por todas las generaciones y herederos que pueden venir detrás de mí y por todos mis cuatro costados; he recibido del Ayuntamiento de ... el valor del reló de la torre de su iglesia, traído por mi conducto y á mis expensas.

»Item.-Que me comprometí á ponerle por mi cuenta en el juriaco que ocupa.

»Item.-Que señalo una cantidad de dos mil reales al año para gastos que el infrascrito reló preduzca, ó arroje de sí mesmo, ó séase para su manutención y conservación.

»Item.-Que si algún día la torre se viene abajo en mis días ó en los de todas las generaciones y herederos que puedan venir detrás de mí y por todos los cuatro costados, yo y ellas nos comprometemos á hacer otra torre nueva ú otra iglesia, si el ayuntamiento lo tuviere por conveniente.

»Item.-Yo y las dichas generaciones y herederos nos comprometemos á pagar todos los pleitos que por causa del reló resulten en el lugar, ó en las inmediaciones, y á no hacer reclamación alguna al concejo de ... por conceuto del reló ni otro alguno.

»Así lo quise; y, para que conste, lo firmo en ... á tantos de Julio, etc.»

-Ahora-añadió el tío Merlín,-que firme ese señor; después que vea por ónde nos mete mano.

Y retozándole la risa en los labios, salió del concejo entre la algazara y los aplausos de sus convecinos.

Aquel mismo día se presentó el alcalde con este documento al forastero, diciéndole, al entregársele, con tono y expresión de triunfo:

-Aquí está mi contestación.

El amigo de don Silvestre no pudo menos de reirse al leer tan peregrinas condiciones, á pesar de la sorpresa que le produjeron, después, se indignó al considerar tan miserable suspicacia, y, por último, rompiendo en pedazos el papel y volviendo las espaldas al alcalde por toda contestación, acabó por compadecerse de aquellas pobres gentes que, por huir de un mal que nadie les hacía, desechaban el bien que les iba buscando.

XI

En éstas y otras, la estación avanzaba y el melancólico otoño iba iniciándose á medida que morían las ilusiones del forastero. El aterciopelado verde de la campiña se había cambiado en otro más pálido y amarillento; segada y recogida la yerba de los prados y despuntados los maíces, las mieses habían perdido toda su lozana frondosidad; y su aspecto, aunque bastante más risueño que la primavera de Castilla, infundía cierta tristeza en el ánimo que la había contemplado dos meses antes. Los bosques se enrarecían también al menor contacto del furibundo viento Sur, que ya estaba en plena campaña para secar las panojas y madurar las castañas; los pajarillos enmudecían poco á poco y volaban errantes é indecisos; las noches crecían y los días acortaban; la naturaleza toda anunciaba su letargo del invierno, y no se escuchaba otro sonido de su elocuente lenguaje que el de los secos despojos de su primavera, rodando en confuso torbellino á merced del viento que cada día soplaba más recio.

No necesitaba el forastero tanto aparato para languidecer y enervarse, después de los desengaños padecidos hasta allí. Así es que, á la vista del cuadro que se le presentaba, no tenía otro deleite que pensar en su vuelta á la corte. Y como esto no le llenaba el ánimo completamente, se complacía en colocar á su lado, para contraste, todos los disgustos que debía á su expedición á la patria de los Seturas, con el fin de amar la primera á medida que fuera aborreciendo la segunda.

-«Vamos á cuentas-se decía una tarde, sentado en frente de la ventana de su cuarto, y mirando cómo se ocultaba el sol detrás de una montaña, entre vivísimos resplandores.-Llevo en este pueblo tres meses; he gozado á mis anchas y con las ilusiones de un niño, es decir, he gozado cuanto es posible en esta vida de zozobras y de aprensiones, tres semanas. En cambio he padecido después un tabardillo, tres cólicos, trescientos sustos, treinta mil molestias por esos campos de Dios buscando la sombra y la poesía, sesenta y seis insomnios producidos por el perro, por los cencerros y por los golpes oídos durante la noche, é innumerables disgustos en mi trato con el vecindario; y si cuento diez indigestiones que me produjo la bazofia de esta bendita cocinera, una oftalmía á consecuencia del polvo del techo de mi alcoba y doscientos rasguños de espinos en la piel (todo esto durante las tres semanas contadas de placer), no hay duda que la ganancia de mi expedición, vista por este lado, ha sido bien escasa. Veámosla por la parte económica, que es por lo que más se recomienda la vida del campo. Por no reventar con tanto y tan especial menjurje, he tenido que proveerme por mi cuenta de la ciudad; y como está muy lejos, entre propios, carros y otras menudencias, lo que aquí he comido, muy mal sazonado, me cuesta triple que mi alimento ordinario y relativamente exquisito de Madrid. Mi equipaje está sucio y desgarrado.

»Se me dirá que de esto me tengo yo la culpa, pues he saltado portillos y corrido por los prados, y me he sentado en ellos.... Pero, señores míos, ¿es posible que á otra cosa se pueda venir al campo? Sin contar lo que he dado en limosnas, pues esto bien empleado está, llevo gastado un dineral en propinas y en pagar, triple de lo que valían, regalos que estas gentes dieron en hacerme cuando corrió la voz de mi largueza. Total, incluso manutención, obra de la alcoba, etc., según el estado de mi bolsillo y cartera, cerca del doble de lo que, en igual tiempo, gasto en Madrid con carruaje y espectáculos.

»Veamos ahora mi expedición por la parte instructiva, por la del estudio, para el cual se receta siempre el campo. Perdidas mis ilusiones por la frívola poesía pastoril, solamente la idea de salir de aquí muy pronto era capaz de hacerme leer con paciencia mis libros instructivos. No comprendo que sin un confidente con quien consultar, ó con la idea de no volver á ver más el mundo, haya un hombre capaz de encerrarse entre los bosques á desentrañar los misterios de la ciencia, cuando la ignorancia completa de ella es lo primero que se necesita para vivir á gusto entre estas cerriles criaturas, ser tan rústico como ellas, y circunscribir á las suyas las propias ambiciones. Y no se me diga que ésta es cuestión de carácter, porque el mío es un modelo de docilidad y acomodamiento, soy un optimista extremoso, y así y todo me ha hastiado la naturaleza y me ha repugnado la humanidad inculta. Mi lectura, pues, con la esperanza de ver el mundo otra vez, no ha sido escasa, pero no provechosa: pues con incómoda habitación, malas digestiones y preocupado con las miserias de que he sido objeto, no he sacado tanto fruto aquí en dos meses como en un solo cuarto de hora en mi gabinete de estudio en Madrid.

»Por lo que hace á robustez, que es lo que en mí busca y dice que encuentra todos los días Silvestre desde que estoy en la aldea, si algo he aumentado en volumen, debe ser consecuencia de la corteza tostada que cubre mis manos y mi cara, y del no sé qué que se ha adherido á mis cabellos que, á pesar de mi esmero, se rebelan, y están cada día más rústicos y cerdosos.... Decididamente me vuelvo á la corte.... Pero ¿y el hastío que me echó de ella? ¿Será otra ilusión, como la del campo, la inclinación que hoy siento hacia Madrid? Antes de salir de aquí voy á probar el último recurso; voy á vivir á lo Robinsón. Dialogaré con la naturaleza y huiré de todo ser humano en lo que me sea posible.»

Aquí llegaba el de la corte con sus meditaciones sin notar que el sol había apagado su último reflejo, y que, por ende, la noche había dejado su habitación envuelta en la más impenetrable obscuridad, cuando un ruido estrepitoso, sobre el techo de la alcoba, le hizo dar un salto en la silla y buscar en seguida, á tientas y acelerado, la puerta, pensando que se hundía el tejado solariego.

-¡Silvestre! ¡Silvestre!-gritó al hallarse en la sala.

-¿Qué demonios te ocurre, hombre?-contestó á poco rato el mayorazgo, apareciendo en escena con el candil en la mano.

-¿Qué ruido es el que he sentido sobre mi cuarto?

-¿Á que te has asustado?... ¡Ja, ja, ja, jaaaa!

-¡Pues el lance es para reir!

-Y ya se ve que sí. Como que no es otra cosa que un garrote de panojas de la otra cosecha que estoy poniendo encima de tu cuarto.

-Á buena hora te has acordado de hacerlo.

-Como los criados han estado cogiendo todo el día en la mies, no se ha podido hacer hasta ahora.

-Ya podías haber avisado antes, ó dejar la operación para mañana.

-En lo primero tienes razón, y dispénsame el olvido; en cuanto á lo segundo, como esta noche es la deshoja, no era cosa de que se mezclaran las dos cosechas.

-¿Qué es eso de la deshoja?

-¡Cómo! ¿No sabías que era esta noche? ¡Bruto de mí!... Vente conmigo.

Y así diciendo, cogió á su amigo por un brazo, y le arrastró, ó poco menos, hasta la cocina. En ella le enseñó al ama de llaves que estaba fregando una enorme caldera en la que iban á cocerse media fanega de castañas que estaban en un saco cerca del fogón.

-Todo esto es para la gente-dijo don Silvestre señalando las castañas y un enorme jarro de vino que estaba sobre el vasar.

-¿Para qué gente?-le replicó su amigo cada vez más sorprendido.

-Vente y lo verás-repuso el mayorazgo saliendo de la cocina y llevando por delante á su amigo.

Unos pasos antes de entrar en el estragal, ó sea el corredor que conduce á la bodega desde el punto en que arranca la escalera del piso alto, una algarabía atronadora de carcajadas, cantares y chillidos llamó la atención del forastero; algarabía que cesó tan pronto como éste y don Silvestre llegaron á la puerta de la bodega. En ésta, iluminada por un roñoso farol colgado de un clavo en una pared, se veía una enorme pila de panojas recién traídas de la heredad, y á su alrededor, sentados en el suelo, un enjambre de mozas y mozos del lugar ocupados en deshojarlas, echándolas después una á una, pero con extraordinaria rapidez, en los garrotes, ó grandes cestos, que estaban colocados delante de los deshojadores, á razón de uno de los primeros por cada seis de los segundos. Estos garrotes suelen tener una medida dada, y por el número de garrotes, ó coloños, que van llenos al desván, calcula fácilmente el labrador el resultado de su cosecha.

La deshoja es una operación que toma la solemnidad que hemos visto en casa de don Silvestre, en las de cuantos labradores cogen maíz para todo el año, pues con el objeto de que el grano empiece pronto á ventilarse, procura el cosechero despojarle cuanto antes de la hoja que le envuelve y le perjudica mucho, después que se retira de la heredad; y como la operación es muy pesada para poca gente, es ya costumbre que se reuna toda la que quiera del pueblo, sin mas retribución que un maquilero de castañas cocidas y un vaso de vino ó de aguardiente, y á veces una sola de las dos cosas, para deshojar una cosecha en una noche, ó en dos á lo sumo.

El silencio impuesto por la llegada de don Silvestre y su amigo, volvió á alterarse en breve, en cuanto el último, siempre propenso á gozar con tales cuadros, se mostró muy satisfecho en medio de la concurrencia, y le dirigió algunas palabras en son de broma. Fraccionóse, pues, el círculo en secciones; y en una se contaba el cuento de Juan del Oso, en la otra se criticaba, en ésta se cantaba y en aquélla se hablaba de la cosecha, sin que faltasen manotazos ó coscorrones por aquí y por allá, pues aquellos mozos también eran de carne y hueso, y no siempre, buscando una panoja oculta entre las hojas apiladas, topaban con ella al momento y sin tropezar antes con tal cual pantorrilla extraviada, cuya dueña, aunque con la risa en los labios, protestaba con el puño cerrado contra la equivocación.

Hacía un rato que la deshoja estaba en plena efervescencia, cuando una voz gritó: «¡la mona!»; y esto bastó para que las mujeres se alborotaran y chillasen, y para que los hombres se pusieran en actitud de defensa.

El forastero, pensando que se trataba del cuadrumano de aquel nombre, miraba á todas partes con ávida curiosidad, en tanto reía á sus anchas el bonachón de don Silvestre, quien al cabo explicó á su amigo lo que aquella voz significaba.-Llámase mona á una gran bolsa ó protuberancia que sale á algunos maíces en el tallo, y que después de seca se convierte en un depósito de polvo negro y pegajoso; bolsa que suelen guardar cuidadosamente los aldeanos al coger el maíz, para untar con ella en la deshoja la cara del más cercano, cuando más descuidado esté.

Prodújose la alarma de costumbre; pero la mona no pareció por ninguna parte. Un mocetón colorado y mofletudo, que no pudo ver con calma á un rústico Tenorio (pues también los hay en el campo) charlando más de lo regular con una moza á quien él galanteaba, era el que había gritado con la intención de interrumpir el amoroso coloquio, ya que no había podido conseguirlo de otra manera, por hallarse colocado muy lejos de la amartelada pareja.

-¡Diez y tarja!-cantó la voz de un hombre que, llegando á la puerta de la bodega, cruzó con una raya de yeso otras nueve paralelas, hechas una á una á cada coloño que se subía al desván.

Chocó al forastero que el décimo, en lugar de seguir el camino de los anteriores, cayese en un rincón de la bodega, que se había aseado antes con el mayor esmero; y preguntado á don Silvestre, supo que aquel garrote de panojas, tal vez el más repleto de todos y el de las más gordas, era el primero del diezmo que pagaba á la Iglesia de Dios. Por aquel tiempo andaba aún la cosa pública ... á la moda de entonces, y de nada se extraño el forastero, sino del cuidado y escrupulosidad con que don Silvestre cumplía el mandato número cinco de los de la Iglesia. Y aún hacía más el mayorazgo: junto á la pila de panojas formada con los coloños del diezmo, había otras varias más pequeñas, hechas á costa de las nueve partes que á él le quedaban libres; porque de cada coloño que subía al desván, dejaba tres panojas para las ánimas del purgatorio; dos para alumbrar á San Antonio, patrono del ganado; seis para San Roque, abogado de la peste; seis para San Pedro, patrono del lugar, y otras seis para los pobres del vecindario que careciesen de semilla en la época de siembra.

¡Y todavía don Silvestre daba gracias á Dios por lo mucho que le quedaba!-«¡Desgañitaos, hombres de la ciencia, para ilustrar á la humanidad; afanaos en perfeccionarla para hacerla más feliz á costa de lágrimas y sudores; pero estudiad á este hombre, y tomad en cuenta la tranquilidad de su espíritu!»

Así exclamaba, para sus adentros, el forastero al contemplar la fe y el placer con que su amigo cumplía los preceptos que se le imponían, y las muestras de la caridad que guardaba siempre en su sencillo corazón.

Ya comenzaba á gozar un poco el de Madrid entre los episodios de la deshoja, y una prueba de ello es que permaneció observándolo todo, sentado sobre un arcón viejo, hasta que muy avanzada la noche se presentaron los criados de don Silvestre á la puerta de la bodega, llevando con mucho pulso, entre los dos, una caldera llena de castañas, é inmediatamente detrás el ama de llaves con el jarro del vino, un vaso para escanciarle y otro jarro más pequeño para repartir las castañas. Á la vista de todos estos objetos la deshoja se alborotó, y á merced de la efervescencia pudo un colindante untar á su placer con una mona la cara del celoso y rechoncho mocetón que había gritado antes, de mentirillas. El sorprendido y cerril amante, que entre las carcajadas de la gente no veía más que con sus celos y al través del ignominioso tinte de su cara, en lugar de echar al garrote la panoja que tenía entre las manos, la arrojó furioso hacia su rival; pero éste tenía la cabeza más dura que la panoja, y habiéndola recibido cerca del occipital, resbalando sobre él el proyectil fué á parar á las narices del forastero, que estaba sentado, un poco más atrás y en la misma dirección. Y gracias á la penosa sensación que en todos produjo la carambola, no hubo un lance entre los dos jabalíes rivales, que se quedaron pasmados al ver sangrar por las narices al buen señor, y al oirle decir, mientras salía de la bodega acompañado de don Silvestre y de su ama, que bufaban de rabia:

-Esto debí yo haberlo previsto; pues á quien entre bestias anda, tales caricias le esperan.

XII

Curado en pocos días de las consecuencias del panojazo, juró solemnemente huir de todo contacto con tales gentes; y al efecto se proveyó de caña y escopeta, para explotar, en los ramos de pesca y caza, aquellas regiones donde tantos disgustos iba pasando mientras buscaba la realidad de sus mejores ilusiones. Pero siendo tan infecundos en pesca el río y los regatos del país como en ninfas y Salicios y Nemorosos sus campiñas, abandonó la caña á los pocos días de dedicarse á ella, pues no compensaban dos anguilas y tres docenas de pececillos que pescó durante la temporada, todos los constipados y mojaduras que cogió sentado á la orilla del río, unas veces al sol y otras al agua.

Abandonada la caña, se dedicó á la escopeta; y ya que la caza no fuera muy abundante, por lo menos el ejercicio corporal que hacía corriendo tras de las miruellas, le proporcionaba buen sueño y más que regular apetito.

En esto había pasado un mes desde el panojazo. La naturaleza, lánguida y enclenque entonces, iba quedándose, como si dijáramos, en cueros vivos; las brisas eran más frescas, y en lugar del sonido armónico y majestuoso que formaban perdidas entre el follaje de junio, gemían lastimeras al chocar contra los escuetos miembros de los árboles; lloraban fatídicas, como si fueran la voz de la naturaleza que lamentara la pérdida de sus risueñas galas. El suelo se humedecía cada vez más, porque el sol no tenía fuerza bastante para enjugarle después de los chubascos, cada día más fuertes y más frecuentes; las noches eran eternas, y sólo un sueño como los que últimamente dormía el de Madrid, era capaz de hacérselas pasar medio á gusto entre los silbidos del vendaval que penetraba fino y cortante por cada rendija de las innumerables que tenían las puertas exteriores del solariego palomar; las lumbradas que hacía el ama en la cocina solamente las soportaban ella y don Silvestre, acostumbrados á su calor desde la infancia: el forastero se abrasaba acercándose al fuego, y retirándose de él se le helaban las espaldas con el gris que corría en aquel inmenso páramo.

En cuanto á la poesía del chisporroteo de los tizones y del hervir de los pucheros, así la encontró como lo que había buscado entre los jarales. Roncaba el ama de llaves, roncaba don Silvestre, roncaban los criados y el gato y el perro; silbaba el viento, bramaba la cellisca contra las inseguras ventanas, y más que visión placentera, parecía aquel cuadro escena de conjuro, ó ensueño de calenturiento.

¡Entonces sí que pensó en su gabinete de Madrid y en los salones del mundo y en el teatro de la ópera!...

-¡Qué será un invierno pasado así, Dios mío!-se decía una noche mientras se acostaba en busca del sueño, único amparo que hallaba en medio del aburrimiento que empezaba á perseguirle.

XIII

Fatigado de saltar setos y regatos y de trepar por cerros y colinas, tornaba hacia su casa una mañana el huésped de don Silvestre, con la escopeta al hombro y sin haber podido matar más que dos gorriones y una calandria.

Ya columbraba la ventana de la cocina solariega y hasta llegaban á sus narices los aromas de los guisotes del ama de gobierno, cuando distinguió una miruella sobre la rama más alta de una higuera.

Agazapóse el cazador todo lo que pudo; deslizóse de mato en mato y de bardal en bardal, como una culebra, para no ser visto ni sentido del animalito, cuya vigilancia es proverbial en el país; apuntóle con la escopeta cuando le tuvo á tiro y á su gusto, y....

Pero expliquemos la situación del cazador, por si los permenores del suceso nos fueren más tarde de alguna utilidad.

Apuntando el madrileño á la miruella, tenía á cuatro pasos, á la espalda, un huerto contiguo á una pequeña casa, y cerrado en todo su perímetro por una pared seca, es decir, una pared transparente, de piedras sobrepuestas medio á la casualidad, paredes que suelen durar eternidades, porque la consistencia que les falta de nuevas se la da bien pronto la hiedra que junto á ellas nace, y penetra, entretejiéndose, por todos los intersticios. La pared del huerto que tenía á su espalda el cazador comenzaba ya á consolidarse: sólo un tramo de dos varas estaba sin revestirse de las verdes ligaduras, y sostenido por un prodigio de equilibrio.

Por lo que hace á la casa, estaba cerrada herméticamente; y en toda la extensión que alcanzaba la vista no se distinguían más seres vivientes que el cazador, la miruella y un hombre que cerca de la casa esparcía toperas en un prado, y acechaba de cuando en cuando las operaciones del topo, á cuya caza andaba. Este hombre, á quien el de Madrid no veía, era el tío Merlín.

Hecha, pues, la puntería á placer del cazador (como que apoyaba la extremidad del cañón de la escopeta en una rama), disparó sobre el pajarraco, y éste cayó, como una masa inerte, rebotando de quima en quima. Pero al pie del árbol había un bardal bastante espeso, y en este bardal cayó la miruella.-Cerca de un cuarto de hora invirtió en buscarla el pacientísimo cazador, que al fin la encontró; pero no sin desgarrarse las manos con las punzantes zarzas.

Con su presa en el morral, salió otra vez al camino que antes llevaba; y echándose la escopeta al hombro, marchó á largos pasos hacia su casa, pues ya había oído tocar á mediodía y no le gustaba hacer esperar á don Silvestre que de fijo, estaría arrimando las sillas á la mesa.

Cerca ya de la portalada del mayorazgo, oyó un estrepitoso ruido. Volvióse hacia el sitio de donde éste partía, y vió que se había caído la parte flaca de la pared del huerto antes citado.

Como el suceso tenía muy poco de particular, no le llamó la atención: lo extraño para él era que semejantes muros resistieran un día en posición vertical.

En esta inteligencia, siguió su camino y llegó á casa del mayorazgo, á quien encontró esperándole para comer.

En los postres estaban, cuando un criado apareció en escena, anunciando á un hombre que deseaba hablar con «el señor».

-Que pase adelante-dijo éste, siempre dispuesto á complacer á todo el mundo.

Un momento después penetró en la sala, pisando tímidamente, un aldeano de madura edad, con la chaqueta al hombro, barba de quince días, y dando vueltas en las manos á un mugriento sombrero que solamente cesaba de girar cuando el aldeano sacaba una de ellas de la arrugada copa para retirar hacia atrás las ásperas y encanecidas greñas que le caían sobre los ojos.

-Tengan ustedes buenas tardes.

-Muy buenas las tenga usted; y díganos en qué puedo serle útil.

El recién venido titubeaba.

Al cabo de un rato bien largo de toser, cambiar de punto de apoyo, manosear el sombrero y luchar con sus greñas, comenzó así el aldeano:

-Pues, señor, yo soy, pa lo que usté mande, Cleto Rejones, y vivo aquí, á la esquierda, cancia la juenti, como el que tira á la mies del Jalecho, en una casa sola que usté habrá visto al ir á cazar esta mañana..., que tiene un higar delante....

-La del suceso que me has contado-añadió don Silvestre, dirigiéndose á su amigo.

-Adelante-contestó éste, más interesado ya en saber el objeto de la visita.

-Pues, señor, resulta de que yo, á la vera de la casa, tengo un güerto de carro y medio de tierra, que, en buena hora lo diga, es una alhaja pa el dicho de coger patatas y posarmos pa el avío de la casa...; como que el viudo del Cueto me daba por él un prao de cinco carros y un rodal viejo, y no se le quise cambiar.... ¡Que me muera de repente si es mentira!

-Si nadie lo pone en duda, hombre de Dios-repuso, riéndose, el de Madrid.-Pero vamos á ver lo que usted desea.

-Á eso voy de contao.... Resulta de que yo, como decía, tengo un güerto de carro y medio de tierra á la vera de la casa, y de que ese güerto tiene una paré que le cierra sobre sí. Resulta de que esta paré se vino á tierra está mañana, por la parte de la calleja.

-Dé lo que doy fe porque lo vi.... Adelante....

-Resulta de que, al caer la paré, quedó un juriaco abierto.

-Claro está.

-Y por ese juriaco entraron después, con perdón de usté, dos de la vista baja[7].

-Adelante.

-Y estos dos de la vista baja, con perdón de usté, me jocaron el güerto, me comieron las patatas, me tronzaron los posarmos y me desbarataron dos semilleros de cebollas....

-Hombre, ¡qué lástima!-exclamó, verdaderamente condolido, el noble forastero.

-Como usté lo oye, señor: crea usté que para mí ha sido hoy un día desgraciao.

Y el bueno del aldeano, al decir esto, menudeaba más y más los giros de su sombrero, y bregaba, hasta sudar, con los mechones de su áspera cabellera.

El huésped de don Silvestre, creyendo que las pretensiones del aldeano se reducían á pedirle alguna cantidad para reparar la avería, dispúsose desde luego á dársela bien cumplida; pero no quiso hacerlo sin que el aldeano se insinuase de alguna manera, temiendo herir su delicadeza.

-Y ¿qué es lo que usted pretende de mí?-repuso con intención.

-Señor-contestó el aldeano,-yo quisiera que se nombrase una presona que fuera á reconocer el daño, y que le tasara.

-No esta mal pensado.... Pero ¿contra quién va usted á reclamar?

-De modo y manera es que ... la paré bien tiesa se estaba....

-Sí..., hasta que se cayó.

-De modo es que, si no la hubieran aboticao...[8].

-Luego, ¿se sabe quién la tiró?...

-Paece ser que hubo testigos....

-Pero, en fin, ¿qué es lo que yo puedo hacer en esta cuestión?

-Pos ná, si le paece....

86

-¡Explíquese usted de una vez, santo varón!

El aldeano bajó la cabeza, volvió á cambiar de postura, y sin cesar de mirar al sombrero, continuó, al cabo de un rato y tartamudeando:

-Yo, señor, pa decirlo de una vez ... porque ello es justo, ¡canario!, justo como la ley de Dios, vengo á que usté me pague, ó á que nombre por su cuenta el tasador.

El forastero dió un salto en la silla.

-¡Que le pague yo á usted!... ¿Pues acaso tengo yo la culpa del suceso?

-Ahí esta la jaba.... Yo no digo que usté lo hiciera de mal aquel, pero la paré estaba flojilla, y con una perdigoná sobraba pa echarla abajo.

-¿Pero usted habla de veras?... ¿Usted es capaz de sostener que yo derribé la pared?

-Yo no lo vi, no, señor; pero una presona que estaba cerca cuando usté mató la miruella me lo ha asegurao....

-¡Esto es inaudito, Silvestre, y voy á hacer un escarmiento con esta canalla!... Figúrate que al matar el pájaro estaba yo de espaldas á la pared....

-Pero á eso-interrumpió el aldeano,-dice la presona que con el rustrió de la escopeta....

-Qué rustrió ni qué.... ¡Imbéciles!... Y aunque tamaño absurdo fuera atendible, ¿de qué serviría cuando la pared cayó un cuarto de hora después que sonó el tiró?...

-¿Pero tu haces caso de esas socaliñas?-dijo don Silvestre, hasta entonces mudo espectador.-Á esta gente es preciso conocerla. ¿Á que anda el tío Merlín en el ajo?

-Justamente-contestó el pobre hombre.

-Me lo temí; ¡es el enredador de más malas entrañas!... Quítate de delante, canalla, ó te arrimo un botellazo que te rompa las muelas. ¿Cómo te atreves á acercarte á una persona decente con esas tretas de tan mala ley?...

-Yo no tengo la culpa-contestó tímidamente el aldeano, haciendo un cuarto de conversión hacia la puerta....-Yo soy un probe ... ¡muy probe!, señor don Silvestre; tengo un güerto que me da para ayudar la vida, cáese la paré, entran por ella los animales, destrózanme la probeza que había en él, dícenme: «Fulano tiene la culpa»; y ... ¡qué menos he de hacer que pedir lo que en ley se me debe!... Pero-añadió, enternecido, dirigiéndose á la puerta,-dicen ustedes que me he equivocao, y yo lo creo.... Perdonar la falta..., y queden ustedes con Dios....

-Tiene razón el buen hombre-exclamó á poco rato el bonachón madrileño.-El infeliz no tendrá, tal vez, comida para mañana; y de él no ha salido la idea de hacerme reo de semejante delito.... Llámale, Silvestre, que voy á gratificarle....

-No te apures, hombre de Dios; yo los conozco mejor que tú ... y no son tan suaves como aparentan. De todas maneras, el aldeano había desaparecido, y los buenos deseos del madrileño quedaron sin realizar; pero don Silvestre tuvo que aceptar de su amigo una moneda de oro para entregársela al pobre labrador lo más pronto posible.

Cuando al día siguiente se despertó el madrileño, su primer recuerdo fué para el aldeano; y, en su consecuencia, la primera pregunta á su amigo, en estos términos:

-¿Le entregaron el dinero?

-No-contestó el mayorazgo.

-Caramba, lo siento mucho....

-Bah..., no te apures ... y, por de pronto, lee este papelito que me ha entregado para ti el alguacil del concejo.

Tomó el huésped, lleno de sorpresa, el papel, y leyó en voz alta lo siguiente:

«Alcaldía constitucional de....

»Por la presente, y á estancia del vecino Cleto Rejones, se cita á juicio verbal para mañana á las tres de la tarde, en la casa-concejo, al señor don Fulano de Tal, sobre pago de desprefeuto de ojetos naturales, esistentes en una propiedad lindante al vendaval con su casa, y cerrada sobre sí á paré seca, y de cuyos ejeutos alimentivos está dicho Cleto Rejones acaeciendo.-El Alcalde constitucional, Trebucio Canales del Garojo.»

NOTAS:
[Nota 7: Cerdos.]
[Nota 8: Empujado]

XIV

Si el lector desea conocer el fin de este peregrino incidente, que hubo de costar la salud al desencantado madrileño, háganos el obsequio de acompañarnos al mismo edificio dentro del cual se debatió la cuestión de aceptar ó no el reló consabido.

Pero en lugar de quedarnos en el ancho salón donde el pueblo se reunió entonces, y que á la vez sirve de escuela pública de primeras letras, vamos á subir por una angosta escalerilla abierta en un ángulo de la pared opuesta á la puerta principal. Como son las tres de la tarde, y ésta de un día de trabajo, tenemos que encontrarnos, al atravesar el citado salón, con dos largas filas de muchachos sentados ante un doble atril, sobre el que unos escriben y repasan otros la lección que han de dar más tarde en la mesa presidencial que ocupa el maestro, cuya diestra no suelta la tremenda palmeta de cinco agujeros.

No bien asomamos las narices á la puerta, calla el discordante y atronador coro que forman los granujas lectores, quítase el maestro las gafas, pónese de pie, hacen lo propio sus discípulos, y todos á la vez, hincando una rodilla en tierra, exclaman á grandes voces:-¡Alabado sea el Santísimo Sacramento del Altar!

Repuesto el indulgente lector de la sorpresa que le habrá causado tan extraña salutación, llegamos á la escalerilla, cuya puerta nos abre, entre mil reverencias, el sanguinario pedagogo; subimos media docena de toscos escalones, y entramos al fin en una pequeña sala donde nos hallamos al conocido alcalde de los largos colmillos, sentado ante la única mesa que allí hay, y á su derecha, pero de pie y á respetuosa distancia, al alguacil del concejo. En un banco cercano están sentados Cleto Rejones y el tío Merlín, con su habitual expresión de travesura. De pie, y retratadas en su semblante la indignación y la repugnancia que la escena le produce, el madrileño, junto á su fiel amigo don Silvestre, que participa, por simpatía, de la situación moral del primero.

Oigamos lo que allí pasa.

EL ALCALDE.-Supuesto que ya estamos reunidos, vamos á dar principio al juicio. (Al alguacil.) Llama al señor Maestro. (Vase el alguacil y sube á poco rato acompañado del Maestro, que se coloca en su puesto de secretario.) Hable, pues, Cleto Rejones, y diga, exponga, relate, y cuente lo que pide, quiere ó solicita del señor demandado aquí presente. Pero primeramente, ¿Cleto Rejones trae su hombre bueno?

EL TÍO MERLÍN.-(Inclinándose respetuosamente.) Para servir á Dios y á ustedes.

ALCALDE.-Por muchos años.-En cuanto á este caballero, ya veo que le acompaña don Silvestre.... Conque, adelante. Y digo: exponga Cleto Rejones....

CLETO.-Tocante á eso, digo, señor alcalde....

ALCALDE.-Calle usté el pico.

CLETO.-De modo que como usté me manda....

ALCALDE.-Mando, sí; pero en acabando yo de hablar. Exponga Cleto Rejones su particular.

CLETO.-¿Hablo?

ALCALDE.-¡Bárbaro! ¿Pues no me oyes?...

CLETO.-De modo que como usté me dijo....

ALCALDE.-¿Cantas..., ó te condeno?

CLETO.-Pos canto y digo.-Yo tengo, en primeramente, un güerto cerrado sobre sí y á paré seca. Resulta de que esta paré del güerto que yo tengo, se vino abajo por un lado, quedó un juriaco abierto, y entraron por él dos de la vista baja, con perdón de ustedes. Resulta de que estos animales

88

jocáronme el güerto y me asolaron la probeza que en él tenía..., y resulta de que pido y reclamo que se me reconozca el daño y se me pague.

ALCALDE.-Pues es muy justo que se te pague, porque la paré no debió haberse caído. (Mirando de reojo al madrileño.) Y al menos que denguno la haiga aboticao....

CLETO.-Eso mesmo creo yo. (Mirando con timidez al tío Merlín) Paece ser que hay testigos de cómo la paré no cayó de por sí sola.

ALCALDE.-Eso es lo que se necesita.... ¿Y qué dice á esto el demandado?

DEMANDADO.-Que esa demanda envuelve la falsedad más indigna; que estoy resuelto á negarme á la infame exigencia del demandante, y á hacer todo lo posible por enviar á un presidio á los autores de esa impostura.

ALCALDE.-Será según y conforme. Por de pronto, hay testigos contra usté.

DEMANDADO.-Serán comprados.

ALCALDE.-(Á Cleto.) ¿Cuáles son tus testigos?

CLETO.-(Señalando al tío Merlín.) El señor.

ALCALDE.-Pues con usté va esta música.

MERLÍN.-Protesto.

ALCALDE.-Eso es palique.... Canta lo que sepas, y á jurar en seguida.-Pero usté, ¿que pruebas trae contra Cleto Rejones?

DEMANDADO.-Mi palabra de caballero, mi conciencia y algunas razones de sentido común....

ALCALDE.-No es mucho que digamos. La ley quiere más.

MERLÍN.-Por de pronto, la paré estábase derecha. El señor disparó su escopeta cerca de ella, y la paré cayó en seguida. No habiendo pasado nadie más que el señor en toda la mañana por aquél sitio, ¿quien sino el señor tiene la culpa?

DEMANDADO.-¿Y esos son todos los argumentos que usted presenta contra mí?

MERLÍN.-¿Y le parece á usted poco?

DON SILVESTRE.-Tío Merlín, usted es un tunante; ¡y si no fuera por sus canas!...

MERLÍN.-Señor de Seturas, usté me falta.... No hay en el pueblo naide que se atreva á dudar de mis palabras.

DON SILVESTRE.-Tampoco ha habido nadie que haya querido romperle el alma, y por eso tiene usted embrollado y revuelto al vecindario.

MERLÍN (furioso).-Que coste, señor alcalde..., y que se apunte todo pa el día de mañana que yo tome cuentas.

DEMANDADO.-Dé usted antes las que le piden, y no olvide que estoy resuelto á todo, incluso á enviar á los dos á un presidio.

CLETO.-Yo pido lo que es mío, porque me han dicho que se me debe.

DEMANDADO.-Usted es un pobre hombre; pero antes que dejarse seducir por un malvado, debiera oir los consejos de los nombres de bien.

MERLÍN.-Yo soy tan honrao como usté y la....

ALCALDE.-¡Silencio!

MERLÍN.-No me da la gana.

ALCALDE.-¡Tío Merlín!, que tengo malas pulgas, y conmigo no se juega.

MERLÍN.-Que no me atienten la pacencia.

SECRETARIO.-Usté se ha extralimitado, señor de Merlín.

MERLÍN.-Y ¿quién le da á usté vela pa este entierro?

ALCALDE.-¡Canario!, que haya orden, ó hago una barbaridad.

MERLÍN.-Yo estoy aquí de hombre bueno, y puedo hablar lo que me dé la gana.

SECRETARIO.-Cuando á usted le toque, y en sentido pacífico....

MERLÍN.-Que le digo á usté que se mete en camisa de once varas.

SECRETARIO.-Y yo repito que usted se extralimita.

ALCALDE.-¡Orden!..., ¡que lo mando yo! (Haciendo la señal de la cruz.) ¿Es usté (al tío Merlín) capaz de jurar por esta cruz que el señor demandado derribó la paré de Cleto Rejones?

MERLÍN.-Señor alcalde, yo soy capaz de eso y de mucho más, porque cuando al hombre le asiste la justicia....

ALCALDE.-¿Jura usté? ¡Sí ó no!

MERLÍN.-Primeramente, como hombre bueno que soy de Cleto Rejones, propongo que se arreglen las dos partes. Á mí no me gusta hacer daño á naide cuando la cosa se puede rematar amistosamente.

DEMANDADO.-No hay arreglo que valga; antes al contrario, estoy resuelto á pedir que se escriba el juicio, y á acudir con mi causa adonde haya lugar.

ALCALDE.-¿Qué dice á esto el señor don Silvestre?

DON SILVESTRE.-Que se me está acabando la paciencia y temo que voy á echar por la ventana á ese bribón.

MERLÍN.-Que coste ese nuevo ultraje.

ALCALDE. (Á Merlín)-¿Jura usté? ¡Sí, ó no!

MERLÍN.-Que no se me falte, eso es lo que digo.

ALCALDE. (Al Secretario.)-Prepárese usté á escribir. (Á Merlín.) Por tercera vez, ¿jura usté?... ¡¡Sí, ó no!!

MERLÍN.-¡Á mí se me ha faltao!

CLETO.-¡Yo quiero lo que es mío!

DON SILVESTRE.-Por eso te vas á llevar un par de guantadas.

CLETO.-¿Lo oye usté, señor alcalde?

ALCALDE (dictando á gritos.)-Visto, que el demandante Cleto Rejones no sabe una palabra sobre el derrumbe de la paré de su huerto;

Visto, que el único testigo que presenta del caso sabe tanto como el Cleto Rejones....

MERLÍN.-Pido la palabra.

ALCALDE.-¡Silencio!

MERLÍN (á gritos).-¡Yo quiero hablar!

ALCALDE.-Visto, que, sobre ser el testigo de mala ley, se permite faltar á la Justicia con palabras subversivas....

MERLÍN (gritando.)-¡Yo no falto á naide!; ¡eso es una impostura!

ALCALDE.-¡Al orden!... Y considerando las facultades que me asisten, y asimismo la caballerosidad del demandado y sus buenos antecedentes,

Condeno-á Cleto Rejones á quedarse con la paré derribada, si él no la quiere levantar por su cuenta, y á pagar las costas del juicio, como son:

Una peseta de papel;

Dos reales para el secretario,

Y doce cuartos para el alguacil.

Item.-Al testigo Andrés del Jaral, por mal nombre tío Merlín, á la multa de dos celemines de maíz para las ánimas, y media azumbre de blanco para los enfermos del lugar, por insubordinación y faltas de mayor calibre al alcalde y demás personas presentes al juicio celebrado el día tantos de tal mes, á las tres de la tarde. (Á Cleto y Merlín.) Y esto no vos lo levanta ni la caridad.

CLETO.-Señor alcalde, yo soy inocente. El señor tiene la culpa de que yo citara á juicio á mi contrario. Yo soy un probe ... y ya me había conformado con las razones que el señor me dió en su casa.

MERLÍN.-¡Hola, tunante!; ¿conque me echas la culpa? Señor alcalde....

ALCALDE.-¡Silencio, digo!... (Al demandado.) Está usted servido, caballero.

CLETO. (Al demandado.)-Señor..., por la Virgen Santísima, no me tome enquinia; que me habían dicho que, en josticia, me debía usté levantar la paré y pagarme los daños del güerto.

DEMANDADO.-Lo sé, y de mí no tema usted nada, mucho menos ahora que el señor alcalde ha sabido administrar recta justicia. Y en prueba de que ningún rencor guardo hacia usted ... ahí va por los daños del huerto (dándole unas monedas); y yo me encargo de pagar las costas y hasta la multa del señor, que harto castigo es para él su conciencia, si algún día la siente, y el pesar del daño que con su funesta oficiosidad ocasiona á sus convecinos.

CLETO (llorando de agradecimiento).-¡Ah, señor, Dios le bendiga por donde quiera que vaya!

ALCALDE.-¡Bien, canario!... Vengan esos cinco, que también á mí me gustan los hombres de corazón (apretando la mano del demandado). Ya veis, canallas (á los contrarios), la diferencia que va de vusotros á este caballero, que es presona decente.

DON SILVESTRE. (Á su amigo.)-Vales un Perú.... Pero vámonos á casa, porque temo que me voy á ir encima de ese enredador....

ALCALDE.-Se da por terminado el juicio. (Saludando á todos.) Á la par de Dios, señores.

Y ahora, lector, volvemos á bajar la escalerita, llegamos al salón de la escuela, y ... ¡válgame Dios, qué cisco han revuelto aquellos motilones! En cuanto el maestro subió al otro piso, el centenar de chiquillos comenzó á rebullirse, primero con cautela por si el pedagogo les jugaba, como de costumbre, alguna emboscada, y después con un estrépito y una confusión tales, que el vigilante nombrado por el maestro, y con omnímodas atribuciones, por cierto, viendo su autoridad atropellada, hubiera acudido en queja «al señor maestro» si se hubiera atrevido á penetrar en el sancta sanctorum de las casas consistoriales. Pero á falta de este recurso, apeló á un zurriago que para los grandes lances estaba colgado en la pared, detrás de la mesa, y se fué con él encima del primer grupo de amotinados que jugaban á la pelota y habían derribado ya con ella el tintero magistral. Entre aquellos angelitos no se sabe lo que es broma; y prueba de ello, que si tremendos fueron los zurriagazos que el vigilante sacudió en las nalgas de sus insubordinados condiscípulos, no fueron más flojas las guantadas que éstos le atizaron en las mismísimas narices. Pero como el abofeteado tenía amigos en la escuela, al ver la bandera encarnada, echáronse sobre los agresores y se armó la gorda.

Eso explica, lector, ese cuadro, verdadero campo de Agramante, que has visto al asomar al gran salón; por eso gimen unos, brincan otros, vocean todos, y se cruzan por el aire libros, plumas, almadreñas y tinteros. Conque, aprovechando el momento de paz que nuestra presencia impone entre los combatientes, salgamos á la calle antes que baje el maestro y tengamos que presenciar una verdadera carnicería; porque en cuanto él vea lo que está pasando en la escuela, siguiendo la costumbre de otras veces, no deja cara donde no señale sus dedos, ni nalgas sin cruzar, á telón corrido, con el inexorable zurriago, ni orejas sin estirar medio palmo, ni manos que no recorra zumbando su palmeta, untada exprofeso con ajo crudo. ¡Ira de Dios, la que se va á armar!

Vámonos, pues, á ver lo que sucede en casa de don Silvestre Seturas.

No bien llegaron á ella los dos amigos, cuando el de Madrid, arrojando sobre una silla su sombrero, y dejándose caer sentado en la inmediata, dijo, entre desalentado y furibundo:

-¡No puedo más, amigo mío! Esta reciente escena acabó con mi paciencia y con la última de mis pueriles ilusiones. Desde mañana empezaré á ocuparme en los preparativos de mi vuelta á la corte.

-¡Cómo!-exclamó apesadumbrado don Silvestre.-¿Serás capaz de marcharte?

-Y lo más pronto que me sea posible. Ya sabes cuáles eran mis ilusiones al llegar á tu casa; ya viste hasta qué punto me aproveché de ellas, y también te son notorios los esfuerzos que he hecho por conjurar los tristes efectos de mi desengaño. No dudarás, pues, de lo invencible de mi última resolución, que me aflige, te juro, al considerar que tengo que dejarte, noble amigo, ya que tú, por idénticos motivos, no quieres seguirme á Madrid.

Viviendo en medio de tus paisanos, llegué á detestar su trato, porque su ruda sencillez hería con frecuencia mi formalidad. Con mis títulos de hombre civilizado, fué muchas veces objeto de risas y chacota entre los mismos que tan lejos están de mis luces y de mi educación; y salvas las distancias, sucedíame lo que al poeta de las incultas regiones del Ponto-Euxino. Como él exclamé en mis adentros, más de dos veces:

Bárbarus hìc ego sum, quia non intelligor ulli

Porque entre estos seres incultos, el más bárbaro parezco yo, que no puedo hacerme comprender de nadie, al paso que soy víctima de las miserias de todos.

Huyendo de los inconvenientes de su trato, me aislé en tu casa y busqué la soledad fuera de ella: ya has visto lo poco que adelanté con esta medida. Las ruines cavilaciones de tus convecinos me han perseguido hasta en mis solitarias meditaciones. Y todavía diera de buena gana estas molestias, si los ratos en que me veo libre de las asechanzas de ese espíritu villano, pudiera consagrarlos al completo olvido de mí mismo, ó al cultivo de mi inteligencia y á la adquisición de nuevos conocimientos con el estudio; pero lejos de ello, ese tiempo no me alcanza para precaverme contra unos y vencer el despecho que me producen los actos de los otros; porque el maldito amor propio se rebela lo mismo en estas pequeñeces que en otros asuntos de mayor importancia. Y esto es lo sensible, Silvestre: el día en que tome con tanto calor como estos ignorantes causas de tan mezquina condición como la que acabo de ganar, he de ser tan villano como ellos, sin que me sirva de nada la experiencia que debo á mi azaroso trato con la gente culta. Que he de contagiarme de estos miasmas, no tiene duda, y apelo á la reciente escena: evitemos la ocasión del peligro, cuyo solo recuerdo me estremece.

Y no quiero decir que estos aldeanos sean de peor condición que los de otros países, no señor: tus convecinos son, tal vez, mejores que todos los demás campesinos de la península, por más de un motivo; pero al fin son aldeanos, y basta.

Tú que has recibido cierta educación, y que, por tu dependencia y trato con algunas personas ilustradas, distas mucho de esta canalla, comprenderás lo que digo; y sírvate de prueba la guerra perpetua en que estás con el vecindario.

Si dentro de este elemento caben paz y poesía, venga Dios y véalo.

Sin embargo, tú, nacido en esta libertad, bajo esta atmósfera, y aclimatado á estas luchas, no puedes soportar el ruido del mundo: dentro de él te desorientas, te mareas. Yo me asfixio entre esta humanidad resabiada, que es dócil para dejarse perder por un ignorante maligno, é indómita cuando la hablan los consejos del saber y de la sana razón.

Cada uno necesita para vivir el elemento que le ha formado: el hombre culto, la civilización; el salvaje, la naturaleza. SUUM CUIQUE, Silvestre, como decía nuestro dómine cuando daba un vale á algún discípulo aplicado, mientras desencuadernaba las costillas á zurriagazos á otros veinte holgazanes.

En fin, amigo mío, haciéndome justicia con tus propias palabras, en el mundo estoy como el pez en el agua. Con que á Madrid me vuelvo.

XV

Algunos meses después de este discursillo, ganó don Silvestre el pleito gracias á las oportunas recomendaciones de su fiel y buen amigo, que nunca se olvidó en Madrid del noble corazón del mayorazgo. Éste se sintió tan aburrido desde que los procuradores cesaron de visitarle, que temiendo adquirir una enfermedad, cedió á los consejos del cura, humillando su ruda cerviz al yugo de Himeneo.

Bien es verdad que don Silvestre hacía mucho tiempo que hablaba con inusitado empeño de la necesidad de perpetuar su casta, y no faltaba en el pueblo quien atribuyera esta circunstancia á los ojazos negros de una moza de ocho arrobas, heredera de un decente patrimonio, que fué la que, al fin, tuvo la honra de conquistar la mitad del lecho de nuestro amigo, el vástago más notable de la insigne familia montañesa de los Seturas.

Ya del rubicundo Febo
las relumbrantes guedejas
sus destellos apagaron
tras de las peladas selvas.
Cueto, el ilustre lugar
confín de la noble Iberia,
el de las sensibles Hadas
y retozonas Napeas;
patria de grandes varones,
cuna de tamañas hembras;
Cueto, en fin, que no hay más que él,
ni caben más en la tierra,
duerme el sueño de los justos
entre escajos y tinieblas.
Nada turba su reposo,
nada su quietud altera;
ni un perro que ladre inquieto;
ni un cencerro que se mueva;
ni una vaca que, bramando,
pida su ración de yerba;
ni un suspiro, ni un lamento,
ni una risa, ni una queja

De repente, y sin preludios,
rasgando la bruma densa,
un relincho se elevó
hasta la celeste esfera,
retumbando en las colinas
cual la lúgubre trompeta
llamando á juicio final
al desquiciarse la tierra;
y poco tiempo después,

entre las zarzas espesas,
vióse aparecer un hombre
hacia el fin de una calleja,
avanzando á grandes pasos,
que marcaba con presteza
sobre los duros morrillos,
el son de sus almadreñas.
Saltó en seguida un vallado,
subió de un prado la cuesta,
y en una casa fijóse
de pobre y ruda apariencia.
Entró luego en el corral
sin aprensión ni cautela;
y echando hacia atrás los codos
y hacia delante la jeta,
otro relincho lanzó
mejor que la vez primera.
Tosió dos veces seguidas,
separó sus largas piernas,
cargóse sobre el garrote,
echó el sombrero á la izquierda;
y abriendo de boca un palmo,
fija la vista en la puerta,
cantó con voz infinita
estas sentidas

ENDECHAS

«En el corral de tu casa
estoy, para lo que mandes,
á las once de la noche
con un frío que me parte.

»Si acaso no estás dormida
y escuchas estos cantares,
deja rodar una lágrima
de tus ojos, cuando acabe.

»En el día de San Juan
hará tres años cabales
que nos dimos la palabra
estando Lucu delante....

»¡Mala cólera me lleve
si pensé, Nela, engañarte,
ni en que me salieras luego
con que no quiere tu padre!

»¡La culpa me tengo yo,
burro, animal y salvaje,
que te tengo tanto amor
que en el cuero no me cabe!

»Yo no duermo ni sosiego
una noche ni un instante,
ni tengo salú completa
pensando en ti y en tu padre.

»Porque él me tiene la culpa,
y de aquí no hay quien me saque;
y él también tiene que ser
el que dé conmigo al traste.

»Ya la borona no me entra,
y el pan no me satisface,
ni me llenan las patatas,
ni me paran los bisanes,

»Ni se me abre el apetito
con vino blanco y panales,
ni aunque me dieran á pienso
garbanzos y chocolate.

»No voy el domingo al corro
si tú no estás en el baile,
ni me pongo otra camisa
que la que tú me bordeastes.

»Á escuras vivo de día
llorando á moco colgante,
hasta que llega la noche
y aquí me vengo á cantarte.

»Así ya se van pasando
tres años, Nela, cabales,
y así pasaré la vida
como de mí no te apiades.

»¡Mira que no puedo más
con estos pícaros males
que amores llaman las gentes
y yo llamo ... barrabases!

»¡Mira que ya de penar
tengo el pecho tan inflante,
que parece el corazón
un puchero de los grandes!

»Yo bien quisiera, Neluca,
darlo todo al desbarate
antes que pasar la vida
rodando por los bardales;

»Pero si tú no te arrojas,
como no puedo olvidarte,
no me queda más remedio
que algún rayo que me aplané.»

Calló la voz, y al momento,
con misteriosa prudencia,
un ventanillo se abrió
en el fondo de la puerta.
-¡Nela! ¡Colás!..., ¡no seas bruto!
-¿En qué te he ofendido, Nela?
-Ya te he dicho que no cantes.
Colás..., ¡no me comprometas!
¡Mira que cada cantar
una paliza me cuesta!
-¡Una paliza, mi bien!
-¿Y quien rayos te la pega?
¡Dímelo, Nela, por Dios;
por Dios me lo dice, Nela!
-¡Pégame, Colás, mi padre,
mi padre, Colás, me pega!
-Entonces....-Entonces ¿qué?
-Entonces, nada, pacencia ...
y no me olvides, por Dios,
aunque á puro darte leña
se te queden las costillas
como una banasta vieja.
-¡Es que ya no puedo más!
-No importa, puede ó revienta;
que, al fin y al cabo, ha de ser....
Dame de amor otra prenda.
-Toma una liga, Colás:
bien caliente te la llevas....

Dijo, y le entregó un esparto
que él se guardó en la chaqueta.
-Ahora, por esa ventana
echa los morros afuera.
-¿Para qué?-Pa lo que sabes....
-No seas bárbaro.-¡Anda, Nela!

-Ahora, vete.-No me voy.
-Quiero que te largues, ¡ea!
-¡Mira que entovia es trempano!
-Pues si no quieres, lo dejas.
Y le dió con la ventana
en la mismísima jeta.
-Ascucha, Nela, otro poco...;
¡no te me encultes!..., ¡aspera!-
gritaba el pobre Colás
dando golpes en la puerta.
-Nada más que un poquitín,
¡cinco menutos siquiera!

Y á la misma cerradura
pegaba el pobre la oreja,
para escuchar si volvía
la su idolatrada Nela.

Un largo rato pasó
exhalando amargas quejas,
llamando en todos los tonos
y sacudiendo la puerta;
pero fué tiempo perdido,
porque ya roncaba Nela.

Entonces, desesperado,
maldijo su suerte perra,
calóse más el sombrero,

abrochóse la chaqueta,

y, requiriendo el garrote,

salió del corral afuera.

Echó por el prado abajo,

torció luego á la derecha,

un seto saltó después;

y, al entrar en la calleja,

antes que los matorrales

por completo le cubrieran,

otro relincho lanzó

volviendo atrás la cabeza.

Después siguió su camino;

internóse en la calleja,

y se apagó entre el ramaje

el son de sus almadreñas.

LA BUENA GLORIA

I

   Más de un lector, al pasar la vista por este cuadro, ha de pensar que es una invención mía, ó que, cuando menos, está sacado de las viejas crónicas de la primitiva Santander. Conste que semejantes dudas ni me ofenden ni me extrañan.

Yo, que estoy viendo á estos marineros, embutidos materialmente en el laberinto de los modernos adelantos, sin reparar siquiera en ellos; descansar estoicamente sobre el remo en sus lanchas, sin dirigir una mirada de curiosidad á la rugiente locomotora que, al llegar al muelle, á veinte varas de ellos, agita el agua sobre que se columpian; rodear una legua, por el Alta, para ir al otro extremo de la población, por no atravesar ésta por sus modernas y animadas calles; yo que sé, en una palabra, hasta qué punto conservan las aficiones y las costumbres de sus abuelos, á pesar de haber invadido sus barrios la moderna sociedad con su nuevo carácter, me he resistido á creer en uso entre ellos, en la actualidad, escenas como las que voy á referir; y sólo después de haberlas palpado, como quien dice, he podido atreverme á asegurar, como aseguro, que no es la Buena Gloria una costumbre perdida ya entre los recuerdos de la antiquísima colonia de pescadores, favorecida ... y asustada, en una ocasión, con la presencia del rey Don Pedro I de Castilla.

El siguiente histórico ejemplar es recentísimo.

Acababan de celebrarse en la iglesia de San Francisco las honras fúnebres por el alma de un pobre hombre que perteneció al Cabildo de mareantes de Abajo. El cortejo, en el mismo orden en que había acompañado al cadáver á la iglesia, y de la iglesia al cementerio, volvió á la casa mortuoria: delante los hombres, é inmediatamente después las mujeres, y todos en traje de día de fiesta. El de los primeros, compuesto de pantalón, chaleco y chaqueta de paño azul muy obscuro, corbata de seda negra, anudada sobre el pecho y medio oculta bajo el ancho cuello abierto de una camisa de lienzo sin planchar, y boina también de paño azul obscuro, con larga borla de cordoncillo de seda negra. El de las mujeres, de saya de percalina azul sobre refajo de bayeta encarnada, jubón de paño obscuro, mantilla de franela negra, con anchos ribetes de panilla, media azul y zapatos de paño negro.

La reciente viuda, con una mala saya de percal, desgarrada y sucia, en mangas de camisa, desgreñada y descalza, esperaba á la fúnebre comitiva, acurrucada en un rincón de la destartalada habitación en que había muerto su marido: sala, alcoba, pasadizo y comedor al mismo tiempo; pues aquella pieza y otra reducidísima y obscura que servía de cocina constituían toda la casa. Alrededor de esta mujer había, sentados en el suelo, dos chicos y una muchachuela, tan sucios y mal ataviados como ella, de quien eran dignos vástagos.

El cortejo fué penetrando acompasadamente en la sala. Los hombres formaron una línea contigua á las paredes, y las mujeres otra, algunos pasos más al centro. La viuda ocultó la cara entre las manos y lanzó un par de gemidos; su prole, sin cambiar de postura, miraba impasible la escena.

Como no había sillas en la casa, excusado es decir que el duelo permaneció de pie.

Una de las mujeres de él, la más autorizada por su vecindad y conexiones con aquella familia, se adelantó un paso á las demás personas de la comitiva.

-Por el eterno descanso del defunto, «Padre nuestro»-dijo, con voz áspera y fuerte, aunque afectando emoción y compostura.

Á lo cual contestó la viuda con un tercer gemido, y el lúgubre cortejo con un «que estás en los cielos, santificado sea tu nombre», etc., etc.

En seguida, la mujer se quitó la mantilla, la tendió en el suelo, se retiró un paso, y con la misma voz con que acababa de pedir una oración para el finado,

-Para los dolientes, á cuatro cuartos-dijo, mirando á todos.

-Eso es poco-contestó un hombre.

-Somos muchos-añadió otro.

-Á rial-volvió á decir la mujer.

-Curriente-replicó el coro.

Y la que le dirigía levantó por el costado derecho su saya azul, metió la mano en una anchísima faltriquera que apareció encima del refajo encarnado, sacó cuatro piezas de á dos cuartos, y las arrojó sobre la mantilla. En la misma operación la siguieron otras compañeras y algunos hombres; y en muy pocos instantes quedó la mantilla medio cubierta por las monedas de cobre.

-¡Alto!-gritó la mujer;-no lo metamos á barullo: dir echándolo poco á poco, que aquí hay anguno que va á quedar bien con el dinero de los demás.

-Mientes-exclamaron algunas voces.

-Yo digo más verdá que todos vusotros juntos; y como sé lo que pasó en el intierro de la mujer del tío Miterio....

-Lo que allí pasó me lo sé yo mu retebién, y lo callo porque no te salgan los colores á la cara.

-¿Quién es esa deslenguadona que me quiere prevocar?

-¡Á ver si vos calláis, condenás, ó dirvos á reñir allá juera!... ¡Cuidiao que tien que ver! Dir echando los que falten, y cierre el pico la rigunión.

Esta reprimenda, de un viejo pescador, puso en orden á las mujeres, que se disponían ya á hacer de las suyas.

-Á rial, para los dolientes-volvió á exclamar la voz de la presidenta, con la mayor tranquilidad.

Algunas piezas de á dos cuartos cayeron sobre la mantilla.

-Á rial para los dolientes-añadió aún la mujer.

Pero esta petición no produjo ya resultado alguno.

-¿Cuántos semos?-preguntó entonces aquélla.

Oyéronse en la sala fuertes murmullos por algunos instantes, y un marinero contestó después muy recio:

-Quince hombres y veinte mujeres.

-Enestonces, debe haber en la mantilla ... veinte y diez, treinta, y cinco, treinta y cinco.... Treinta y cinco riales ... menos treinta y cinco chavos.

-Cabales....

La mujer contó los cuartos sobre la mantilla, redújolos á montones de á treinta y cuatro cada uno, y levantándose en seguida, dijo en alta voz, con cierto retintín:

-Aquí no hay más que veintiocho riales.

-Yo he echao....-Y yo....-Y yo....-Y yo ...-fueron diciendo todas las personas de los dos corrillos.

-Es claro: ahora toos han echao.... ¡Como yo no sé lo que sucede en estas ocasiones!... ¡Y luego le dirán á una que falta á la verdá!...

-Vamos, mujer, no te consumas, que ya sabemos lo que es contar dinero: á la más lista se le pega de los deos.

-Estos diez te voy á pegar en esa recancaneada jeta, ¡lambistona, embrolladora!...

-Á mí me pegarás tú de lengua.

-¡Malos peces vos coman, arrastrás! ¿No veis á esa probe mujer que vos ascucha?-gruñó el viejo pescador, interponiéndose entre las dos mujeres y señalando á la viuda.

-¡Ayyy!-suspiró ésta al oirlo, limpiándose los ojos con las greñas.

-¿Falta dinero? Pus hacervos la cuenta de que se lo tragó la tierra, y en paz.... Vengan esos cuartos-añadió el viejo en tono brusco.

La mujer que los había contado recogió la mantilla y la desocupó en la gorra del pescador, murmurando hacia la que riñó con ella:

-Da gracias á la pena de esta infeliz, que si no....

-¿Qué se trae?-preguntó el pescador á la reunión.

-Queso....-Vino....-Aguardiente....-Pan....

-¿Á quién hago caso yo? Toos piden á un tiempo.... Que alcen el deo los que quieran vino.... Uno, dos, tres..., seis, nueve.... Nueve hombres y tres mujeres.... Ahora que le alcen los que quieran aguadiente.... ¡Ea!, no hay más que hablar: seis hombres y toas las mujeres, menos tres, dicen que no quieren vino.... ¡Me alegro, me alegro, y que me alegro, ea!... Conque dempués de gastar dos pesetas en queso y en un guardia civil, lo demás pa musolina. Vengo en un credo.

El viejo salió de la sala, como si su comisión le hubiera quitado de encima la mitad del peso de sus años; y la presidenta del duelo, después de ponerse la mantilla y de dar á su fisonomía el aire de compunción de que la había despojado durante la última escena, cuadróse en medio de la reunión, fijó la vista en el suelo y dijo en tono plañidero:

-Una Salve á la Santísima Virgen del Mar.

El coro la rezó por lo bajo.

-Por todos los fallecidos del cablldo, Padre nuestro.

Esta oración se rezó como la anterior.

-Para que Dios nuestro Señor tome en su miselicordia los santos ufragios que se acaban de hacer por el alma del defunto, que en paz descanse, un Credo.

Y la reunión le rezó con el mayor recogimiento.

-En el nombre del Padre, del Hijo y del Espíritu Santo-dijo, santiguándose, la mujer.

-En el nombre del Padre, del Hijo y del Espíritu Santo-contestó, con la misma ceremonia, su auditorio.

II

-Amén-añadió el pescador de marras, presentándose en la sala con una gran jarra de aguardiente y un vaso en una mano, un plato lleno de queso en la otra, y un guardia civil ... ó pan de seis libras, debajo del brazo.

La consabida mujer le salió al encuentro, después de haber tendido otra vez en el suelo su mantilla, y aceptó con cierta solemnidad la jarra y el vaso que el marinero le ofreció; en seguida colocó éste el pan y el queso sobre la mantilla, y sacó del bolsillo una navaja; calló de repente la concurrencia, lanzó el quinto gemido la mujer del glorificado, relamiéronse con fruición sus tres hijos, y la que tenía la jarra llenó con admirable pulso, hasta los bordes, el primer vaso de aguardiente.

-Para la dolienta-dijo, levantándole en alto.

-Que gloria se le güelva-contestó la reunión.

Sexto gemido de la viuda.

-¡Yo no puedo beber, que no puedo, que tengo un ñudo en el pasapán! ¡Ay, mariduco mío de mi alma!

-Vaya, mujer, que ya no tien remedio; y el perder tú la salú no le ha de resucitar á él. Toma un trago, que tendrás el estómago aterecío....

-No ha entrao en él un bocao desde antayer créemelo, por mi salvación. ¡Ayyyy!!

-Pus ahora comerás; y por de plonto, échate eso al cuerpo á la buena gloria del defunto.

-¡Ay!, por eso no más lo hago; bien lo sabe Dios.

Y llevándose el vaso á los labios, le agotó sin resollar.

-¡Ay, compañero de mis entrañas!-exclamó en seguida, limpiándose la boca con la manga de la camisa.

El pescador se acercó á ella entonces, y la dió una gran rebanada de pan con un pedazo de queso encima.

Cada uno de los tres huérfanos recibió otra ración igual de pan y queso y medio vaso de aguardiente, previo el indispensable brindis «á la buena gloria del defunto».

Y obsequiada ya de este modo la familia, el vaso, el pan y el queso comenzaron á circular por la reunión entre murmullos muy expresivos, oyéndose de vez en cuando aquí y allá, bien por la chillona voz de una mujer, bien por la ronca de un hombre, la frase consabida «á la buena gloria del defunto».

La jarra volvió á presentarse otra vez delante de la viuda. Bebió ésta, bebieron sus hijos; y como al llegar á la mitad del corro faltase líquido, la escanciadora se retiró al centro de la sala, y exclamó en el tonillo de rigor:

-Á rial, para los dolientes.

-¡Para un rayo que te parta!-gritó la mujer que antes había reñido con ella.-¿Adonde se han dío dos azumbres de aguardiente que debía haber en la jarra?

-Pos al colaero tuyo y al de otras tan borrachonas como tú-replicó la interpelada, con desgarro.

-Oiga usté, desolladora, ¿va eso conmigo?-dijo una tercera mujer.

-Usté lo sabrá.... Y, por último, la que se pica ajo ha comido.

-Es que si fuera conmigo....

-Si fuera contigo te lo aguantarías.

-¡Ó no!

-¡Ó sí, te digo!

-¡Que no, y rete que no!

-¡Que sí, y rete que sí! Y si has pensao que porque está aquí el tu marido me he de morder yo la lengua y me he de amarrar las manos, te llevas chasco.... Mira, pa él y pa ti.

Y la escanciadora del aguardiente, fingiendo una sonrisa de desprecio hasta alcanzarse las orejas con los extremos de su boca, escupió en medio del corro con la desenvoltura más provocativa. Pero su adversaria, no bien llegó la saliva al suelo, rugiendo como una pantera, saltó sobre la retadora, y asiéndola con todas sus fuerzas por el pelo, la hizo tocar el polvo con las narices; en seguida, de otro tirón la metió la cabeza entre sus piernas; oprimiósela á su gusto; y tendido el cuerpo, sobre las espaldas de su víctima, alargó la mano izquierda hasta cogerle las sayas por la altura de las pantorrillas; enarboló la diestra, trémula y amenazante...; y á no acudir la viuda á detenerla, hubiera castigado delante de la reunión á su enemiga, con la ofensa más terrible que se puede hacer á estas mujeres: con una azotina á telón corrido.

Detrás de la viuda acudieron algunos hombres, y á fuerza de sacudidas y porrazos, lograron separar á aquellas dos furias, que parecían haberse adherido entre sí.

-¡Dolervos de mis lágrimas!-gritaba la dolorida pescadora.

-¡Vaya usté mucho con Dios, zalamerona, cubijera!-la contestó, con un empellón, la vencedora.

-¡Yo cubijera!... ¡yo!-aulló aquélla, transformándose repentinamente en una loba rabiosa.

-¡Tú, sí!... Y esa bribonaza que me habéis quitao de entre las manos, te corría los cubijos cuando tu probe marido supo lo que eras: esa te traía el aguardiente y te vendía los cuatro trapos para comprarlo.... ¡Y tú, tú matastes al infeliz á pesaumbres!

-¡Niégueme Dios su gloria si yo no abro en canal á esta bribona!... Déjamela, no vos atraveséis delante.... ¡Dame esa cara impostora!... ¡Sal á la luz ... que pueda yo echarte mano!

-Deja, que yo la alcanzaré-bramó á su lado la mujer que estuvo á pique de ser azotada, levantando en alto la jarra vacía del aguardiente.

-¡No tires!...-gritaron algunos hombres, corriendo á detenerla.

-¡Quiero matarla!

Y con toda la intención de hacerlo así, despidió la jarra, derecha á la cara de su antagonista. Pero el marido de ésta, que pugnaba rato hacía por contenerla, al ver el proyectil, bajó instintivamente su cabeza, y cubriendo con ella la de su costilla, recibió en medio del occipital la jarra, que se hizo pedazos, como si chocado hubiera contra un muro. Saltó, rugiendo de ira, pero ileso, el marinero; llegó hasta la agresora, y bañándola en sangre la cara con una sonora bofetada, la tendió en el suelo cuan larga era. Merced al desorden que este nuevo lance produjo en el duelo, la viuda logró alcanzar con las uñas el pelo de su adversaria; zarandeóla un rato á su gusto, gritaron entrambas con horribles imprecaciones, terciaron los hombres en el asunto, hubo diferencias entre ellos, sacudiéronse el polvo algunos; y en pocos instantes aquella mugrienta habitación se transformó en un campo de batalla, verdaderamente aterradora; batalla que hubiera costado mucha sangre, á no presentarse en la sala, muy á tiempo, el Alcalde de mar.

Uno de los chicuelos de la casa, después de ver el giro que tomaba la cuestión, había salido corriendo á la calle en busca de aquella autoridad, con tan buena estrella, que la encontró al volver la esquina.

La presencia del Alcalde sofocó, como por encanto, los furores del combate; y eso que el tal personaje era ni más ni menos que un marinero como los demás. Pero estaba facultado para llevar á todo matriculado ante el Capitán del puerto; y este señor cumplía la Ordenanza al pie de la letra, y la letra de la Ordenanza era capaz de amansar á una ballena.

Por buena compostura, se desenlazó el drama marchando cada personaje por su lado, después de pagar entre todos la jarra hecha pedazos.

La viuda, al quedarse sola con sus hijos y el Alcalde, volvió á hacer pucheros y á llorar por el difunto.

-Mira, embusterona-le dijo aquél:-si no quieres que te cruce las costillas con la vara, te callas la boca. Vete con esas lágrimas á onde no te conozcan; que yo ya sé de qué pie cojeas. ¡Hipocritona, borracha!... ¡Á ver si te levantas de ese rincón y barres la casa y das de comer á esos muchachos!

-¿Qué he de darles, si no lo tengo?

-Bebe menos, y verás como lo encuentras.

Tras estas palabras y una mirada muy significativa, pero que nada tenía de dulce, salió de la sala el Alcalde.

Entonces la contrariada mujer, mordiéndose los labios de coraje, fijó maquinalmente su airada vista en los tres hijos que estaban á su lado, y dió un sopapo á cada uno.

-¡Largo de aquí!-les dijo con furor;-y si queréis comer, dir á ganarlo.

Después, excitada por la pelea y aturdida con el aguardiente que había bebido, se tendió en el suelo, mordiendo el polvo y mesándose las greñas.

III

No hace mucho tiempo llegó á mis manos un manuscrito rancio y ahumado, en cuya portada leí, en muy buenos caracteres, el siguiente rótulo: Entremés de la buena gloria.

Abríle con curiosidad, y vi que, en efecto, era un sainete, cuyo argumento se reducía á poner de relieve algunas escenas muy parecidas á las que acabo de referir, presenciadas por dos forasteros, asaz pulcros y timoratos, que de vez en cuando salen de entre bastidores, donde están ocultos, á lanzar al público una andanada de muy saludables, pero muy pedantescas observaciones, contra la profana costumbre de las Buenas Glorias.

No tanto para que se tenga una prueba más de la verosimilitud de mi cuadro, como para que se conozca el saber de la citada producción, cuyo autor tuvo el mal gusto ó la abnegación, de morirse sin descubrir su nombre[9], voy á transcribir algunas de sus escenas, contando con la indulgencia del benévolo lector:

MANUELA. ¿Han venido todas ya?

LUCÍA. Cuéntalas, mojuer.

TOMASA. Veremos.

Una, dos, tres, cuatro, cinco....

MANUELA. Mojuer, Tomasa, ¿qué es esto?;

¿no hay más á esta Buena Gloria?

TOMASA. Y ahora, ¿á cuánto escotaremos?

LUCÍA. Á rial y medio.

MANUELA. Eh, golosa,

para espenzar no tenemos.

Á dos riales.... ¿Qué lo quieres?;

¿que te lo lleven los nietos?

Ve con Judas que te lleve

á ti y todo tu dinero.

¿No tienes quien te lo gane?;

si fuera yo, probe....

LUCÍA. Cierto

que puedes quejarte; vaya,

á dos riales escotemos.

104

(Tienden una mantilla en el suelo, y
allí cada uno echa su pitanza.)

LUCÍA. Tomasa, ve por el vino.
¿Sabes tú dónde lo hay bueno?

TOMASA. ¿Bastará con cuatro azumbres,
á dos por cabeza?

MANUELA. ¡Infierno!
Siempre has de ser estrujada;
no sabes cuidar tu cuerpo.
Y algunos niños si vienen
¿no han de probar algo de ello?
Que traigan veintidós justas:
en ocho más no paremos.

(Sigue el coro de los hombres.)

EMETERIO. Juan, á tres riales es poco.
Somos cuatro, y cuando menos
beberemos doce azumbres.

ANTÓN. Simón, dice bien Miterio.

SIMÓN. ¿Y no ha de haber también algo
para atizar el rodezno?

EMETERIO. ¿Algo de compaño? Sí.

JUAN. Pus ¿qué traerá?

EMETERIO. Traiga queso.

ANTÓN. Mejores son cuatro arenques,
pues sin otro surtimiento
somos los cuatro abonaos
para soplar un pellejo.

JUAN. Pues bien, vengan los arenques.

EMETERIO. Démosle antes el dinero:
á peseta por escote.

ANTÓN. Pues bien, echadlo en el suelo,
que esto es una cirimonia
que nuestros tatarabuelos
nos dejaron prevenío
se observase con rispeto
en todas las Buenas Glorias.

(Tienden una capa y echan los escotes.)

MANUELA. Vamos, echa acá el botijo.

(Destápale.)

¡Jesús!, éste no está lleno.

TOMASA. Algo se baltucaría.
Como vine tan corriendo....

MANUELA. Mejor te lo habrás echao
en el camino al coleto.

TOMASA. Mira la gran desollada:
no viene mi casta de eso....
Borrachona serás tú.

ANTÓN. No riñáis ni alborotemos...;
tened lástima á la viuda
que ha enterrado su consuelo.

VIUDA. ¡Ay!

LUCÍA. Encomendarle á Dios.

TOMASA. Sí, hijas, vaya.

MANUELA. Arrecemos.
por los que han muerto en la calle.

(Murmullan entre sí en tono de rezar.)

Y por todos los que han muerto
en el servicio del Rey.
Pater noster. Arrecemos
por el que se hace el ufragio,
para que Dios le haiga hecho
buena partida á su alma.

VIUDA. ¡Ay!, probe, que sin consuelo
he quedado sola y triste,
sin mi amado compañero.

(Aráñase)

TOMASA. Dale á la viuda primero:
trae acá si no. Toma, hija,
come ahora.

VIUDA. ¡Ay!, que no puedo
atravesar un bocao.
¡Ay, Santos Mártiles viejos,

qué desamparada y sola
me habéis dejado! ¡Oh, qué negro
fué este día para mí!
¡Ay, desdichada!

MANUELA. Ya de eso
no te tienes que alcordar:
mañana iremos lo mesmo.
Toma de beber, que no has
metido nada en el cuerpo.

VIUDA. Que no lo puedo pasar.
¡Ay, mi Juan, mi compañero,
cómo podré yo olvidarte!

(Bebe.)

MANUELA. Mojuer, echa de beber.

TOMASA. No hay más.

MANUELA. ¿Cómo ha sido esto?
Mojuer, ¿ónde ha ido ese vino?

TOMASA. ¿Había de ser eterno?

LUCÍA. Oyes, debajo la saya

(Aparte.)

he visto estar escondiendo,
una jarra la Tomasa.

MANUELA. Hola Tomasa, ¿qué es eso?
¿Ónde echastes la otra jarra?

TOMASA. ¿Pues acaso yo la tengo
ni la he visto, deslenguada?

MANUELA. Sí: tú la tienes ahí dentro.

TOMASA. Andad, pícaras, borrachas.

MANUELA. La borracha tú y tu abuelo,
lo seréis; y se ha de ver
quién la ha hurtado.

(Agárranse las dos del pelo.)

TOMASA. ¡Suelta el pelo!

MANUELA. No te ha de valer, bribona,
más que bribona; el gargüero
te he de arrancar; dalo aquí.
Mirad si tiene algo dentro
de la saya.

(Levántanse y la registran.)

LUCÍA. Sí, aquí está.

MANUELA. Te aseguro y te prometo,
pellejona, sin vergüenza....

LUCÍA. Dejadlo, vaya.

MANUELA. La tengo
de beber la sangre aquí.

SIMÓN. Hombre, que se matan creo

la mujeres.

EMETERIO. No, maldita,
no tengas por eso miedo:
se darán cuatro cachetes
y se arañarán el pelo,
pero nada más.

TOMASA. ¡Vecinos,
que me ajuegan, venid presto,
estas pícaras borrachas!

JUAN. ¿Qué tenéis?; ¿por qué es aquesto?

(Continúan riñendo.)

Se representó este sainete en Santander, según una nota que contiene, el año de 1783, en el día de los santos mártires Emeterio y Celedonio, es decir, el 30 de agosto.

Compárense las escenas que quedan extractadas de él con las que yo he referido por mi cuenta, y véase cuán íntegro se conserva en la actualidad el ritual de la Buena Gloria, si es que no aparece el vigente aumentado y corregido.

De un larguísimo y soporífero prólogo que antecede al entremés, resulta que el Ilmo. Señor don Francisco Javier de Arriaza, primer Obispo de esta diócesis, empleó todos los esfuerzos de que eran capaces su autoridad y su fervor, contra tan profana ceremonia; que su sucesor hizo lo mismo, y que en el púlpito los oradores más afamados trabajaron con incansable celo en la propia obra; pero que todo fué en vano.

La Buena Gloria, cuyo origen se ignora, pero que es antiquísimo según el autor del sainete, y mucho más según uno de sus personajes, que dice, al echar el dinero sobre la capa,

«Ésta es una cirimonia
que nuestros tatarabuelos
nos dejaron prevenío
se observara con rispeto»;

la Buena Gloria, repito, continuó después en toda su escandalosa solemnidad, á despecho de sermones, de anatemas y del entremés citado; atravesó impávida épocas de tirantez é intolerancia, y sin que nada haya podido contra ella, logró aclimatarse en la moderna atmósfera de fósforo y vapor, y aquí existen todavía en uso sus inconcebibles prácticas[10].

NOTAS:
[Nota 9: En otras copias, que yo no he visto, del mismo entremés, parece declararse ser su autor don Pedro García Diego, vista, que fué, de la real aduana de este puerto.
(Nota del A. en la ed. de 1876.)]
[Nota 10: No me atrevería hoy á asegurar que se conserve en Santander esta costumbre tan

arraigada como aún lo estaba cuando se publicó este cuadro por primera vez; pero tampoco me comprometo á afirmar que se ha desterrado enteramente. (Nota del A. en la ed. de 1876.)]

EL JÁNDALO

I

Después que lanza el invierno
el penúltimo suspiro,
y cuando montes y peñas
de este rincón bendecido
sobre campo de esmeralda
pardos levantan los picos,
y más clara el agua corre,
y en sus cauces van los ríos,
llega el espléndido mayo
sobre las auras mecido,
despejando el horizonte
y aliviando reumatismos;
tras de mayo viene junio,
como siempre ha sucedido,
y San Juan, según el orden
que va siguiendo hace siglos,
antes que junio se acabe
da al pueblo su día magnífico.
Todo lo cual significa,
para evitar laberintos,
que en San Juan vienen los jándalos
y que entonces vino el mío.

Ya tocaba en el ocaso
del sol el fúlgido disco,
y sobre el campo cayendo
leves gotas de rocío,

daban vida á los maizales
y al retoño ya marchito,
cuando en la loma de un cerro
á cierto lugar vecino,
cuyo nombre no hace al caso,
y por eso no le cito,
un jinete apareció[11]
sobre indefinible bicho,
pues desde el lomo á los pechos
y desde el rabo al hocico,
llevaba más alamares
que sustos pasa un marido.
Todo un curro era el jinete,
á juzgar por su trapío:
faja negra, calañés
y sobre la faja un cinto
con municiones de caza,
pantalón ajustadísimo,
marsellés con más colores
que la túnica de un chino,
y una escopeta, al arzón
unida por verde cinto.

Al ver entre matorrales
destacarse y entre espinos
el escueto campanario,
de su hogar místico abrigo,
detuvo la lenta marcha
del engalanado bicho,
descubrióse la cabeza,
exhaló tierno suspiro,
meditó algunos instantes ...
y continuó su camino.

Á un cuarto de hora del pueblo
detuvo otra vez el ímpetu
de su jaco, se apeó
y llamó en un ventorrillo:
-¡Ah de casa!... ¡montañés!
-¡Allá va!-¡Po janda, endino!
-¡Buenas tardes.-Que mu güenas....
Pero, calle...; ¡tío Perico!
-¡La Virgen me favorezca!,
¡si es Celipuco el de Chisco!
-El mismo que viste y calza.
-Seas mil veces bien venido.
¿Y cómo va de salud?
-Mejor que quiero...; ¡pues digo!;
salú ... pesetas ... viniendo,
camará, del paraíso,
como yo vengo ... á patás
topamos allí toiticos
esos probes menesteres....
Conque toque usté esos cinco ...
y destranque la canilla,
que yo pago ¡de lo fino!...
Vaya un vaso.-Á tu salud.
-Á la de usté, tío Perico.
Y mi padre ¿cómo está?
-Los años,...-¡Ya!... ¡Probesiyo!
¡Si esa borona maldita
es el manjar más endino
cá nació de la tierra!...;
pero ende hoy, tío Perico,
ha de tragar buen pan blanco,
buenas hebras y buen vino;
que si el probe no lo tiene,
para él lo ganó su hijo.
-Bien harás, que es muy honrado

y anciano.-¡Cuando yo digo
que ha de gastar pitifoques
y calesín!...-No es preciso,
para que honres á tu padre,
tanto lustre; que ha vivido
entre terrones, y tiene
sobrado, junto á sus hijos,
para ser feliz de veras,
con pan, descanso y cariño.
-Pos cariño y pan tendrá,
y descanso.... Ya estoy frito
por verle y darle un abrazo....
Ahí tiene usté por el vino,
que va cerrando la noche
y es oscura.... No lo digo,
es la verdá, por el miedo,
porque me espante el peligro,
que allá, bien lo sabe Dios,
más negras las he corrió;
sino que..., ¡firmes, Lucero!
¿Pero no ve usté qué bicho?
Es una fiera, ¡cabales!;
cuanto más anda, más bríos.
Misté el jierro en esta nalga:
es cartujano legítimo....
Y oigasté, por lo que sea:
dejo atrás, en el camino,
una recua de jumentos
cargaos con mis equipos.
Cuando lleguen, que refresquen
los mozos con un traguillo
y encamine usté la recua
á mi casa.... Me repito.

Clavóle los acicates
en los ijares al bicho,
arreglóse el calañés,
escupió por el colmillo,
y, entonando una rondeña,
partió á galope tendido.
-«Mucha bulla, pocas nueces;
mucha paja, poco trigo»;
-murmuró desde la puerta
del ventorro el tío Perico.-
Aunque si lo de la recua
no falta.... El mancebo es listo....
¿Quién sabe?... Cierro y aguardo.

Pero la recua no vino.

FOOTNOTES:

[Footnote 11: Desde que los ferrocarriles cruzan nuestra Península y penetran en esta provincia, los jándalos no vienen á caballo, ni se van en tardo mulo. Han perdido, por lo tanto, uno de sus más gráficos atributos.
(Nota de la 1.ª ed. en 1864.)]

II

Echando al aire cohetes
y descerrajando tiros,
y entonando macarenas
coplas, á pelado grito,
entró el jándalo en su pueblo

entre perros y chiquillos,
que de una en otra barriada,
con voces y con ladridos,
publicaron la venida
de aquel hombre «tan riquísimo»,
en un instante, saliendo
á la calle los vecinos
á verle pasar; que el pueblo,
como es notorio, ab initio
es novelero y curioso
aquí y en Francia ... y en Pinto.
-Buen verano, caballeros....
¡Adiós, mi alma!...-Bien venido.
-Compadre, jasta la vista....
-Dios te guarde.-Agur, vecino.
-¡Bien llegado!-Agraesiendo,
camará..., siempre su amigo;
pero me aguarda mi padre....
¡Hacerse á un laito, niños!

Y revolviendo su potro,
como pudo, á cada grito,
y la mano dando al uno
y al otro las gracias fino,
y á las mozas requebrando
y atropellando chiquillos,
atravesó la barriada
y llegó al hogar carísimo,
donde hubo besos y abrazos
y todo lo consabido.

Después se sacudió el polvo
con su pañuelo finísimo,
guardó el caballo entre mantas
(«porque era una fiera el bicho,

y tragándose el espacio
al andar, sudaba el quilo»),
anunció, como de paso,
para muy luego el arribo
de la consabida recua;
y entre familia y amigos
que á saludarle acudieron,
circuló el jarro de vino,
se cenó de lo mejor;
y hasta que ya era por filo
pasada la media noche,
en loor al recién venido,
duró la marimorena
que, aunque inútil es decirlo,
costó al jándalo los cuartos
y á más de tres ... el sentido.

Amaneció el nuevo día,
y ya su ánimo tranquilo,
abrió el jaque la maleta
para mudarse el vestido;
llamó ufano á la familia,
y ofreció á cada individuo
un regalo: un calañés
á su padre; á un hermanito,
una camisa de holanda
(y era de algodón mezquino),
y á su hermana un rico chal
de la India (según dijo,
pues era un retal menguado,
de vara de pico á pico).
Todo aquello, por supuesto,
eran obsequios levísimos,
pues las galas que traía
hasta para los amigos,

las conducía «la recua
que quedaba en el camino».

Pasó el día de San Juan
gastando largo y tendido
y luciendo, aunque el calor
hacía trinar los grillos,
capa de largos fiadores
sobre zamarra de rizos.

Al siguiente, el pobre viejo
que iba á descansar tranquilo
con el amparo del jándalo,
de sus retoños seguido
volvió al campo, como siempre,
á doblar su cuerpo rígido
sobre los terrones, que
le daban sustento mísero.

En tanto vagaba el jándalo,
sobre su andaluz bravío,
por callejas y senderos,
reconociendo los sitios
que poco antes frecuentara
con el dalle y el rastrillo....
Porque lo había olvidado
todo, todo..., hasta el oficio,
y el lenguaje de su pueblo
y el nombre de sus vecinos.

Entre fiestas pasó un mes,
descuidado peregrino,
corriendo de feria en feria
y embaucando á sus amigos
con cuentos de Andalucía
y primores que había visto.

Pero, ¡ay!, al llegar agosto,
tentó con ansia el bolsillo
que ya protestaba lacio,
y, aunque con dolor vivísimo,
vendió su caballo enteco
(que nunca fué más lucido)
en diez duros, no cabales,
al primero que le quiso,
para reparar algunos
siniestros apremiantísimos,
pues no llegando «la recua
que quedaba en el camino»,
su traje se clareaba
á puro darle cepillo,
y sus botas se torcían
y no bastaba el tocino
para remediar las grietas
ni para prestarles brillo.
Trocó el presuntuoso puro
de á cuarto por el mezquino
pitillo; dejó el pan blanco
y el riojano negro líquido,
como regalo superfluo,
sólo para los domingos;
y aunque chancero y zumbón

y fingiéndose aburrido,
iba al campo algunas veces
«á enredar con el rastrillo».
Mas era que el pobre viejo,
formalizado, le dijo
un día:-«Si todas tus rentas
son las que á casa has traído,
ó trabajas ó no comes,
que yo del trabajo vivo.»

Tras esto llegó septiembre,
y el buen jándalo, afligido,
gastó la última peseta
que tenía en el bolsillo;
y no asomando «la recua
que quedaba en el camino»,
remendó los pantalones,
comió berzas y respingos,
emprendió con la tortuca
con mucha pujanza y brío,
dió en levantarse á la aurora,
y trabajando solícito,
se dormía por la noche
cansado, si no tranquilo.

Ya no habló más en caló
en medio de sus vecinos,
porque se burlaban todos
sin piedad de aquello mismo
que, oyéndolo de su boca,
aplaudían cuando vino.

Eran todos sus debates
sobre carros y novillos;
volvió á pensar en la herba,

y á echar cambas ... y cuartillos;
llamó á la alubia barbanzo;
dijo por vuelto golvío;
por lo ignorado el aquel;
en vez de boca, bocico;
por agujero, juriaco,
y en lugar de trajo, trijo.
Dejó, en fin, su mixta jerga
de andaluz muy corrompido,
y volvió á adoptar de plano
su propio lenguaje antiguo:
rézpede, ojeuto, chumpar,
rejonfuño, sostuvido,
escorduña, megodía,
sastifecho, tresponío...,
lo más selecto y más clásico,
lo más puro y más legítimo
del diccionario especial
de tamaños barbarismos.

Entonces ya confesó,
sin ambajes ni remilgos
que estuvo en Puerto Real
tres años vendiendo vino
y llevando garrotazos
de padre y muy señor mío;
que sacó seiscientos reales
por todo producto líquido,
después de comprar el jaco,
ropa, escopeta y avíos,
y que entró con una onza
en su casa, el pobrecillo,
y la gastó en francachelas
por echársela de rico....

Y dos otoños, en fin,
después de lo referido,
con unos calzones pardos,
un chaquetón de lo mismo,
una camisa de estopa
y zapatos con clavillos,
salió otra vez de su pueblo
montado sobre un borrico,
para volver á la tierra
de la viña y del olivo,
á ganar otros seiscientos
con los azares sabidos.

ARROZ
Y
GALLO MUERTO

I

Aún no se habrían extinguido las últimas chispas de la hoguera, y apenas asomaban los primeros rayos del sol sobre la cúspide de las montañas vecinas, cuando las campanas del lugar comenzaron á tocar al alba. Sin duda el sacristán había pasado la noche con sus convecinos bailando al fulgor de la hoguera; pues de otro modo, según pública fama, no hubiera sido capaz de tomar la delantera al sol para abandonar el lecho.

Comenzaba yo, entre sueños, á reparar en la tan, para mí, inusitada música, y tal vez hubiera conseguido no salir con ella del plácido letargo que me dominaba, cuando la tos, las pisadas y los gritos de mi tío que entraba en la alcoba con el objeto de despertarme, ahuyentaron completamente el sueño que, por ser el de la aurora, es el que más me gusta.

-¡Arriba, perezoso, que ya es hora!-oí gritar entre garrotazos sacudidos sobre los muebles, y taconazos y patadas en el suelo.

-¡Pero, señor, si está amaneciendo!-contesté balbuciente y restregándome los ojos.

-Eso es: será mejor levantarse al mediodía como hacéis en la ciudad.... ¡Fuera pereza!-añadió con una risotada, tirando de un manotazo la ropa que me cubría, á los pies de la cama.-Alza esos huesos y disponte á celebrar á San Juan como es debido.

Estas últimas palabras me hicieron recordar que era el día de mi tío, y que por ello había llegado yo la víspera á su casa. Felicitéle cordialmente, y no pude menos de admirar aquella humanidad robusta y, á pesar de los sesenta años que contaba de fecha, fresca y rebosando en vida.

Estaba ya afeitado y vestido con la ropa de los domingos, traje que sin ser de rigorosa elegancia, ni mucho menos, tampoco bajaba hasta el vulgar de los campesinos: ancho, fino y cómodo, como pertenecía á un señor bien acomodado de aldea; categoría en que figura mi tío con tanto derecho como el mejor caballero de la provincia.

Cuando me hube vestido, me cogió por un brazo y se empeñó en que le acompañara á dar una vuelta por el barrio, mientras era hora de almorzar. Dispúseme á complacerle y salimos del cuarto. La gran sala que atravesamos tenía abiertas de par en par las tres puertas de su inmenso balcón; el sol entraba ya por ellas, iluminando todo el larguísimo y espacioso carrejo que terminaba en la escalera; se oía el cuchareteo y hervor de la cocina que empezaba á animarse por la solemnidad del día, y se respiraba en toda la casa un ambiente especial, una atmósfera pura y embalsamada, que sólo se respira en el campo de la Montaña en las madrugadas de verano, al secar el sol el fresco rocío sobre las flores de las praderas.

Al llegar á la puerta de la escalera encontramos á mi tía, digna compañera de su marido, como él robusta y fresca, descubiertos sus blancos y rollizos brazos hasta cerca de los codos, y llevando un gran jarro de leche, espumosa y tibia aún, en cada mano. Sonrióse gozosa y expansiva con nosotros, saludóme cariñosa, y velis nolis, me hizo probar la leche que ella misma acababa de ordeñar.

Al bajar la escalera espantamos con nuestra presencia el averío que en el ancho portal se desayunaba con el maíz que para eso había desparramado mi tía sobre las losas.

En el corral saltaban los terneros alrededor de sus madres, saliendo al campo á solazarse algunas horas bajo la vigilancia de un guardián; el mastín gruñía atado aún á la cadena, pero alegre y bullicioso al vernos..., todo, en una palabra, cuanto nos rodeaba, parecía disfrutar de la belleza del día que empezaba, y de la inefable satisfacción que experimentaba aquella familia modesta en el sexagésimo aniversario de mi tío, festividad doblemente solemne, por cuanto San Juan era, á la vez que de mi tío, el patrono del lugar.

Siguiéndole yo siempre, salimos por la ancha portalada característica de todas las casas solariegas de la Montaña; entramos en una verde y entoldada calleja, y al llegar á la iglesia que estaba cerca, nos sentamos en un rústico banco detrás de ella y bajo una viejísima y copuda cajiga.

Á pocos pasos, enfrente de nosotros, estaba la taberna; y en su portal, dos reses desolladas colgadas de una gruesa viga, eran el centro alrededor del cual giraba entonces el pueblo entero, en busca de un pedazo de carne, sabroso regalo con que se celebraba entre aquella gente la fiesta del patrono.

Mi tío se entretenía en contarme la vida y milagros de cada aldeano que pasaba por delante de nosotros, saludándonos humildísimamente; provisto ya de su miserable tajada, objeto de sus ahorros de un mes.

-¿Ves ese-me decía-que se tambalea sobre las piernas, y lleva la cara metida hasta las narices en un sombrero viejo, mal calzado y peor vestido? Pues es un hombre muy honrado; tiene siete hijos, y el mayor, con quien gastó la mitad de su pobreza para librarle de la cárcel en que le metieron por haber dado una paliza á su vecino, después de casado le puso pleito y le embargó la pobre choza que le quedaba, porque no le devolvió una corta suma el mismo día en que venció el plazo del préstamo.... Hoy se habría muerto de hambre y de pena si yo no le hubiera dado el dinero para salir de su apuro. Ese otro jaquetón, tan planchado y que parece un señor, es un trapisondista capaz de pegársela al lucero del alba.-Repara bien en esa mujer que nos ha saludado con voz melosa y sin levantar los ojos del suelo; pues es una bribonaza, chismosa, enredadora y capaz de beberse á toda su casta: apostaría una oreja á que lleva la botella del aguardiente debajo del delantal.-¡Éste sí que es todo un hombre de bien y hacendoso! Sin tener un carro de tierra suyo, se arregla tan bien con la que lleva á renta, que nunca le falta media onza de repuesto al pico del arca: es el mejor de mis colonos.-Algo más que este otro perdido: tres años hace que no me paga un cuarto. Murmúrase si lo gasta con una vecina...; porque también por acá hay sus gatuperios, como en la ciudad.... ¡Mira!, la muy pingona ya se va detrás de él.-Éste es el señor alcalde, labrador acomodado; pero no me puede ver, aunque me saluda muy fino. ¡Como no le dejo pasar ciertas cosas en el ayuntamiento!... Siete pleitos he tenido con él, y le he ganado cinco.-Observa á ese que se arrima á la pared para no caerse; va hecho un cuero de vino: es vecino mío, y le da siempre en la borrachera por pegar fuego á mi casa. Cuatro veces le he cogido con el tizón en la mano; en una de ellas estaba ya ardiendo la leñera. No le he echado á presidio, porque me da lástima de su pobre familia.-Ahí tienes dos novios convidándose á castañas.... Buena pareja, ¿eh?: hoy va la tercera amonestación á misa mayor, y mañana se casan....-Mira el mastín de la cabaña, ¡gran perro!: media nalga arrancó á un muchacho que le quiso montar el otro día. Ahora va á la carnicería á ver si pesca algo que valga la pena; ¡como hay dos reses hoy!... Todos los domingos del año se mata una sola; pero en días señalados se consumen dos.... Si fuera aguardiente.... ¡Eso sí que tiene consumo en el lugar!...

De esta manera siguió el buen señor hablándome largo rato de todo cuanto veía y recordaba, sin tregua entre uno y otro asunto, y sin dar tiempo á que le replicara yo una sola palabra.

Hago, pues, omisión de todas sus observaciones, en la inteligencia de que el lector no encontrará tanto interés en ellas como mi tío, para quien, como buen aldeano, eran la salsa favorita.

Aproximándose la hora del desayuno, dispusímonos á volver á casa, mas antes quiso mi tío darse una vuelta por la iglesia, por si sus hijas habían vestido ya al santo.

Conviene advertir que mi tío era mayordomo de San Juan, honra que venía, ab initio, vinculada en la familia; y corría de su cuenta alumbrarle todo el año, y vestirle, y adornarle en su festividad, y buscar y pagar predicador para este día.

Mas todo esto se hacía con su cuenta y razón; no se crea que á este santo se le servía gratis et amore, sólo por su bienaventuranza. San Juan era uno de los propietarios del lugar, registrado en los libros del ayuntamiento como otro vecino cualquiera. Tenía dos prados de regadío, bastante buenos, que arrendados á un colono producían una renta anual de doscientos reales, renta que cobraba su mayordomo, llevando en un libro especial una cuenta corriente con el santo.

Pero en obsequio al administrador, debe quedar consignado: 1.°, que los dos prados del beatífico propietario, eran de una manda hecha por la piedad de un abuelo de mi tío; y 2.°, que éste, en honor del santo, gastaba todos los años, sobre los doscientos reales que producían las fincas, otros cuatrocientos de su bolsillo, en lo cual se creía, y con razón, muy honrado. Y se comprende muy bien. San Juan no era para la casa de este buen señor solamente su patrono y el del lugar, ni uno de tantos bienaventurados cuya imagen se veneraba en la iglesia parroquial del pueblo: era, además, un protector especial, un huésped constante de mis parientes.

Los paños, los candeleros, las velas del altar del santo, se encontraban en aquella casa como la ropa y el calzado de la familia, y hasta en las listas de la colada se leía siempre, junto al renglón, por ejemplo, de los calzoncillos de mi tío, otro de los paños de San Juan. Cuidábase su imagen, quitábasele á menudo el polvo, se restauraba la pintura donde quiera que se descascaraba un poco; pintábanse cada dos años y se doraban las andas en que se le sacaba en procesión, y se esmeraban mis primas en renovarle los ramilletes de flores que le rodeaban en la urna, con la frecuencia necesaria, y en engalanarle para las grandes solemnidades; era el santo, en fin, como de la casa, valiéndome de una frase de mi tía.

Y hechas estas advertencias, volvamos al asunto principal.

Entramos en la iglesia. En el centro de ella, y colocado ya en las pintorescas andas, sobre una mesa, estaba San Juan con el corderito á los pies, y en la diestra la cruz con el Agnus Dei qui tollis peccata mundi, escrito sobre la flámula ceñida á ella. Sin estos atributos, confieso que me hubiera sido imposible conocer lo que aquel aparato representaba. Tales primores habían hecho mis primas con la imagen.

Hallábase ésta bajo dos arcos cruzados, en el sentido de las diagonales de las andas, revestidos de pañuelos de seda de sobresalientes colores, y caían sobre la cabeza del Bautista multitud de relicarios, campanillas, acericos y escapularios, y no pareciéndoles, sin duda, bastante á mis primas la piel con que el escultor cubrió la desnudez de la imagen, habíanle colgado sobre los hombros un rico chal de Manila, que le llegaba hasta los pies, y colocado en la mano con que señalaba el corderito, un pompón encarnado y verde, procedente de un chacó de realistas, cuerpo á que, en sus mocedades, había tenido mi tío la honra de pertenecer.

Mirábame éste y miraba al santo, y tornaba á mirarme después con cierta expresión de complacencia, mientras yo contenía á duras penas la risa que me excitaba el fatalísimo gusto de mis primas, que habían hecho, con fervorosa y cándida intención, un ídolo chino de una de las imágenes más poéticas y sencillas de nuestro culto.

Felicité, no obstante, á mi tío por su celo y esplendidez, y después de dar él algunas órdenes al sacristán relativas á la procesión, salimos de la iglesia y nos volvimos á casa.

II

Esperábannos ya alrededor de la mesa mi tía, mis dos primitas, que, en el vigor de la robustez y de la juventud, hubieran podido marear á un estoico con algo menos de rubor y con un poco más de coquetería, y el predicador que debía hacer el panegírico del santo aquel día. Era un franciscano exclaustrado, párroco de uno de los pueblos inmediatos, y orador de tanta fama en la comarca como pulmones.

Mi tío se honraba todos los años dándole de comer y de almorzar el día de San Juan, y sus hijas le planchaban y rizaban la sobrepelliz que se vestía para predicar.

Pusiéronse encendidas como dos pimientos mis primitas al tener que contestar á mi saludo; tendióme una gruesa, morena y áspera mano el exclaustrado, abrazando en seguida á mi tío; y todos, en grata compañía, nos sentamos á la mesa.

Sirviéronnos, primeramente, chocolate al exclaustrado y á mí, pues la familia se despachó á su gusto con sendas cazuelas de sopas de leche. Y dije «primeramente», porque el reverendo, después que con el último sorbo estrepitoso, infinito, sublime, tirado al pocillo, apuró

«cuanto en el hondo cangilón había»,

acometió á las sopas de leche, haciendo en ellas él solo tanto estrago como toda la familia junta. Después de la leche nos sirvieron vino blanco con bizcochos, prototipo en las aldeas de digestivos y confortantes, y cuyas virtudes se tienen en tanto, que lo mismo se administra este agasajo á un moribundo que en una boda. Por ello tuve, á mi pesar, que echarme al cuerpo mi ración correspondiente, pues desairarla era, á lo que vi, la mayor ofensa que podía hacerse á la rumbosa prodigalidad de mis tíos.

Concluído el almuerzo, llegó la hora de ir á misa; y al acercanos á la iglesia, fuimos acometidos por una comparsa de danzantes, bajo cuyos arcos tuvimos que pasar más de dos veces; honor tributado exclusivamente á las notabilidades del pueblo, ó mejor dicho, á todas las personas que podían dar algunas monedas de gratificación, en cambio de tan señalado festejo.

Antes de la misa se llevó en solemne procesión al santo alrededor de la iglesia, teniendo mi tío el honor, en compañía del alcalde y dos regidores, de cargar con las andas. Dos mocetones, armados de escopetas, abrían la marcha haciendo fuego, y un ciego gaitero acompañaba con su ronco instrumento al señor cura en sus cánticos, á los que contestaba todo el pueblo, de vez en cuando con un fervoroso «ora pro nobis».

Empezada la misa, no cesaron los tiros en el portal de la iglesia, y la gaita siguió tocando en el coro, acompañando á los cantores, entre los cuales estaba mi tío, que era una especialidad para echar la epístola. Tocó su turno al predicador, cuyo sermón era el gran acontecimiento del día. No diré que con muy brillantes formas, pero con un pulmón admirable, con palabras sencillas y con una doctrina pura y llena de paz y de consuelo, infundió tal entusiasmo en su auditorio, que, convertido cada oyente en un héroe, hubiera seguido al franciscano ... hasta la hoguera, jurando á Jesucristo y á San Juan. Líbreme Dios de no admirar tanto fervor. ¡Ojalá tuviera cada aldea y en cada semana, por lo menos, un orador de aquel género, que conservara viva y consoladora en el pecho de los pobres aldeanos la fe de sus mayores! Con ella únicamente son posibles la paz y la ventura entre tantas privaciones y miserias. Los derechos políticos, la civilización autonómica, nunca producirán entre ellos más que envidias y escisiones, hambre y desesperación. Ser pobre y honrado es la mayor de las virtudes; y el pueblo, para ser virtuoso, necesita, antes que derechos y títulos pomposos que le ensoberbezcan, pan que le alimente y fe que le resigne al trabajo.

La misa fué, pues, de lo más solemne que era posible en semejantes circunstancias; tan solemne, que duró dos horas. Mi cabeza, mi cuerpo entero, lo recordará toda la vida.

Al llegar á casa, y después de felicitar sinceramente al exclaustrado por su discurso, lo cual no dejó de envanecerle un poquillo por la razón de gastar yo bigote y perilla y ser de la ciudad, nos sentamos alrededor de la mesa que ya estaba preparada, y empezó la comida, previo benedicite del franciscano.

Nada de notable había en ella, lector, en cuanto á la calidad, que merezca participársete, pero preciso es que sepas que en cuanto á la cantidad..., ¡aquello tenía que ver! La sopera, llena hasta los bordes, era poco menor que un barreño; las fuentes del potaje podían servir de barcas en caudaloso río; el primer principio se componía de más de media arroba de carne guisada; y cuando llegó el gallo en pepitoria, héroe del banquete, acompañábanle, para hacerle honor, cuatro capones. De ellos se nos sirvieron á los tres hombres á capón por barba, y se repartió el cuarto entre las tres mujeres. Y lo de menos hubiera sido para mí semejante alarde de prodigalidad, y hasta el acostumbrarme á ver sin admiración cómo mi tío y el predicador engullían cuanto les ponían por delante; pero lo terrible fué que me obligó á hacer lo mismo que ellos la implacable oficiosidad de mi cara tía. Cedí con la sopa á los reiteradísimos «ponte más, no lo desaires» con que me acosaba la buena señora; y al tratar resueltamente de negarme á repetir de los potajes, tal fué la insistencia de la familia entera, y tanto me solfearon que despreciaba su pobreza, que por no sufrir tan inclemente machaqueo me resolví, con la resignación de un mártir, á jugar la salud en aquel lance; pero me fué imposible transigir con el capón: materialmente estaba ya lleno, rebosando mi estómago. Para colmo de mi angustia, llegó el arroz con leche, plantándoseme delante un plato sopero encogollado «para mí solo».-«Y en acabándole, aquí tienes más»-añadió mi tía con una sonrisa muy cariñosa, pero que me hizo temblar, horrorizado, al ver la enorme fuente que señalaba con el dedo, colocada en el centro de la mesa.-Afortunadamente, con la idea, nada más, de echarme al coleto tanto engrudo, entráronme unos sudores, fríos como los de la muerte; levantéme tambaleándome, llegué al corral..., y despojado el estómago del peso que le oprimía, volví á la mesa, pero sin el consuelo de hacer comprender á aquella buena gente la impertinencia de sus mal entendidos obsequios. Mi tía; especialmente, achacaba el suceso, en tono de resentimiento, á que no me gustaban los guisos que ella misma había hecho. Luego vi que era imposible persuadir á aquellas benditas almas de que puede un hombre hartarse una vez de sopa de fideos, de gallo en pepitoria y de arroz con leche.

Concluyó por fin el banquete con vino blanco y bizcochos; y mientras el fraile y mis tíos se fueron á dormir la siesta y mis primas á vestirse para ir á vísperas, yo me largué al campo á tomar el aire, que buena falta me hacía.

Dos horas después volvimos á la iglesia; sacaron otra vez al santo en procesión, rezóse el rosario y nos fuimos á la romería, que se desparramaba en una pradera inmediata á la iglesia. Hiciéronme ver uno por uno todos los bailes: éste porque era de guitarra, el otro porque era de pandereta, y por ser de gaita el de más allá. Compramos avellanas, peras, cerezas y rosquillas en todos los puestos de la romería, convidámonos recíprocamente la familia, el exclaustrado y yo; vi un desafío á los bolos entre mozos de lugar y otros tantos forasteros; oí los «¡vivas!» que nos echaron los danzantes, encaramándose unos sobre otros hasta formar lo que ellos llaman castillo, y los que también hubo para las demás personas que les habían dado dinero; y volvimos á casa al anochecer, despidiendo al predicador después de haber tomado chocolate y agua de limón todos juntos, como si no hubiéramos comido al mediodía.

Una hora más tarde me llamaron á cenar. ¡Otra vez capón, otra vez pepitoria y otra vez arroz con leche! Aquel cuadro me espantó. Fingíme muy malo, y creo que lo estaba, dado que de susto también se enferme un hombre, y me largué á la cama, donde tampoco fuí feliz, porque, apenas me hube dormido, comencé á soñar que comía capón, pepitoria y arroz con leche. Desperté, volví á dormir, y torné á despertar y á dormir otra vez y otras ciento, y siempre veía el repleto cucharón de mi tía persiguiéndome y llenando los claros que yo iba haciendo en los platos que me servían sin cesar. En esta lucha cruel me cogió el alba. Salté de la cama, vestíme; y, desayunándome de prisa, corrí á despedirme de la familia que había madrugado más que yo. Agradecí á mis buenos parientes, con toda mi alma, la sinceridad con que me brindaban su casa y su cariñosa asistencia por algunos días más; sentí de veras que perentorias ocupaciones me impidieran complacerlos, pues cariño hacia ellos me sobraba; disculpéme lo mejor que supe, monté á caballo; y llenos los bolsillos, la maleta y las pistoleras de fruta y de rosquillas que me hicieron tomar á última hora, partí hacia la ciudad, prometiéndome á mí mismo solemnemente, y lo he cumplido, que si alguna vez volviera al campo había de ser en días hábiles y normales, y en manera alguna en los que, como el de San Juan citado, se llaman, con sobrada razón, en mi tierra, de arroz y gallo muerto.

EL DÍA 4 DE OCTUBRE [12]

I

Desde luego advierto al lector que esta fecha no viene aquí con la pretensión de figurar entre las muy justamente célebres que guardan los fastos españoles, ni pertenece siquiera al catálogo de esas otras de flamante cuño que, no mereciendo, por ningún estilo, que la imparcial severa Historia las registre en sus páginas, andan indocumentadas pidiendo hospitalidad de puerta en puerta y rebotando de periódico en periódico, á manera de proyectil elástico. Hablo de los diez de abril, tres de octubre, siete de julio veintinueve de septiembre, y otras ejusdem farinoe, no menos zarandeadas, en estos tiempos que corremos, por los campeones de la política militante, ya como gloria, ya como afrentas.

Tampoco se halla impresa en ninguna parte con sangre de libres ni de esclavos, ni recuerda patíbulos, ni asonadas, ni siquiera un mal cintarazo. Por tanto, no aspira á que el país la recuerde sólo con que yo se la cite. Más humilde en su origen y en sus aspiraciones, se cree muy honrada con que unos cuantos pueblos de la Montaña y yo la evoquemos con inocente complacencia: ellos, por lo que afecta á sus caros intereses: yo, por el que me tomo siempre en cuanto sirve de satisfacción á los demás.

Es, pues, el caso de que los labradores ganaderos de la parte central de la provincia, cuando llega el mes de mayo, no solamente no tienen en el pajar un pelo de yerba de la recogida en el agosto anterior, sino que sus ganados han destrozado ya las mieses durante los meses de derrotas, y han recorrido las sierras bajas, y han comido escajo, picado á fuerza de ímprobos sudores, y han ido entresacando los herbalachos que crecen entre zarzas y matorrales, y hasta han roído el césped de las lindes de los camberones. ¡Calcúlese cómo viviría el ganado hasta el mes de agosto, época de la recolección y acopio de yerba para el invierno, si no tuviera más recursos que los ordinarios de casa, digámoslo así!

Por fortuna de los pobres animales, hay en esta provincia, sobre su parte más elevada, entre Campóo, Cabuérniga y Polaciones, unos pastos en los puertos de Lodar, Peñalabra, Palombera, Brañamayor y otros, que están diciendo «pacedme»; y á pacerlos van desde junio á octubre, los ganados, ó cabañas, de varios pueblos de la indicada región, que están en pleno goce de ese privilegio.

De qué procede éste, y por qué le tienen unos pueblos y otros no, lo ignoro absolutamente. De cuándo data, tampoco es fácil decirlo. No sé más sino que, en cierta ocasión, el Concejo de Vioño, uno de los privilegiados, tuvo necesidad de reivindicar su derecho, y siguió un pleito con los Concejos altos que se le negaban, ante la Real Chancillería de Valladolid, la cual le sentenció en el año de 1630. Yo he visto esos autos, y según ellos, alegaban los de Vioño «estar en quieta, pacífica posesión de lo hacer é gozar libremente con los dichos sus ganados á ciencia y paciencia de las partes contrarias, de uno, diez, veinte, treinta, cuarenta, cincuenta..., ciento y más años; y de tantos, que en memoria de hombre no era en contrario». ¡Figúrense ustedes si será antigua la costumbre!

La Real Chancillería mantuvo al Concejo querellante en su derecho «de llevar su cabaña con palos, pastores, perros y cencerros, á pacer las yerbas y beber las aguas, seleando y majadeando, á los sitios de Bus Cabrero, Bustamezán, Cueto de Espinas, etc., etc....»

Idéntico y tan antiguo privilegio es el que disfrutan los demás Concejos sobre éstos y otros puertos. Puedo ofrecer al lector la lista de todos los privilegiados. Se la debo á un anciano de uno de ellos, hombre que sabe de memoria las ordenanzas del caso (pues no las conserva escritas aquel archivo municipal) y es quien resuelve las dudas y conoce prácticamente hasta los linderos de los puertos. Allá va, pues, la lista aunque no me la agradezca nadie: Barcenaciones, Bustablado, Cerrazo, Cohicillos, Cóo, Helguera, La Busta, La Montaña, Los Corrales, Llano, Mercadal, Novales, Oreña, Polanco, Quijas, Reocín, Rudagüera, Ruiloba, San Mateo, Somahoz, Tanos, Tarriba, Toporias, Treceño, Udías, Valle, Valle de Cabezón, Viérnoles, Vioño y Zurita.

En cambio del disfrute de los puertos altos por las cabañas de estos Concejos, durante determinados meses del verano, pesa sobre ellos un casi imaginario y levísimo gravamen. De uno de los Concejos me consta que solo está obligado, en el caso en que las nieves fuesen tan copiosas y duraderas en los altos que, consumida la ceba[13] de los invernales[14], tuvieran aquellas cabañas que emigrar á los bajos (caso que aún está por ver) á dar dos haces de puntas secas de maíz por cada res, y á sacar su carro cada vecino, durante la noche, al corral, á fin, sin duda, de que el ganado inmigrante pueda guarecerse en los soportales, ó en los cobertizos desalojados.

En el mismo caso de emigración forzosa, las cabañas de Campóo y Polaciones tienen á su disposición, durante la primavera, seles en los montes comunes de abajo, mientras dure la nieve arriba; pero á condición de que no han de pasar las cabañas de los términos más próximos á la nieve.

En previsión, sin duda, de tal necesidad, los vecinos del Concejo de Udías no pueden cortar en sus heredades (no deben, á lo menos) los tallos secos del maíz hasta marzo.

Como algunas cabañas no tienen pasto bastante en los puertos que disfrutan por derecho propio, los Concejos á que aquéllas pertenecen toman en arriendo otros por un tiempo determinado, pero con formalidades y garantías harto modernas y prosaicas, y á pagar en moneda sonante.

Estos pagos se hacen recaudando el Concejo á razón de un tanto por cada res que disfruta del puerto; y para entender en estos asuntos hay en cada pueblo un concejal que se llama alcalde de cabaña, á cuyo cargo está, por ende, cuanto se refiere á los pastores, al toro y á los perros. Bueno es advertir también que las soldadas de los primeros se pagan, como los puertos, por los dueños del ganado que los disfruta.

Ocho ó diez días antes del de San Antonio, es decir, del 13 de Junio, van los pastores de casa en casa con dos marcos de hierro, en uno de los cuales está el nombre completo del pueblo en letras pequeñas, y en el otro la inicial del mismo de gran tamaño, tomando nota de las cabezas de ganado que han de ir al puerto, y de las que de éstas se hallen sin marcar. Si las que están en este caso tienen astas, se aplica á una de ellas el primer marco enrojecido al fuego; si no las tienen todavía, se las tumba en el suelo, y con el marco segundo, chisporroteando, aplicado á la nalga derecha, se les hace dar cada berrido de dolor, y se levanta un tufillo de carne asada, que no hay más que pedir.-De paso averiguan los pastores cuál es la vaca más fuerte y más garbosa para ponerle al pescuezo el campano del lugar, ó sea el cencerro más grande de los diez ó doce que tiene el Concejo para que la cabaña se luzca con ellos por esas brañas de Dios. Obtener para su vaca el campano del lugar es el más alto honor que en casos tales puede alcanzar el dueño de ella, razón por la que hay cada intriga que canta el credo al llegar el momento de elegir un cuello para el sonoro colgajo.

Al amanecer del día de San Antonio se colocan los pastores con el toro y los perros en un punto convenido, acude á él cada vecino con el ganado que quiere enviar al puerto; y formada de este modo la cabaña, hala que te vas, comienza á marchar en busca de Peñalabra ó Palombera, los cuales puertos no encuentra sino después de haber estado por espacio de tres días anda que te anda y sube que te sube, al son de los cencerros y al de los elocuentísimos jujeos y silbidos de los pastores.

Y aquí la dejamos, por no necesitarla para nuestro objeto, hasta el día 4 de octubre siguiente, día en el cual llega infaliblemente al punto en que se formó[15]; con el cual dato queda suficientemente aclarada la significación del título que precede á estos párrafos, y dicho que estamos, aunque tarde, de patitas en el asunto.

NOTAS:

[Nota 12: Este cuadro se agregó á las Escenas Montañesas en la edición de 1877. (Nota del A. en 1885.)]

[Nota 13: Yerba seca acopiada para el invierno.]

[Nota 14: Grandes pajares, y á la vez establos, para refugio del ganado en los puertos durante lo más crudo del invierno.]

II

-¡Dolón, dolán, dolén, dolán, dolón! ... que ya se oyen los cencerros de la cabaña y hasta se ve el polvo que levanta. Ha llegado el día anhelado, y el pueblo sale á recibirla hasta la portilla de la llosa, ó de la pradera en que, por de pronto, ha de entrar para que se cumplan las formalidades que van ustedes á conocer.

La gente viste de media gala, y se halla poseída de la más viva satisfacción. La corporación municipal se guardará muy bien de faltar á la solemnidad.

-¡Dolón, dolén, dolán, dolón, fiu, fiuuiií! ... que los cencerros se oyen más cerca y se perciben con toda claridad los silbidos de los pastores, y hasta se distinguen el color y la armadura de las primeras vacas.

Los espectadores suspenden hasta el aliento y clavan en ellas la vista con una fijeza magnética. En seguida les entra la reacción y corren y se atropellan, hasta que concluyen por formar enfrente de la portilla, en dos hileras, entre las cuales pasa el ganado, que, no por haber pacido durante cuatro meses la yerba de la libertad salvaje, ha perdido su natural mansedumbre.

-¡Tío Roque!-grita un mozuelo con el pelo muy atusado,-¡la mi Gallarda trae el campano del lugar! ... y aquí viene la primera de toas ... ¡y cómo le menea! ¡Anda, pa que uno se fíe de lo que no ve!... ¡Y corrían voces de que en el puerto se le habían puesto á la Corva de tío Perico Mijotes!... ¡Cristo, qué hermosísima está!

-Miá tú, fantasioso-replica Mijotes, que no estaba muy distante del jaque,-si se dijo que la mi Corva le traía, por algo se dijo. Siempre se le habrán cambiao en el camino pa que no te se parta á ti el corazón de envidia al ver á la tu Gallarda con el campano que han puesto á la otra probe.... ¡Viva la josticia!; ¡á la novilla de la mi vecina, que no puede con el rabo, le han puesto el segundo campano!

-¡Callarvos, lenguatones!-interrumpe un viejo que, de puro viejo, no puede ya con las bragas:-¿que más vos da? Venga el ganao y venga ello gordo, que lo demás importa dos bisanes.

-No, pus lo que es gordo, por decir gordo, ya viene gordo-añade otro convecino que no tiene la mayor facilidad para expresar lo poquísimo que se le alcanza.

-No digo yo otro tanto-le replica un espectador de enfrente;-ahí va la mi Leona, que paez que la han chupao las brujas. Toma, ¡pus si viene gedal; ¡y qué bello que trae más hermosísimo!...; ¡me valga el Señor; es la mesma estampa de su madre!... ¡Bien te han ordeñao, morena! ¡Permita Dios, condenaos de pastores, que se vos güelvan lobos en el cuerpo los zurrones de hacer manteca!

-¡Ay, madre!-exclama una muchachuela con los ojos arrasados de lágrimas, dirigiéndose á una pobre anciana que esta á su lado,-no veo á la nuestra vaca: ¡debe ser verdá aquéllo que se corrió!

-Sí; hija mía-responde la madre:-las malas noticias siempre salen verdaderas, y la soga nunca rompe por lo más gordo, ni el día amanece alegre para todo el mundo...; ¡cómo ha de ser!

Y mientras se hacen éstos ó parecidos comentarios entre la gente, va pasando la cabaña y entrando en el gran cercado, hasta que llegan, cerrando la marcha, el toro, los terneritos, los perros y los pastores: el toro con sus ojeras blancas sobre una cara negra y lustrosa como el terciopelo, ondeando con cierta vanidad la piel, que casi le arrastra, de su robusto cuello; los becerritos con su pelo rizoso y bermejo y su carita expresiva, pisando con miedo, y rendidos de cansancio; los perros con su piel blanca con manchas negras, andando al pie de los terneros y mirando á todas partes con un gestecillo que parece decir: «al que los toque en el pelo, nos le merendamos»; por último, los pastores con abarcas de tarugos, garrote nudoso, y al hombro, además del morral y la chaqueta, un ternero recién nacido, que nunca suele faltar.

Cuando esta retaguardia llega á la portilla, se precipita la gente detrás de ella, desparramándose luego por el prado entre la cabaña, buscando cada uno las reses que le pertenecen para examinarlas á su placer.

Una hora más tarde, y sobre el mismo terreno y al aire libre y de pie, el ayuntamiento se constituye en sesión, rodeado de todo el pueblo, que toma parte en ella.

Lo que entonces sucede, van ustedes á saberlo en el capítulo siguiente, escrito en presencia de los apuntes fidelísimos que yo tomé en uno de esos Concejos á que asistí como curioso.

NOTAS:

[Nota 15: Ya supondrá el lector que ni todas las cabañas van al puerto el día de San Antonio, ni todas vuelven de él precisamente el 4 de octubre siguiente. Hácenlo así, con tan antigua como inquebrantable regularidad, las de algunos pueblos que yo conozco; y á ellos se refiere mi cuento.]

III

Uno de los pastores, jefe á la vez de los demás, penetró en el ancho círculo que formaban los asistentes; paróse enfrente del alcalde; arrojó al suelo un saco casi vacío que llevaba al hombro; descubrióse; cargó el cuerpo sobre el garrote; balanceóse un poco en esta postura; esparrancóse; escupió tres veces; pasó una manga de su camisa por debajo de las narices, y después de obtener el permiso del alcalde, habló de esta manera:

-Pos ... salto y digo: ahí está la cabaña, como se habrá visto. En la cabaña hay de too, como en la viña del Señor; porque musotros, á la res que es de mal pacer y de peor engordar, no podemos mejorarla, á no hincharla con una paja. Esto es claro como el sol del megodía. Pos digo yo ahora: hay que tener en cuenta que el verano ha sío fatal; hoy que la ventisca, mañana que el aguacero, el pasto se ha reblandecío, y pué ecirse que el ganao no se ha visto limpio de despeño. De salú, bastante bien: sólo han fenecío una vaca de tío Pedro Meñique y una novilla de la viuda del Cevil. La una murió de un empanderao, y la otra de un mal, á manera de perlesía. Dióseles lo que manda el aquel, vamos al decir, del hombre que lo entiende; pero no les acanzó.

El pastor, al decir esto, metió en el saco la mano y sacó de él dos cuernos de diferente forma y tamaño.

-Aquí están las gamas-dijo, levantando en alto los dos retorcidos apéndices.

El alcalde llamó á los dueños de las reses muertas, para que se presentasen á reconocer los restos que el pastor exponía á la consideración del concejo, para cumplir con un requisito exigido por éste. Pedro Meñique y la viuda del Cevil reconocieron, contristados, las astas de las reses que respectivamente les habían pertenecido, y de cuya muerte ya tenían noticias, aunque vagas, antes de la llegada de la cabaña.

En seguida preguntó el alcalde si había algún vecino que tuviera que hacer daque cargo á los pastores.

-¡Pido la palabra!-dijo, saliendo á primera fila, un hombre muy entrado en años, cano de greña, enjuto y ahumado de carnes y ronquillo de voz.

-Hable Garabiel Pernías-díjole el alcalde.

-He pedío la palabra al auto de que he visto que la vaca mía que fué bien trisná al puerto, vuelve en los puros huesos y con un ojal en salva sea la parte, que mete miedo; y como el hombre no gana su probeza tumbao panza arriba, y yo sudo los güétagos pa ver de conservar la que tengo, quiero que se me satisfaga, como es justo, al respetive de la vaca.

130

-Tocante á la vaca-replicó el pastor,-tocante á la vaca, tío Garabiel, usté sabe mejor que yo que la vaca es una cabra condená que no se pué hacer vida de ella. Los cinco sentíos del alma le pone uno encima, y con too y con eso no se la pué meter por vereda. Si usté la chifla pa golvela, malo; si usté la vocea, pior; si se la apedrea, ¡me valga el Señor!, no la alcanza un galgo.... Pus évate que voy, amigo de Dios: hace ocho días, trepa la condená por un pedregal arriba á pacer unos matorrales que estaban entre un cajigaluco; salgo detrás de ella, hace la feguración de echarse cancia el desfiladero que estaba por la banda de atrás, atájola yo corriendo, asústase más la endina, échase de prisa por onde había subido, rueda como una pelota, y rásgase el pellejo contra la punta del peñasco. ¡Ésta es, tío Garabiel, la pura verdá; y si otra me queda en el cuerpo, que con ella reviente!

-¡Sastifecho!-dijo con solemnidad Garabiel Pernías, retirándose á la segunda fila.

Otro de los que formaban en ella salió en seguida á la primera, y endilgó al pastor estos cargos.

-Yo mandé al puerto una vaca geda de siete meses, y pa el efeuto de destetarla, dejé la cría en casa. La vaca iba gorda, la vaca es lechera, ¡horror de lechera!; la vaca viene hecha un telar, y la vaca no está seca, porque á la vaca acabo yo de ordeñarla en el prao. Yo soy claro como el agua, y no tengo algún aquel en decir que aquí se han corrío voces de que en Mercadal se ha vendío este verano mucha manteca de la cabaña nuestra. Diga el pastor, si á mano viene, de ónde ha salío esa manteca, y por qué no viene seca la mi vaca.

El pastor se rascó la cabeza, escupió por entre los incisivos, y después de pasear su vista por los circunstantes, replicó en estos términos:

-Ya sé yo que más de cuatro, que pué que no estén muy lejos de aquí, por el aquel de hacer mal y porque hay lenguas que atarazás entre dos cantos debieran estar, han corrío por el pueblo lo de la manteca; pero, ¡premita Dios que me trague la tierra aquí mesmo de repente si en el puerto se ha hecho medio cuarterón de manteca, ni se ha bajao á Mercadal más que por el efeuto de comprar dos libras de bacalao y siete maquileros de harina! Pos évate que voy á lo de que la vaca no está seca. Yo puedo hacer güeno con toa la cabaña, si quiere hablar, que el bello de la vaca del señor alcalde mamaba toas las noches á la vaca de usté, y que de esto no tuvimos más auto que de la hora de la muerte, que en santa gloria nos coja, hasta la semana pasá. Yo, bien lo sabe Dios, me comí la feura al conocerlo; pero el hombre, es la verdá, no acanza los imposibles..., y si ha hubío falta, perdonar, que lo que es la voluntá no ha podío ser mejor; y cinco años que llevo en la cabaña cantan bien claro si sé cumplir con mi deber.

-Sastifecho-contestó el interpelante con la misma formalidad que Garabiel Pernías.

-Señor alcalde-gritó una mujer amortajada entre una saya de estameña negra que le cubría el busto, y otra de bayeta amarilla ceñida á la cintura,-yo quisiera que....

-Usté se calla la boca mientras que yo no la pregunte, porque aquí no tienen voz las mujeres.

-Es que, canijo, yo tamién soy hija de Dios; y si se me murió el marido no fué por culpa mía.

-¿Y qué se le ofrece á usté?

-Pus se me ofrece que cuando fué al puerto la mi novilla se me feura que tenía el pelo colorao, y ahora le trae que tira algo á burreño...; tamién era más juerte de voz....

-Vaya usté mucho con Dios, ¡trapacera!-la interrumpió el alcalde, echando chispas por los ojos.-¡Le paece á usté la sinfonía con que se nos viene?..., ¡Taday, simplona!

-Yo pregunto lo que es de mi aquel, ¡ea!

-¡Taday, chapucera!

-¡Juera con ella, que se vaiga á cuidar la puchera!-añadieron por todas partes voces que nada tenían de suaves para la pobre mujer, que en vano gritaba para que se reconociese su supuesto derecho de hablar en aquel concejo.

Salióse, al cabo, del círculo, llorando de coraje, y continuóse todavía un buen rato interpelando al pastor y exponiéndole quejas, muchas de ellas tan impertinentes como las de la desairada mujer; pero como estaban en su derecho los señores hombres al exponerlas, se atendían y ventilaban con el más acalorado empeño.

Agotado el capítulo de cargos, el alcalde preguntó al pastor si no tenía algo que manifestar al concejo respecto al puerto, á la cabaña, á los demás pastores, etc.

-Aticuenta que ná-respondió el interpelado.-Los pastos han sío güenos por la mayor parte: no muy alta la herba, pero finuca y nutría. Dos veces se presentó el lobo á la vera de la cabaña; pero los perros, que saben su obligación, no le dejaron ganas de ripitir: al segundo viaje le atenazaron el rabo, y por un tris no se queda Navarro con él entre los dientes. El toro se escapó una tarde del Sel, porque le provocó el de la cabaña de Vioño; trabáronse de palabras, y el nuestro le arrimó una jaretá de media vara en el cuadril esquierdo, y le hizo golverse en un periquete á la su cabaña. Un pastor de Cóo nos apandó una cría de dos meses, la de la Cordera de tío Celipe Cuartajo: vímosle, juímonos encima, negó, arriméle un garrotazo, cayó á tierra pidiendo miselicordia, y soltó el jato. No ha habío multa denguna ni por el aquel de dir ni por el aquel de venir, porque no se ha saltao una mala cerradura, ni tan siquiera se ha movío una res de la cabaña en too el camino. La vaca de tío Miguel Cerojo tuvo un lubieso en salva sea la parte, pero curó bien; y en la cabaña de Viérnoles, que estaba á la vera de la nuestra, hubo solengua y fenecieron siete cabezas. Nel, mi compañero, pensó que se le había pegao el mal; pero too ello resultó ser una atracá de arenques con leche: rompió á las tres horas, y no tuvo otro aquel. Y con too y con esto no digo más, y acá estamos toos, gracias á Dios, güenos y gordos; perdonar las faltas, porque pecaores semos, y en la gloria nos veamos.

-Amén-contestó el concejo.

Acto continuo se procedió al remate del toro y de los perros; es decir, al de su manutención hasta el día de San Antonio del año siguiente. Adjudicáronse los animalitos á los vecinos que ofrecieron mantenerlos por menos dinero, y se disolvió la asamblea.

Una hora después cada vecino recogía en el prado las reses de su pertenencia, y se encaminaba con ellas á su casa, contemplándolas de paso con tanto deleite como (acépteseme la comparación que voy á hacer, en gracia de que es la pura verdad), como el que puede sentir un padre delante del hijo predilecto que vuelve de la Universidad á pasar con él las vacaciones.

1868.

UN MARINO

Marino, como ustedes saben muy bien, significa genéricamente, hombre que se dedica á la navegación, que profesa la náutica, empleado en la marina, etc., etc.

Pero «un marino» en Santander, hasta hace muy pocos años, hasta que llegó á la clásica tierra de los garbanzos ese airecillo que aclimató la crinolina en Bezana y la cerveza en San Román, significaba otra cosa más concreta y determinada. «Un marino» significaba, precisamente, un joven de veinte á treinta años, con patillas á la catalana, tostado de rostro, cargado de espaldas, de andar tardo y oscilante, como buque entre dos mares, con chaquetón pardo abotonado, gorra azul con galón de oro y botón de ancla, corbata de seda negra al desgaire, botas de agua, mucha greña, y cada puño como una mandarria.

«Un marino» no era capitán, ni contramaestre, ni simplemente marinero; era, por precisión, tercero, ó examinado de segundo, ó, á lo sumo, piloto en efectividad.

Cuando estudiaba en el Instituto, no se había embarcado jamás, y, sin embargo, ya era tostado de color y cargado de hombros, y se balanceaba al andar...; en fin, ya olía á brea y alquitrán. Cualquiera diría que, como destinado á la mar, estaba construído de macho de trinquete ó de piezas de cuaderna, y no de carne y hueso como nosotros.

Entonces se llamaba náutico, y se largaba cada piña que derrengaba.

La clase de filosofía que contaba con un par de estos alumnos que sacase la cara por ella, ya se creía capaz de hacer frente á la pandilla de Cuco, el del muelle de las Naos, ó al rebaño de mozos más aguerridos de Monte.

Correrla entre nosotros, equivalía á pasar las horas de la cátedra jugando á paso en el Prado de Viñas, ó pescando luciatos en el Paredón, ó acometiendo alguna empresa inocente en el Alta.

Correrla en compañía de un par de náuticos, era provocar á todo bicho viviente, hundir á cales cuanto sombrero alto se viese sobre cabeza de aldeano, llegar á regiones inexploradas, tocar todo lo prohibido, buscar por entradas difíciles salidas imposibles, volver, en fin, á casa desgarrados y sucios, muertos de fatiga, cubiertos de cardenales y sangrando por las narices.

Pero por más que entre los filósofos y los náuticos hubiese algunas individualidades unidas por vínculo amistoso, colectivamente las clases eran incompatibles; se repelían entre sí, se separaban como el agua y el aceite. Por supuesto, que allí el aceite eran los náuticos; es decir, los que siempre quedaban encima.

Para ellos no había conserje, cargos ni títulos dignos de su consideración, y pasaban por en medio del mismísimo claustro de profesores, sin ocurrírseles llevar la mano á la visera por vía de saludo. Sólo temían y respetaban, y hasta querían, á su propio catedrático, el que ya no existe, don Fernando Montalvo.

Este inflexible, recto é ilustradísimo profesor, parecía nacido para domar aquella raza especial de estudiantes. Su vastísima instrucción, su carácter un tanto excéntrico, su proverbial voluntad de hierro, su continente severo é impasible, le investían en cátedra de cierta majestad sui géneris, contra la que rara vez osaba rebelarse el alumno más díscolo. Sobre su mesa y bajo su mano, el reglamento disciplinario del Instituto adquiría todo el color de las terribles Ordenanzas de mar. ¡Ay del que infringiera sus bases! Así se hacía respetar. Su mayor deleite era enseñar lo mucho que él sabía, estudiar para saber más, y dar un estrecho abrazo, á vuelta de viaje, á un discípulo suyo. Así se hacía querer.

Con este método, su pequeña república era una balsa de aceite; mas cuando, por una rara casualidad, dejaba de serlo, yo no sé á qué comparar el aspecto que tomaba la cátedra, sino al de una jaula de leones en el momento en que el terrible y severo domador esgrime entre ellos el sangriento látigo, y los humilla y arrincona amontonados y gruñendo. Temblaban los cristales, rompíanse los bancos, y el suelo se conmovía. No era de envidiar la situación del bedel á quien se encomendaba el peligroso encargo de encerrar en el número once á los condenados á este castigo después de la refriega. Por eso, toda atención con ellos le parecía poca antes de dar vuelta á la llave que los aseguraba.

En cambio, se la echaba de autoridad inexorable con nosotros, que marchábamos al calabozo como borregos al corral. ¡Así son las cosas de este pícaro mundo!

Concluídos sus estudios preparatorios en el Instituto, y después de hacer su primer viaje en calidad de agregado, era cuando dejaba el náutico este nombre y tomaba el de marino, con todos los honores inherentes á la categoría.

Á su retorno era la envidia de los humanistas, no por lo que había navegado, ni por lo que había visto, ni por lo que le habían engordado los puños y crecido las barbas, ni por el ruido sordo que al andar producía con las botas de agua, sino porque traía la picadura de la Habana á granel en los bolsillos del chaquetón, y para hacer un cigarro derramaba en el suelo tabaco para otros dos.

Recordarle en tales momentos antiguos títulos de amistad, era todo nuestro afán, y hallar su memoria accesible á los evocados recuerdos, el mejor negocio para nosotros, condenados á fumar anís á pasto, y, lo que aún era peor, los pitillos de cinco al cuarto que vendía Godos en la subida de los Remedios; pitillos que transcendían á demonios desde media legua, y lo mismo tumbaban chicos que cañas un vendaval recio.

Tras el puñado de tabaco y la caricia subsiguiente, que era un coquetazo que nos hacía ver las estrellas, venía la convidada en el café de La Marina, que ya no existe, ni tampoco la casa en que se hallaba en la calle del Arcillero.

El marino se atizaba, de dos sorbos, una copa de ron ó de Ginebra; nosotros libábamos otra de licor de rosa, mojando en ella, con mucho pulso, un canutillo de á dos cuartos.

Durante los tragos, los mordiscos al pastel y las chupadas á los cigarros, el convidante narraba sus primeras borrascas en la mar y sus aventuras en los puertos.

Por de contado que la noche antes del día en que se hizo á la vela para Santander, armó con otros camaradas de profesión la gran culebra, en la cual hubo todo aquello de echar los muebles á la calle, entrar la policía, apagar la luz, saltar por la ventana, cerrar la puerta por fuera, tirar la llave á la alcantarilla, etc., etc.

Y debía de ser verdad, porque las que armaba aquí se le parecían mucho.

Si al salir de casa encontraba usted un sereno con un ojo borrado, los cristales de un café hechos trizas, las puertas de una taberna fuera de quicio, cambiados los letreros de las tiendas de una calle, de modo que sobre una botica se leyese, por ejemplo: Quincalla y clavazón, y sobre una ferretería Almacén de comestibles; si con algo de esto, ó con todo ello junto, ó con mucho más, se encontraba usted, repito, al salir de su casa, y preguntaba por los autores de las fechorías,

-«Los marinos»-le respondían al punto.

Quiénes, de los conocidos en el pueblo, no había para qué inquirir. ¿Qué más daba? Todos eran lo mismo....

Por aquel entonces se habló mucho en Santander de la Berrona, que salía todas las noches, á las altas horas, no se sabía de dónde, y recorría varias calles determinadas. La Berrona era un animal, un fantasma ó un demonio muy grande, con dos ojos como dos hogueras, muchos pies y dos cuernos muy largos y muy derechos. Al andar hacía un ruido como de cadenas y cacerolas de latón que chocasen entre sí, y lanzaba berridos tremebundos, muy roncos y muy lentos, como las notas del piporro en las procesiones de la catedral.

Las comadres, al sentirla de lejos, trancaban las puertas; los chicos soñaban con ella, y los mismos serenos, que han sido aquí siempre hombres muy templados, al atisbarla en lontananza, hacían como que no habían visto nada y se iban por otra calle opuesta.

Pues, señor, la cosa llegó á excitar vivamente la atención de la autoridad, y el miedo del barrio rayó en espanto; la Berrona seguía, sin embargo, haciendo todas las noches su horripilante procesión.- Que la van á coger, que ya se sabe de dónde sale, que es de carne, que es un espíritu, que muerde, que cocea, que busca chiquillos para sacarles el sebo, que los serenos, que la policía, que cazarla á tiros ... y nadie se atrevía á pedirle el pasaporte.

Al cabo, la delación de un pinche de billar hizo luz en el horrible caos, y el misterio se aclaró. ¿Saben ustedes lo que era la Berrona? Una docena de marinos que salían de un café muy popular en Santander, por lo antiguo y por lo especial de su parroquia (el cual café no nombro porque aún se conserva tan boyante como entonces, aunque más tabernizado); una docena de marinos agrupados de cierta manera y tapados hasta la rodilla con el paño de cubrir la mesa de billar del susodicho café. Los ojos del fantasma eran dos linternas, los cuernos dos tacos, y la causa del ruido metálico, una batería completa de cocina, bien manejada debajo del paño. En cuanto á los berridos, un amigo mío, que por cierto no era marino, aunque formaba con ellos muchas veces, sabía darlos como el mejor piporro; los marinos de la Berrona no hacían más que acompañarle en el tono que podían.

Aunque el marino era con frecuencia perteneciente á las principales familias de la población, no había que buscarle en la Alameda, ni en el salón del Suizo, ni en los bailes de formalidad. Semejantes atmósferas le asfixiaban. Sus terrenos preferidos eran los cafés de segundo orden y todas las calles de la población, siendo de noche. Como extraordinarios, las romerías cercanas y los jaleos de las sociedades Sin nombre, Unión soltera y otras ejusdem farinoe.

En los cafés jugaba al billar ó al dominó, aunque prefería el papel de espectador, con el santo fin de divertirse á costa de algún jugador distraído ó atrabiliario.

En las calles, ya conocemos el género de las diversiones á que se dedicaba.

En las romerías, indispensablemente había de pegarse de cachetes con los zapateros.-«Los zapateros» eran entonces otro gremio especialísimo que no comprendía, según la acepción popular del título, á todos cuantos machacaban suela y tiraban del cabo, así en un portal como detrás de una vidriera. El tipo del individuo de ese gremio era un joven de pelos y bigotes erizados, pálido de cutis, hundido de vientre, con las manos muy sucias, chaquetilla á media espalda, pantalón de campana, gorrita en la cabeza, sin chaleco y con la camisa muy sacada sobre la cintura. Los zapateros frecuentaban todos ó la mayor parte de los sitios de recreo de los marinos, por lo mismo que éstos, dondequiera que los hallaban, los abrasaban á epigramas y los acribillaban á burlas de todos géneros. De aquí la tirria que se profesaban y los bofetones que se sacudían.

En las sociedades á las que, como se ha dicho, concurría alguna vez el marino, no bailaba ni enamoraba. Lo mismo que en los demás teatros en que le hemos visto, en aquéllas su único afán era armarla ... mejor cuanto más gorda. Si por epílogo había bofetadas, retemejor. Precisamente el esgrimir los puños era, como se habrá observado, su gran delicia.

De ordinario usaba un lenguaje especialísimo, un caló, digámoslo así, que en nada se parecía al de los demás marinos de la tierra, entre quienes es cosa corriente aplicar á todo el tecnicismo náutico. No llamaba á nadie ni á nada por su nombre verdadero, y los que usaba en sustitución, tomados del lenguaje popular de Santander, eran en alto grado expresivos y adecuados.

-Vengo de casa del señor de Viruta-decía, por ejemplo, muy serio.

Y usted, que no conocía á semejante persona, se devanaba los sesos inútilmente por averiguar quién era, hasta que el otro, extrañándose de tanta torpeza, le decía que el señor de Viruta era Fulano de Tal. Y entonces tenía usted que soltar la carcajada, porque Fulano de Tal era un carpintero, largo, seco y doblado, casi enroscado, como las cintas de madera ó virutas que sacaba con su garlopa.

Refiriendo una rumantela, y ponderando una bofetada que en ella había dado, decía, verbigracia:

-Vamos, que le casqué la sopera.

Lo cual significaba que había abierto la cabeza á su contrario.

-Saca esa cerraja-decía aludiendo al reló que uno llevaba en el bolsillo, para que se mirase en él la hora.

Si se quejaba de la caldera, debía entenderse que le dolía el estómago.

Para los vocablos finos era aún más original. Los usaba de los más exquisitos, á juzgar por la eufonía, tanto, que para convencerse de que muchos de ellos eran rematados desatinos, había que analizarlos muy al por menor. No tenía acopio hecho de estos términos; pero sí una facilidad asombrosa, una especie de máquina para producirlos cuando los necesitaba. Ejemplo al canto.

Salía yo una noche del teatro; y, como rapaz que á la sazón era, caminaba más que de prisa, casi asustado de verme fuera de mi casa á horas tan avanzadas; como que quizás era aquélla la vez primera que yo las oía sonar hallándome al raso. Pisaba yo recio y menudito saboreando en mente los episodios de la comedia que acababa de ver, cuando al entrar en la calle de la Blanca sacáronme de mis meditaciones fuertes y descompasados gritos que daban dos hombres riñendo en uno de los extremos de la calle. Paréme á escuchar, no sé si por miedo ó por prudencia, y al punto conocí la voz de uno de ellos, marino de profesión, aún no piloto, y que más de dos veces me había honrado en el Instituto con sus testimonios de cariño á su manera. Llegaba la refriega á su desenlace, cuando de ella me enteré yo. Y dijo la voz que me era desconocida, á vueltas de algunas interpelaciones cáusticas y violentas de ambas partes:

-¡Á mí no me venga usted con cacofonías!

Y respondió en el acto la voz que yo conocía, en un tono que tanto picaba en burlón como en iracundo:

-¡Ni usted á mí con términos fisimánicos!

En seguida se oyó, retumbando en la calle solitaria, el ruido de una sublime bofetada, y el de un hombre que cae al suelo, rompiendo, al pasar, con la cabeza, el tablero de una tienda, ó cosa así.

Conociendo, como yo conocía, al uno, no era muy aventurado creer que el derribado por la bofetada tenía que ser el otro, por recio que fuese. Sin embargo, para cerciorarme del todo, á pesar del miedo que tenía, acerquéme al lugar de la catástrofe, y encontré el cuadro como yo me lo imaginaba; sólo que entonces conocí también al caído, gran pedante y muy trapisondista.

Ahora bien: ni ustedes, ni yo, ni el que lo dijo, sabemos lo que significa la palabra fisimánicos. Pero á él le habían amenazado con cacofonías, y necesitaba responder con algo que sonase aún mejor y largó fisimánicos, y por si aún era poco, la bofetada que, como él decía, nunca estaba de más.

Con narrar ya algunos capítulos de la vida y milagros de este marino, que mucho ha es capitán y buen amigo mío, saldría muy á mi placer de la tarea en que estoy empeñado, puesto que él ha sido el modelo más perfecto de la figura que voy garrapateando; pero me temo que no había de agradarle la exhibición de esos detalles de su legítima pertenencia. Harto satisfecho me juzgaré si me perdona la frescura con que he sacado á relucir, de golpe y porrazo, el que él sacudió en la calle de la Blanca sobre su cacofónico adversario, que ya no existe, razón por la cual no solicito también su indulgencia.

Era cosa de caérsele á uno la baba el oir á dos marinos hablar entre sí en el caló, cuyas muestras he presentado; y si la conversación versaba sobre costumbres de lejanos países, como la costa de África, adonde iban algunos, ó Sierra-Leona, adonde los llevaban los cruceros ingleses, había para desternillarse de risa.

Diera yo aquí de buena gana un modelo de esos diálogos ó de esas relaciones; pero me abstengo de hacerlo, porque no puedo copiar junto á las palabras los ademanes, las inflexiones de la voz, la expresión de los ojos ... y la de las manos; sí señor, la de aquellas manos robustas, velludas, entreabiertas siempre y accionando de un modo tan pintoresco como elocuente. Tampoco me sería lícito, ni conveniente, la reproducción de ciertas interjecciones indispensables para el colorido, ni podrían pasar muchas comparaciones, llenas, por otra parte, de gracia y de verdad.-Suplan, pues, esta omisión con su propia memoria aquellos de mis lectores que conocieron el tipo, y los que no, perdónenmela en gracia del motivo que me obliga á incurrir en ella.

Deteniéndose un momento á considerar los gustos y las inclinaciones de un marino en los ejemplos que dejo citados y en otros del mismo género, que no consigno por muchas razones á cual más atendible, hay que convenir en que había en su carácter mucho de pueril; era ni más ni menos que un muchacho con barbas y mucha fuerza; inquieto, enredador, caprichoso, alegre, indiferente á todos los sucesos del mundo, y apegado con invencible pasión á las calles, á los tipos, á las costumbres de su pueblo natal. Por él suspiraba en Londres, y en Nueva York, y en los puertos más concurridos y llenos de maravillas. En el mismo Convent-Garden recordaba con envidia los tinglados de volatines del Juego de pelota, y daba todos los primores artísticos ó industriales que se le pusieran delante, por el sublime placer de pegar una soba á Capa-rota, ó un par de escobazos en la cara al pinche de la taberna del Tío Pío cuando la sacase por el ventanillo, á las altas horas de la noche, para responder á la voz traidora que desde la calle le había pedido medio de anisete. Le llamaba más la atención las barracas hediondas del muelle Anaos que los grandes docks del Támesis; y acordándose de la romería del Carmen, era capaz de echarse á llorar en medio de Hyde-Park, si en él se encontraba el domingo siguiente al día 15 de Julio.

Figúrense ustedes lo que sería este hombre cuando hallaba en extranjis, como él decía, un paisano suyo. Para correrla con él, le parecía poco el mundo entonces, y aun se creía capaz de arremeter con éxito á una escuadra de polizontes.

Por eso prefería los viajes á la Habana. Allí tenía un amigo de la infancia en cada esquina, y mientras estaba con ellos gozaba á sus anchas, porque podía comer, hablar y armarlas al estilo de Santander.

Así se conservaba este tipo, íntegro en todos sus detalles, hasta que ascendía á capitán. Entonces, empezando por largar el chaquetón y por vestirse la levita de paño fino, y por echarse el gran reló y la no pequeña cadena de oro, y hasta el odiado sombrero de copa, como hombre á quien se encomendaban intereses cuantiosos con absoluta confianza, revestíase de formalidad y desaparecía casi por completo de la escena en que le hemos estudiado.

Decir al lector que hombres de semejante temple eran en la mar modelos de arrojo y valor, lo creo excusado.

Quizá sepa también por la fama, y si no lo sabrá ahora, que esta casualidad no era la única prenda que los adornaba como marinos; realzábanlos más y más su rara inteligencia en la profesión azarosa, y un corazón generoso que siempre los tenía dispuestos á sacrificar su vida por la del último grumete de á bordo.

Hacia el año 50, época en que empezaron á transformarse radicalmente las costumbres populares de Santander, fué cuando el marino acabó de perder sus detalles típicos.

Desde entonces acá, á los que le han ido sucediendo en las diversas jerarquías de la carrera, confundidos en el porte y la conducta con las demás clases sociales de levita y sombrero de copa, apenas se les distingue en el paseo ó en los salones por lo atezado del rostro ó la pesadez de las manos.

Y la súbita metamorfosis ha sido tan profunda, que llega hoy hasta las mismas raíces de la clase.

Más de dos veces he ido al Instituto, en estos últimos años, con el solo intento de contemplar el tipo del antiguo náutico: no he podido hallarle. Los alumnos de esta escuela, ni en figura, ni en porte, ni en costumbres, se distinguen ya de los rapazuelos humanistas con quienes se asocian tan íntimamente como dos gotas de agua.

Como no es de mi incumbencia averiguar el porqué de las personas y de las cosas que expongo en mi pobre galería, dejo al filósofo lector la tarea de explicar ese fenómeno de transformación, que consigno como un hecho notorio.

Sin embargo de lo dicho sobre semejante cambio, los marinos actuales que proceden de la partida de la Berrona y de otras sus coetáneas, aún conservan, para un ojo práctico, ciertos resabios de aquella época; examinándolos con cuidado, aún se ve asomar bajo sus hábitos nuevos la hilaza del antiguo chaquetón de paño pardo; aún hablan como entonces si se les sabe tirar de la lengua, y es cosa probada que toman de mejor gana una cazuela de sardinas en la taberna de Regatillo, que un biftec en el restaurant del Occidente. Seguro estoy de que no me desmentirá el aserto mi amigo el de la consabida nocturna bofetada fisimánica. ¡Cuántos ratos deliciosos suele éste proporcionarme sin percatarse de ello, con sus narraciones de pura casta! ¡Con qué fruición, pueril quizá, pero disculpable, me digo después de oirle:-«Aún queda un marino!...» ¡Y qué tentaciones me acometen otra vez de publicar aquí algunas de esas narraciones!

Para no incurrir en semejante pecado, cierro el registro con un punto final..., más no sin dejar consignada antes, y como un acto de justicia, la siguiente declaración:

Los marinos de Santander, al vestirse la levita de hoy, no se han dejado la abnegación, la pericia, ni el heroísmo, en el burdo chaquetón de ayer.

1869.

LOS BAILES CAMPESTRES

En una ocasión, hallándose en la romería de San Juan, ó en la de San Pedro, ó en la de San Roque, ó en la de Santiago, ó en la de los Mártires, pues la crónica no lo fija bien; hallándose, digo, en una de estas romerías más de nueve petimetres santanderinos, y no menos de diez damiselas de copete, y hallándose más que regularmente aburridos, lo cual es de necesidad en una romería mientras en ella no se hace otra cosa que ver, oir y brujulear, resolvieron los primeros proponer á las segundas, con las respetuosas salvedades de costumbre, un honesto entretenimiento que, ajustándose en lo posible al carácter del sitio y de la ocasión, fuese digno de las distinguidas personas que se aburrían. Las pudibundas jóvenes aceptaron la propuesta en cuanto al fin. Por lo que hace al modo; los atentísimos galanes, después de discurrir breves instantes, no hallaron, así por razón de honestidad como por razón de sitio, causa, etc., nada más á propósito que un baile improvisado. Las mujeres de entonces, como las de ahora, juzgaban de buena fe que no era un abuso de lenguaje, ó cuando menos, un error de observación, la honestidad, del baile; y no dudaron un instante en aceptar el propuesto, con tal que fuese por lo fino, y no al grosero estilo de los populares, como los que tenían delante y formaban el principal objeto de la romería; exigencia que manifiesta bien claro, que también, en el concepto de aquellas escrupulosas beldades, las cabriolas y escarceos, según que se ejecuten de abajo arriba (more plebeyo) ó de acá para allá y en derredor (more aristocrático), son pecaminosos y groseros, ó edificantes y solemnes.... Digo, pues, que se aceptó la proposición del baile con la restricción consabida, y añado que los proponentes se adhirieron á ella con tanta mayor decisión, cuanto que, á fuer de señores, nunca entró en sus ánimos bailar de otra manera. Acto continuo se procedió á la ejecución del pensamiento. Para teatro de la fiesta se eligió una pradera separada de la romería por un regato, ó por un seto transparente, pues sobre este punto tampoco están las crónicas muy de acuerdo, y para orquesta se ajustaron, por horas, un violinista y un gaitero trashumantes, de los muchos que había en la romería, y acaso los únicos que á la sazón se hallaban desocupados. No estaban los sedicientes músicos muy diestros en materia de aires señoriles, pero eran muy amables y pacientes los obsequiosos petimetres; y á fuerza de piafes y silbidos, lograron enseñar al violinista el wals de las patatas. No así al gaitero, que era de suyo más torpe; pero, en cambio, sabía tocar el «Ay, ay, ay, mutillac», el cual aire se aceptó para rigodón, baile que ni de oídas conocía el violinista. Adquiridos tan indispensables elementos, dióse principio, á las seis de la tarde, á la distinguida diversión, con no poca sorpresa y hasta admiración de la gente menuda, que invadió bien pronto la pradera, formando ancho y respetuoso círculo alrededor de los danzantes. Por aquel entonces aún no se conocía en España la polka, y el baile de los señores no solamente no se había aclimatado entre la gente del pueblo, sino que aun entre los señores mismos eran limitadísimos los aptos para un lance improvisado como el que se refiere. Y por cierto que debía de haber algo de ignominia en ser de los ineptos, porque es cosa averiguada que, antes de confesarse tal uno de ellos, córam pópulo, deslizábase rápido, y primero se dejaba descuartizar que presentarse á media legua del baile.

El de que voy hablando concluyó al anochecer; y como fué tan grato á los que en él tomaron parte, hablaron éstos del asunto en la ciudad, cundió su fama en paseos y salones, y, por si iban mal dadas, aprendieron á bailar los jóvenes que aún no sabían, y los que sabían mal, se perfeccionaron. Los que pasaban por núcleo de la elegancia y daban el tono en el pueblo, tomaron el lance todavía más por lo serio, y convencidos de que con el aspecto que la cosa presentaba se hacía indispensable su concurrencia en bien de la culta sociedad, que oficialmente parecía aceptar la innovación, no dudaron en hacer un sacrificio, comprometiendo, desde luego, hasta cuatro músicos de profesión para la próxima romería.

Á la cual concurrió el señorío en doble número que á las anteriores, llevado de la tentación de la orquesta, con cuya salsa, y la buena disposición en que se hallaban los ánimos, se hizo una pepitoria de bailoteo que tuvo que ver.

Tanto, que en la siguiente romería hubo hasta seis músicos y venticinco parejas de primera fuerza.

Y así creciendo siempre la fama y el éxito de los bailes campestres, llegaron á hacerse de primera necesidad en todas las romerías próximas á la ciudad, y á tal altura permanecieron durante algunos años.

Al cabo de ellos, notóse que la afluencia de curiosos era sobradamente numerosa; se temió, no sin fundamento, un atropello feroz en el caso probable de una paliza popular; vióse, con justificable desagrado, que el gremio de modistas y de costureras, aprovechándose de los perdidos ecos de la orquesta, bailaba también á su compás en un prado inmediato; y, por último, se observó con indignación que más de una pareja de aquel campo, intrusándose á la descuidada en el vecino, danzaban en él después con una familiaridad que rayaba en provocación.

Á todo esto, la polka había atravesado ya la frontera, y se establecía entre nosotros, no como un huésped, sino como un conquistador. Recordarán ustedes que había sombreros á la polka, y pantalones á la polka, enaguas á la polka y hasta natillas á la polka. Los chicos la tarareaban en la calle, y las fregonas la piafaban en la fuente; vinieron maestros de allende el Pirineo que la enseñaban en veinte lecciones, y las tomaban con avidez la jóvenes distinguidas y los hombres elegantes. Con aquella conquista famosa los salones de baile sufrieron una transformación radical; porque la polka no era un baile, sino todo un sistema, toda una época. No se olvide que en la polka primitiva había su poco de dislocación, mucho contoneo, y que hasta se exigían, para bailarla en regla, tacones de metal en las botas. De modo que bailar la polka era dar un espectáculo, punto más curioso que el que dar pudieran la Güy Stephan ó la Petra Cámara. Pero este espectáculo, si bien en los salones de la ciudad era de buen tono ante una escogida y culta concurrencia, delante de un populacho grosero y sobre la yerba de un prado de Cueto ó de Miranda, se prestaba á mil inconvenientes, el menor de los cuales era el ridículo.

Por eso, y por las observaciones y peligros que más atrás apunté, los señores bailarines de las romerías determinaron amparar su diversión favorita con un muro sólido y elevado, contra la curiosidad irreverente de la muchedumbre.

Y hete aquí que junto al campo de la romería se alquiló una huerta de altas tapias, y se sorrapeó una parte de ella, y se puso á la puerta un hombre con orden terminante de no dejar entrar á nadie que no fuese presentado ó acompañado por alguno de los señores que mandaban allí.

Con esta garantía de seguridad y de independencia, los bailes campestres adquirieron nuevo vigor, y los autores de tan saludable pensamiento merecieron bien de la culta sociedad santanderina.

Pasaron así algunos años, y los elegantes directores de la ya popular diversión veraniega, cediendo á los rigores del tiempo, que en su marcha inalterable todo lo agosta, lo arruga y lo encanece, tuvieron que abandonar como actores aquel teatro, y limitarse al papel más cómodo, aunque menos deleitoso, de espectadores.

La generación que se presentó á sucederlos en el cargo que dejaban, considerando, á la primera ojeada, que celebrándose algunas romerías á mucha distancia de la población, era preciso, para volver con el crespúsculo á casa, suspender el baile apenas empezado, ó empezarle con los garbanzos aún entre los dientes; considerando además que para las señoras, rendidas de brincar, era demasiado largo y penoso y hasta peligroso, el camino por las callejas de San Juan y San Pedro, y considerando otras varias circunstancias no menos graves, y, por último, que la gente del buen tono nada tenía que ver con las rosquillas, cazuelas de guisado, perés y otros groseros excesos de las romerías.

Decretó que en adelante los bailes campestres, respetando, enhorabuena, como motivo de ellos, las romerías, tendrían lugar, por las de San Juan, San Pedro y San Roque, en las huertas de la Atalaya, y por las de Santiago y los Mártires, en las de Miranda. Y así se hizo con gran éxito y por largo tiempo.

Este período de los bailes campestres, que pudiera llamarse su edad media, bien merece una especial mención. Entonces entré yo en escena; quiero decir que empecé á bailar en ellos. Y lo advierto, no tanto por motivar la historia que, á fuer de agradecido, voy á hacer, cuanto porque tengan más fuerza de verdad los detalles que apunte.

Y sucedía entonces que una comisión, nombrada por elección de la que cesaba, formaba una lista con los nombres de las personas que juzgaba dignas de tan señalada honra. Esta lista se presentaba á cada uno de los inscritos en ella, quien ponía al margen de su nombre su conformidad, á no tener luto reciente, ó estar enfermo de gravedad. La primera vez que se me buscó á mí con tal objeto, creí desmayarme de emoción; y con mano trémula escribí en el correspondiente lugar del catálogo un SÍ tan gordo como dos ciruelas. Y no extrañe nadie el suceso. Tenía diez y nueve años, precisamente la edad, entonces, en que sentándole á uno mal los juegos y entretenimientos de los muchachos, no podía, sin embargo, entrar en la esfera de acción de los hombres; y así, sin saber á qué zona arrimarse, porque en ambas estorbaba, le aquejaba cada pesadumbre que le partía. Además, en las listas de socios para los bailes de campo no figuraba sino lo escogido de la juventud del pueblo, según el criterio de la comisión; de manera, que verse llamado por ella en lances semejantes, era la declaración solemne y oficial, no solamente de que salía uno de la categoría de chiquillo y entraba en la de mozo, sino en la de mozo distinguido, activo y útil. No era uno masa, no era vulgo. Con tan honrosa credencial, estaba yo autorizado para saludar en el paseo á las señoritas más encopetadas, para tomar sorbete en el salón principal del Suizo, para codearme con los hombres elegantes, y, sobre todo, para entrar sin obstáculo en los círculos cuyas puertas se cerraban, por razón de lustre, á la inmensa mayoría de mis conciudadanos. ¿Era esto costal de paja? Queda, pues, bien justificada mi emoción al poner el primer sí donde le puse.

El mismo corredor de las listas nos entregaba la víspera del baile una credencial de socio y tres billetes de convite, impresos en cartulina, con letras de oro, y rubricados por la comisión. Distribuídos éstos con las más exquisitas precauciones, á fin de que los objetos de nuestras atenciones no fuesen indignos de la dignidad de la fiesta, llegábase uno con la credencial á la huerta de Aspeazu, ó á la de mi amigo Mazarrasa; y allí estaba lo bueno; es decir, un gran cuadro de terreno al aire libre, cuidadosamente sorrapeado y regado; dos docenas de farolillos de vidrio y hoja de lata, fijos sobre otros tantos mangos de cabretón, que le circuían; ocho ó diez músicos agrupados en un ángulo, y el mismísimo repartidor, que guardaba la puerta y recibía los billetes. Nada digo de la concurrencia, porque ya se sabe que era lo más selecto de la población. Pues bien, todo ello junto no nos costaba al día siguiente más de tres pesetas á cada socio. ¡Con tan liviano presupuesto se procuraba á la florida juventud santanderina el más apetitoso deleite de cuantos ofrecérsele podían! Saboreándole como un niño un caramelo, con temor de que se acabase, consumía cada baile de los cuatro ó cinco que se le daban en todo el verano; de modo que era una pena que desgarraba el alma ver en tales ocasiones aproximarse la noche.

Si ésta se presentaba serena y despejada, menos mal, porque se encendían los farolillos y continuaba la danza otra hora más; pero si Cabarga se encapotaba y era la brisa húmeda, síntomas infalibles de lluvia inmediata, daba la comisión las órdenes oportunas á los músicos, después de tomar las de las señoras; y allí nos tenían ustedes bajando á Santander, al compás de un pasodoble, cada uno con su cada una, ofreciéndoles aquí la mano para saltar una zanja, y allá el pañuelo para sacudir el polvo.... ¡Y era de ver, si llovía, cómo las delicadas sílfides, sacando fuerzas de flaqueza, arremetían con el lodo, cubriéndose el busto con la falda del vestido! ¡Y era hasta de admirar aquella procesión de blancas enaguas, iluminadas apenas por la mortecina luz de los veinticuatro faroles que enarbolaban los más obsequiosos acompañantes, á guisa de maceros ó reyes de armas, en sus diestras!

«¡Aquí de don Quijote!», pensaba yo una noche que tal sucedía. «¿Qué hiciera con nosotros el valeroso manchego, si en esta guisa nos hallara? ¿No arremetería furioso contra esta muchedumbre, tomándola por escuadrón de fantasmas, ó por sarta de disciplinantes? ¿Creería, si se lo jurasen, que erais, entre tanto barro y azotadas, como vais, por la cellisca, las más mimadas flores del hermoso jardín de la Montaña?»

Si al llegar á la población no había llovido ni cabía temor de que lloviera ya, hacía alto la comitiva en la Alameda chica, ó en el Muelle, frente al Suizo; y en cualquiera de estos dos sitios continuaba la danza hasta las once.... Y cuidado con reirse, jóvenes pizpiretas de hoy, que empezáis á bailar á la hora en que, rendidos, lo dejábamos nosotros; que aún no soy viejo, y, sin embargo, bailé en dos ocasiones y en distintos años (¡Dios me lo perdone!) delante de la Capitanía del Puerto; lo cual quiere decir que, si no vosotras, algunas de vuestras hermanas me sirvieron allí de pareja; ¡allí, sobre las mismas losas en que se arrastran las narrias y se celebran los cabildos de los mareantes de Abajo, y se bergan las barricas de aceite!

Pero estos inconvenientes, á pesar de justificarlos la costumbre, no podían menos de obrar de una manera desagradable en el ánimo de los hombres llamados á fomentarla y á perfeccionarla en lo posible. Así fué que un día, dándose á pensar muy seriamente sobre el asunto, concluyeron con este fundadísimo razonamiento: «Toda vez que no formamos ya parte de las masas, y somos independientes, y nada tenemos que ver con las fiestas de la muchedumbre, ¿por qué hemos de dar nuestros bailes precisamente en días de romería? Y si, prescindiendo, como debemos prescindir, de esta causa, elegimos los que más nos acomoden del verano para bailar, ¿por qué no hemos de hacerlo á la puerta de casa y con toda tranquilidad?»-Y aquellos infatigables reformadores columbraron al punto en el barrio de Santa Lucía, la huerta de Noriega; en la cual huerta había un juego de bolos, y el cual juego de bolos estaba rodeado de un cobertizo de tablas, á modo de pesebrera; y exclamaron:-Voi-ci notr'affaire, es decir, aquí está lo que necesitamos: amparo contra el relente y la lluvia, proximidad al hogar de cada uno, é independencia absoluta. Para corresponder á este esfuerzo, los demás socios se comprometieron á serlo, por lo menos, de cuatro bailes en cada temporada, lográndose de este modo que en la primera se diesen seis, de los cuales el menos favorecido se acabó á las once, porque había empezado á las ocho, por aquello de que estaba á la puerta de casa. Cubrióse, para alguno de ellos, el salón-bolera con un pabellón ó bóveda de rústicas guirnaldas; y con esta mejora y otras análogas, pasó la cuota individual por encima de cinco pesetas. Al siguiente año se alumbró la huerta con gas; y como á sus fulgores se veía muy claro, presentáronse las damas, muy compuestas, á las nueve; no empezaron á bailar hasta las diez; las más rendidas lo dejaron á las doce..., y subió la cuota á treinta reales.

Estos despilfarros puede decirse que señalan el comienzo de la era moderna de los bailes campestres de Santander.

Entretanto, las costureras, que habían venido siguiéndolos desde los prados de San Juan hasta las huertas del Alta, y rindiéndoles culto á sus propias expensas, prescindieron también del motivo de las romerías para bailar, y también se bajaron á la población para bailar más tranquilas, y pujaron el alquiler de la mismísima huerta de Santa Lucía, y no hallaron sosiego hasta que lograron bailar en ella con el mismo gas y el propio decorado de las señoras, aunque en distintos días.

Éste y otros disgustos análogos pusieron á los provocados en la necesidad de hacer un esfuerzo heroico..., y le hicieron á fe mía.

Media docena de esos hombres de buen gusto, que á todo van á un baile más que á bailar, se hicieron las siguientes reflexiones: «Que la pasión de la danza tiene hondas raíces en la buena sociedad de este pueblo, es innegable: nosotros la hemos visto bailar sobre el húmedo retoño de las praderas, entre las coles y cebollinos de las huertas, sobre los guijarros de la Alameda y sobre los adoquines del Muelle; derretirse los sesos bajo un sol africano á las cuatro de la tarde, por llegar á las cinco á la romería y bailar en ella hasta las siete, volver después, al crepúsculo, medio á tientas, por callejas y senderos, y aliquando meterse en barro hasta las corvas..., y siempre impávidas, y siempre pidiendo ¡más! Esta devoción raya en fanatismo, y está exigiendo á gritos un templo que vamos á proporcionarle nosotros, sin miedo de que nos falte nunca el concurso de los fieles para sostener el culto.»

Y alguno de aquellos hombres, con un desprendimiento digno de su carácter, anticipó una cantidad efectiva, en la cual los duros entraban por miles. Adquiriéronse terrenos y plantas y arbustos al efecto, y vinieron jardineros de extranjis, que cobran caro, eso sí, pero que bordan cuanto ejecutan en el arte; y allá van candelabros, y allá van surtidores, y canastillas, y glorietas, y toldos y diabladuras. Arreglado el salón al gusto de los más flamantes modelos, redactóse una constitución fundamental; elevóse, según ella, á doce el número de bailes en cada verano, y el de los de compromiso para cada socio, y la cuota de éstos á dos duros por cada uno de aquéllos, y se prohibió la entrada en el salón, en noches de fiesta, á toda persona del pueblo que se hubiese negado á ser suscriptor. Imprimióse una lista con los nombres de más de doscientas personas barbadas que aceptaron las bases citadas, y otras que no necesito citar, y, por último, encomendóse la administración y casi dirección de todo este laberinto, á la Guantería, acto que, por sí solo, daba la vida, el calor y la perdurabilidad á aquel cuerpo tan bizarramente construído.

Como vivo y elocuente testimonio de la exactitud de mis ponderaciones, ahí está, entre las dos Alamedas, enfrente del antiguo Reganche, y cada día más frondoso, más cultivado, más pulido, más bello, el famoso jardín, ó salón de Bailes de Campo, delicia de los madrileños, y asombro de los castellanos de Amusco y Becerril, que nos visitan durante la estación de los baños de mar.

Las fiestas que en él se celebran no afectan ya peculiar y exclusivamente á un grupo determinado de personas: son otros tantos acontecimientos que preocupan, agitan y remueven á las tres cuartas partes de la población: á la una, porque es la que baila allí; á la otra, porque va á ver bailar, ó á pasearse por los jardines, ó á cenar en el ambigú; y á la otra, porque ... juzguen ustedes: la otra tiene que subdividirse en tres grupos: el destino del primero es situarse en la calle de Vargas, frente á la puerta del salón, donde se pasa dos horas, á pie firme, como un soldado ruso, escuchando la música y contemplando el alumbrado del local; el segundo se coloca en la Alameda chica para revistar escrupulosamente los trajes de las señoras que van á bailar; y el tercero, se encierra en casa para en un caso de apuro, disculpar al día siguiente, con un supuesto dolor de cabeza, su ausencia del baile, que en rigor, fué motivada por la falta de un vestido, ó de un billete de invitación, ó de ambas cosas. Entre la gente que baila y brujulea, se halla la gran mayoría de los forasteros que á la sazón residen en la ciudad; con lo cual queda dicho que el salón campestre, en los quince años que cuenta de vida, hase visto hollado por los pies más insignes que en aristocracia, belleza, política, ciencias, artes, literatura, armas ... y tauromaquia, ha producido y sostiene el suelo español. Y por si tanta honra pareciese escasa al lector, quiero que sepa que también regias plantas de dos dinastías se han deslizado sobre el polvo de aquel rústico pavimento. ¿Á qué decir más en abono de sus timbres de nobleza?

De su crédito en la plaza, pregúntese á Romea, Teodora Lamadrid, Arjona, la Ristori y otras celebridades escénicas. Todas ellas, al buscar en el domingo, día clásico de huelga y despilfarro en los laboriosos pueblos de provincias; al buscar, repito, en el domingo el desquite de las flojedades de entrada de toda la semana, se han hallado con el baile campestre que les arrebataba, en masa, la concurrencia más cara, más abundante y más lujosa, es decir, el alma del negocio. Por eso, antes que con el público, estos artistas insignes dieron últimamente en la feliz ocurrencia de ponerse de acuerdo con la junta directiva del baile, que, en honor de la verdad, casi siempre ha accedido á respetar los días festivos, dejándolos para dar culto á Talía y Melpómene, visto que la saltarina Terpsícore no se ha de ver desairada aunque toque á función en noche de Difuntos.

Sobre este pueblo ha llovido en pocos años cuantas plagas son imaginables: crisis económicas que han reducido á polvo en una noche fortunas tradicionales; epidemias asoladoras que han diezmado las familias y cubierto de luto á la población. Todo en ella ha cambiado de aspecto á los rudos embates de la calamidad, todo ... menos los bailes campestres, que entre las ruinas del comercio y la melancolía del luto, se les ha visto retoñar al verano siguiente más concurridos, más ruidosos y más animados que nunca. Sin embargo, el mismo público que gime y se lamenta durante el invierno, es el que baila en el verano. ¡Inescrutables misterios de la humanidad, que yo respeto y admiro!

Por eso los tales bailes son la única curiosidad que podemos ofrecer ya en Santander á los forasteros que nos visitan durante el estío; el único aliciente, el mejor cebo.

Y en verdad que es muy justificable el afán con que le tragan los unos, y la especie de orgullo con que se le brindan los otros. Nuestro salón campestre, en una noche de baile, es una cosa encantadora; aquel conjunto de bellezas, así humanas como rústicas y de artificio; aquel enjambre de mujeres hechiceras, arrastrando el lujo y la vaporosidad de sus trajes y prendidos entre el otro lujo exuberante de la vegetación, á media noche, á la luz misteriosa que producen los destellos del gas quebrándose en el verde follaje de los árboles; los ecos de la invisible orquesta, el ambiente, la.... Vamos, que tiene aquello algo de fantástico que no se comprende bien á no contemplarlo.

Los famosos jardines parisienses de Mabille son muchos más espléndidos que los de la calle de Vargas; el lujo de las mujeres que en aquéllos bailan, quizá es más deslumbrante que el de las que asisten á éstos; pero ¡qué diferencia entre el efecto que en el ánimo produce la contemplación de uno y de otro cuadro! Lo primero que lamenta un hombre honrado en Mabille, al ver aquellas beldades, hez de la sociedad, verdaderos sepulcros blanqueados, entregarse á los más repugnantes alardes de impudor, entre las frenéticas dislocaciones del obsceno cancán, es que á tanto y tan asqueroso vicio se haya erigido un templo tan hermoso; y como consecuencia de tan oportuna lamentación, échase uno á considerar lo que aquello sería y el apacible deleite que ofreciera si, en lugar de las turbas de impúdicas artificiales bellezas que se subastan allí, haciendo, para lograrlo mejor, una repugnante gimnasia, lo poblaran mujeres honradas y de buena educación.

Pues bien, este deseo se cumple hoy en Santander por una rarísima excepción entre todos los pueblos de España. En algunos de ellos, y por motivos extraordinarios, se ha visto bailar en el campo á la gente del buen tono, una vez, dos, tres ... las que ustedes quieran; pero repetirse estos bailes con tal éxito y de manera que la repetición haya llegado á crear una necesidad pública, una costumbre característica ya de toda una clase social, precisamente la más remilgada y escrupulosa, gloria es que, por extraño privilegio, corresponde á Santander.

-Y ¿por qué?-me han preguntado al notarlo más de un forastero.

-¿Por qué vuela el ave?; ¿por qué corre el gamo?-les he respondido yo;-y ¿por qué se dan los dátiles en Berbería, y las naranjas en Murcia, y el arroz en Valencia? Pues por causas análogas, por razones idénticas se dan aquí los bailes campestres, como en ninguna otra parte; y en vano se afanarán ustedes por aclimatarlos en sus respectivos países, como fuera ocioso que nos empeñáramos nosotros en propagar en éste la palmera, el guayabo ... ó las academias. Los bailes campestres germinan y se desarrollan aquí espontáneamente, como la hiedra y los poleos, y viven y se reproducen, á pesar de todos los pesares, y son un artículo veraniego de primera necesidad, un rasgo peculiarísimo que forma parte de nuestro carácter, un detalle de nuestro tipo, como, en concepto de los señores de Madrid que nos conocen de oídas, las sardinas, las narrias, los cuévanos y las amas de leche.

Deben, pues, desechar su pesadumbre aquellos seres pusilánimes que temen que llegue un día en que el salón-jardín de la calle de Vargas cese en el destino que hoy tan gloriosamente cumple. En todo caso, si ese templo se destruyese, pues condición es de toda humana obra el ser efímera y perecedera, otro tan suntuoso se alzaría de contado para sustituirle: yo lo fío[16]. Sin teatro y sin escuelas podríamos vivir; ¡pero sin bailes campestres!... ¡Horror!

1872.

NOTAS:

[Nota 16: La profecía se ha cumplido este año. En el jardín de la calle de Vargas se acaba de construir un Circo ecuestre; pero los bailes se han trasladado al espacioso salón del Casino el Sardinero.

(Nota del A. en 1885.)]

EL FIN DE UNA RAZA

I

Nos despedimos de él diez y seis años ha, y ya era viejo entonces. Iba Muelle arriba, descollando su gigantesca arboladura sobre un enjambre de pescadoras y granjas que le rodeaban. Gemían unas, suspiraban otras, y se secaban los ojos muy á menudo con la orilla del delantal, ó con el dorso de la mano, mientras hormigueaban entre ellas los muchachos con el escozor de la curiosidad. Hablaba él con todos sin mirar á nadie, forjando los secos razonamientos á empellones, como si derribara las palabras de sus hombros y les diera el acento con los puños. Quien sólo le viera y no le escuchara, tomárale por fiero capataz de un rebaño de esclavos, y no por el paño de lágrimas de aquella turba de afligidos.

En tanto, cerca del promontorio de San Marín balanceábase un buque del Estado, arrojando de sus entrañas de hierro, entre sordos mugidos, espesa columna de humo que el fresco Nordeste impelía hacia la ciudad, como si fuera el adiós fervoroso con que se despedían de ella, y de cuanto en ella dejaban, quizá para siempre, agrupados junto á la borda, los valientes pescadores santanderinos, arrancados de sus hogares por la última leva.

Yo la describí entonces con sus menores detalles, y los nombres de sus héroes llegaron más allá de las fronteras de su tierra patria, no por virtud del artista que trazó el cuadro, sino por la importancia del sujeto de él. Pero de todos aquellos nombres, ninguno sonó tan recio como el de Tremontorio, el arisco y hercúleo marinero del Cabildo de Abajo, curtido por todos los climas y batido por todos los mares del mundo. Esta preeminencia, y alguna razón de arte, que se expondrá en sitio conveniente de este cuadro, me obligan á trazarle para que sepa el curioso lector qué fué de aquel castizo personaje desde que, en la apuntada solemne ocasión, se separó de él el último de los granujas que le habían rodeado, y solo y triste y refunfuñando, comenzó á subir lentamente los carcomidos é inseguros peldaños de la escalera de su casa.

Al llegar al fementido buhardillón en que le conocimos, trancó la puerta por dentro, sentóse con dificultad sobre un casi invisible taburete de pino, cargó la pipa, encendióla, chupó; y cuando espesas nubes de humo le envolvían la cabeza, la dejó caer entre sus nervudas, angulosas y curtidas manos, después de afirmar los codos sobre las rodillas. Así permaneció largo rato, oyendo los alaridos que de vez en cuando lanzaba la mujer del Tuerto en el buhardillón contiguo. Luego notó que le llamaban, y gruñó al conocer la voz; pero, aunque de muy mala gana, alzóse del banquillo y salió al balcón. En el de la otra buhardilla le esperaba la mujer del Tuerto, con los párpados hechos ascuas, las greñas sobre los ojos, la cara embadurnada con la pringue de las manos disuelta en lágrimas, en mangas de camisa, desceñido el refajo y medio descubierto el enjuto seno.

Al ver á Tremontorio, comenzó á gemir y á echar por la boca preguntas y exclamaciones á torrentes, mientras revolvía el bardal de su cabellera con las puntas de los trémulos y crispados dedos de sus manos.

-¿Se fué el venturao de Dios?... ¡Mariduco de mis entrañas!... ¿Lloraba, tío Miguel?... ¿Sa alcordó anguna vez de mí?... ¡Dígamelo, tío Tremontorio, que se me está partiendo el alma de pura congoja!... ¿Irá muy lejos?... ¿Volverá?... ¿Tardará mucho?... ¡Ay de mí, probe!... ¡Sola me dejó y sin arrimo!... ¡Hasta el de las inocentes criaturas me falta!... ¡Las que parí, tío Miguel; las que crié á mis pechos! ¡Me las han arrancao de casa!... ¡Bien sé yo quién!... ¡Bien sé yo por qué!... ¡Pero al otro mundo no ha de ir á pagarlo la muy sinvergüenza, cuentera y borrachona!...

Y en esto miraba al balcón de su suegra, echando todo el desaliñado busto fuera de la balaustrada. Tremontorio no hacía más que contemplarla por debajo de sus cejas grises, pero, ¡qué celajes de su mirada! No la dulcificó el viejo marinero cuando la sardinera volvió á encararse con él; antes bien, cargó de nubes el ya tempestuoso cariz de su entrecejo, y por toda respuesta á tantas preguntas y declamaciones, largó á su vecina, á quemarropa, con la voz de un cañonazo, esta sola palabra:

-¡Bribona!

En seguida viró en redondo, con la calma y la solemnidad de un navío de tres puentes; se encerró en su guarida, tendióse sobre el jergón, y así le cogió la noche.

También había vuelto del Muelle el tío Bolina, y encerrado estaba en casa con su mujer y sus nietezuelos, desnudos, sucios y medio atolondrados desde la despedida de su padre, el atribulado Tuerto.

Al ver la sardinera que por aquel día no había modo de reñir con nadie desde el balcón, encerróse también en su caverna; sacó de un escondrijo una botella de aguardiente, bebióse cerca de la mitad; y cuando los vapores de aquel veneno comenzaron á adormecerla, acercóse balbuciente y con paso mal seguro á la sucia y fementida cama, y en ella se desplomó, revolcándose allí como cerdo en su pocilga.

II

Cambié de observatorio, por razones que no le importan un rábano al lector, y durante tres años nada supe de estos personajes. Un día me llevaron mis recuerdos y mis inclinaciones á visitar la calle en que los había conocido. Busqué con afán la casa que habitaron; pero no di con ella. En su lugar se alzaba otra flamante, con balcones de hierro y vidrieras con cortinillas. Ni rastros quedaban allí de la gente que yo iba buscando. Pregunté por ella á un antiguo convecino, y me dió estas noticias solas:

Al año de marcharse el Tuerto, que aún andaba en la Armada, murió de viejo su padre, el tío Bolina; y la viuda de éste, seis meses después, de soledad ... y también de vieja. Entonces recogió la sardinera sus hijos, y desapareció con ellos de la casa y de la calle. Cuando ya Tremontorio juzgaba excesiva la soledad de su buhardillón, pues la vecindad de Bolina era una necesidad para su alma, aunque él creía otra cosa, antojósele al propietario derribar la casa y construir otra capaz de más lucidos inquilinos; con lo cual, el célibe pescador trasladó sus penates á una bodega de la calle del Arrabal, donde vivía desde entoces, dedicando, como de costumbre, á hacer redes primorosas, todo el tiempo que le dejaba libre la lancha en que tenía una soldada.

Andando los meses, volví á verle en el Muelle, unas veces con el cesto de los aparejos al brazo y el sueste en la cabeza, de vuelta de la mar; y otras arrimado á las jambas de una puerta, silencioso y encorvado, como esas cariátides de la Arquitectura que sostienen bóvedas con las espaldas. Y no le vi más en mucho tiempo.

Ocurrió por entonces en España uno de esos acontecimientos que hacen raya en la historia de los pueblos; marejadas de fondo, como diría Tremontorio, cuyas ondas, bajo un cielo sereno, sin saberse en dónde nacen, son más impetuosas á medida que caminan; y llegan á la costa, y baten sus peñascos, y no hay entre ellos cueva, ni boquete, ni escondrijo donde la furia no meta su desgreñada cabeza con pavoroso estruendo, ni puerto tan seguro que no reciba sus espumas y sienta estremecerse el limpio cristal de sus aguas. Así se hizo sentir la fuerza de aquel acontecimiento excepcional, hasta en los hogares más apartados del calor de la política y de las pasiones de partido.

En otra parte he hablado yo del desdeñoso estoicismo de los mareantes de Santander enfrente de la maravillosa transformación que venía verificándose en esta ciudad, así en lo moral como en lo material. El empuje de este vértigo reformista derribaba sus apiñadas viviendas y secaba los fondeaderos tradicionales de sus lanchas; pues se echaban al hombro los pobres harapos de su ajuar, buscaban otro agujero en que meterse con ellos y un nuevo sitio en que fondear sus embarcaciones, sin volver la vista atrás, ni dárseles una higa por todo el ruido y aparato de la nueva civilización que los iba acorralando poco á poco. Para ellos no había en el mundo cosa seria y bien ordenada sino la mar, y la mar la había hecho Dios con el exclusivo objeto de que pescaran en ella los matriculados. Esta mar, es decir, cuanto de ella abarca la vista de un marinero desde la punta de Cabo Mayor; sus celajes, sus pescados, sus brisas y sus tormentas; las costeras del besugo, del bonito, de la sardina; los asuntos del Cabildo; el escaso valer del otro (jamás hubo avenencia entre el de Arriba y el de Abajo), y lo poco más que pudiera relacionarse con estos particulares, eran el mundo de estas honradas gentes. Todo lo restante no valía á sus ojos una sula. Fuera del gremio, no conocían á nadie en el pueblo; y de las diversas clases y categorías de éste, sólo citaban alguna que otra vez, pero como quien habla de cosas del otro mundo, á los comerciantes del Muelle. Así vivían apegados, desde tiempo inmemorial, á lo exclusivamente suyo: y en usos, traje, acento, y hasta lengua, fueron siempre en Santander lo que el peñasco en la mar: bello para el artista; un estorbo para los múltiples fines de las humanas ambiciones.

En tal estado de virginidad recibió esta gente las primeras noticias del acontecimiento de que íbamos hablando. No hay para qué decir que no hizo maldito el caso de él. Pero cuando, abiertas las válvulas á todos los pareceres y á todas las ideas, fué llegada la hora de echarse cada cual, á campo-travieso, en busca de terreno para alzar una cátedra en él, ¿qué doctor, por corto que fuera de alcances, no había de descubrir, á la primera mirada, el mejor de los terrenos para aquellos fines en la pura, tradicional, primitiva sencillez de la clase marinera? Así fué que, lloviendo sobre ella apóstoles de la flamante doctrina, comenzó á reblandecerse al son de tantos himnos y jaculatorias, y acabó por quedar encantada sin saber de qué, como el hombre de las selvas al oir las melodías de una flauta. Desde entonces se lanzó, con la pasión de los niños en libertad, á balbucir palabras, que no entendía, del nuevo vocabulario político; á las manifestaciones públicas; al club y á las urnas electorales, siendo muy de advertir que en este entusiasmo iban siempre delante las hembras, las cuales hubieran llegado á emular las glorias de las calceteras de Robespierre, si las circunstancias lo hubieran exigido. Jamás se ha visto una transformación más radical ni en menos tiempo.

Sin embargo, no hubo medio de meter el diente á Tremontorio. Estaba fondeado á dos anclas en su puerto natural, y no había fuerzas humanas que le sacaran de allí.

-¡Á pedricar al limbo, tiña, que está lleno de inocentes!-decía á los catequistas que se atrevían á hablarle ... desde lejos.-¡Pero á mí!... Yo ya sé que si quiero comer tengo que jalar del remo y jugarme la vida en la mar seis veces á la semana.... ¡Allí sus quisiera yo ver, tiña!

Si se le replicaba que precisamente para mejorar las condiciones del oficio era para lo que se le quería atraer al partido, añadía hecho un veneno:

-Pamemas, tiña; que si tan bueno fuera lo que tenéis á la mano, no vos acordarais de ofrecérmelo á mí; sus lo guardarais para vusotros, retiña.... ¡Si soy mule viejo!... ¡no vus canséis en calarme la sereña!

Y no mordía la ujana, el muy ladino.

En éstas y otras, presentósele un día el Tuerto con las manos en los bolsillos y la cara hecha un vinagre.

-¿De onde vienes, tiña?-le preguntó el viejo mareante, abrazando con cariño, pero muy admirado, al aparecido.

-Del departamento-respondió el Tuerto.

-¡Del departamento! ¿Pues no mandaste carta de allá, hace ocho días, para mí á Patuca, que sabe leer y escrebir?

-Cierto.

-Pus ná me decías entonces de venir tan aína. ¿Cómo es eso, tiña?

-Porque al otro día de escribirle á usté se prenunció la gente de la freata.

-¡Tiña! ¿Y tú también?

-No, señor...; pero me vi revuelto en la tremolina, sin saber cómo.

-¿Y á cuántos prenunciaos colgaron de las gavias?

-Á denguno.

-¡Retiña! ¿Cuándo se vió eso?... ¿Y serás capaz de venirte sin licencia?

-No, señor; traigo un pase.

-Pos ¿quién te le dió, cuando debieron haberte leído la sentencia de muerte?

-Un cabo de cañón y un terrestre de mucha soflama que mandaban allí.

-¿Y el señor comendante y los oficiales?

-Harto tuvieron que hacer con tomar puerto en la cámara, después de tumbar á media docena de prenunciaos.

-Pero, retiña, ¿cómo no te ahorcaron al saltar á tierra?

-Porque se tuvo por bueno el pase que me dieron á bordo, firmado por el terrestre.

-¿Y eres tú capaz de tomar cosa anguna de un terreste que se mete á mandar en una freata de guerra?

-¡Pero si no había otro remedio, puño!; y además, yo era ya cumplido, y de un día á otro tenían que despacharme.

-¡Con su cuenta y razón, tiña; no de ese modo!... ¡Un terrestre! ¡Á la Ferrolana pudo haberse atracado él á repartir licencias cuando dábamos la vuelta al mundo! ¡Bien saben ellos ónde se meten!... ¡Harto será, tiña, que no te güelvan á llamar; porque la ley es ley, y el que la hace la paga, si no es hoy, mañana!

-Pues, puño, con golverme por onde vine.... Así como así, pa ver lo que yo acabo de ver, morirse es mejor, cuanti más golver al servicio.

-¿Qué vistes, hombre?

-¡Lo último, puño; lo último que me quedaba que ver! Y créalo, tío Tremontorio: más me apesaumbra esto, que el venir con el pase del terrestre.

-Pero ¿qué vistes?

-¡Pásmese, hombre! Ahora mesmo, al pasar por el Muelle, he visto á la mi mujer vestida de comedianta, con un gorro á modo de pimiento, una casulluca con estrellas, y un pendón lleno de letreros, y más de un centenar de babiecas detrás de ella echando vivas yo no sé á qué.

-Eso es de todos los días, hijo; y no te pasmara si hubieras visto lo que yo voy viendo. Pero no tiene ella la culpa, tiña; que si no la pagaran por eso, no lo hiciera.

-¡Tarascona!...; la he de romper los pocos huesos que la dejé sanos.... Pero, ¿y los hijos, tío Tremontorio? ¿Qué será de ellos con esa madre? Quiero ir ahora mismo á su casa para recogerlos.

-¿Á su casa, tiña? ¿Ónde está ella? ¿Sabe naide si tiene casa la tu mujer?

-¿Pus ónde duerme, puño?

-Onde le coge la cafetera, hijo; con el ite de que no la suelta dende que anda con esa arbolaura por las calles.

-¿Y los hijos?

-Los hijos, si no hay quien por caridá los recoja á las puertas del Muelle por la noche, allí se la pasan á la timperie.... Bien sé yo, tiña, quién los quita el hambre y los da abrigo muchas veces; pero uno no puede estar en todas partes, ni ellos acuden á uno siempre que debieran.... Porque, retiña, la verdá es que se han hecho ya á la bribia; y por el carís que traen, van á hacer buena á su madre.

El Tuerto no quiso oir más, y salió de la bodega de Tremontorio, echando llamas por los torcidos ojos y maldiciones por la boca.

III

Creía el valiente veterano de la Ferrolana que, aunque con trabajillos, lograría irse haciendo á los nuevos resabios del gremio, y vivir en paz, si no á gusto, los pocos años que le quedaban de vida; y por conseguido lo daba ya, cuando cayó sobre sus anchas espaldas el peso insoportable de un infortunio con que jamás había soñado. Este golpe de muerte fué la abolición de las matrículas y la supresión de los cabildos, decretadas por el Gobierno imperante.

Creyó volverse loco con la noticia, y tardó muchos días en tragarla por cierta. Cuando no pudo negarla, no le cabía en su casa, y se largaba á la ajena, ó al Muelle, á desahogar la ira con el primer camarada que hallaba á sus alcances.

-No hay otro remedio que tragarlo, tío Tremontorio-le decían otros pescadores un tanto desengañados; pues cuando pidieron, por extrañas sugestiones, la abolición de las matrículas con el fin de verse libres de las levas, nadie les dijo, ni ellos lo cavilaron, que al desprenderse de una carga tan pesada, perdían, en consecuencia, el monopolio del mar y del puerto, que era la recompensa de ella.

-¡Que no hay otro remedio!-exclamaba Tremontorio, haciendo crujir los puños.-¡Eso lo veremos, tiña! ¿Quién lo ha mandao?

-El gubierno de arriba.

-¿Quiénes son esos gubiernos pa meterse en la hacienda de los mareantes? ¿Qué saben ellos de cosas de la mar?

-El que manda, manda, tío Tremontorio.

-¡No en mi casa, tiña!

-Pues la ley es ley ahora y siempre.

-¡Por eso mesmo: á la ley me agarro, y viva la de nusotros!

-Pero una ley mata á otra, y la nueva es la que vale.

-¡En lo terrestre, pase; pero no en lo de la mar!

-Pero, hombre, y dempués de bien desaminao, ¿qué vale too ello? Y aunque valiera, si nos quitan las levas....

-¡Las levas ... retiña! Siempre las tenéis delante de los ojos pa espantarvos el sueño.... Dos me cogieron á mí, y vos digo que no me pesa ahora que salí de ellas.... Más debiera espantarvos esto otro.... Sí, señor, tiña; y ciegos sois si no lo habéis visto bien claro. Con esa orden de arriba, se dice «abro la puerta á la mar...»; y allá voy yo, y allá vas tú..., y allá van ellos, ¡tiña!...; porque detrás de nusotros podrá ir, con la ley en la mano, el raquero del Puntal, el chalupero de las Presas y toos los tiñosos de la costa de la badía.... Y esto no lo aguanto yo, retiña; que la mar se hizo pa los hombres que deben andar en ella y han andao siempre, ¿Ónde se ha visto que la gente del muergo sea quién pa dir conmigo á la pesca de altura?... Ves digo que no tendréis vergüenza si vos dejáis igualar por esa grumetería.... ¡Pos dígote al respetive de lo de los cabildos! ¿Qué semos ya los mareantes sin ellos? ¿Aónde vas tú? ¿Aónde voy yo, que valgamos dos luciatos? Quiere decirse, tiña, que, de hoy palante, tanto da ser callealtero como de nusotros...; toos seremos unos.... ¡Pa ellos estaba, retiña!

-Too eso está muy bueno; pero considere que está escrito en ley allá arriba, y que de na sirve lo que nusotros estipulemos acá abajo.

-Ya verás si sirve, tiña. Por de plonto, sepan esos gubiernos que Tremontorio no güelve más á la mar con esa ley.

Y no volvió el testarudo veterano. Las redes le dieron para casa y pan, y el canon de su lancha para compaño. Pero advirtió, andando el tiempo, que, á pesar de la nueva ley, la mar no había sido profanada por los anfibios de la costa de la bahía; y como además se aburría mucho estando siempre en tierra, y la mar le jalaba como de cosa propia, resolvióse á estudiar el punto más á fondo, por si podían conciliarse su tesón y sus deseos. La nueva ley abolía, es cierto, la antigua matrícula; pero exigía, en cambio, una inscripción que daba á los inscritos privilegios parecidos á los que tuvieron los matriculados; y en cuanto á los cabildos, también quedaba algo, á modo de gremio, para sustituirlos.

No le llenó el ojo nada de esto á Tremontorio, pero, al cabo, era algo que ponía centinelas á la puerta de la mar; y como además le ponderaron mucho las ventajas sus compañeros de fatigas, y él tenía grandes deseos de conformarse, conformóse, aunque á regañadientes, y volvió á su lancha.

Para entonces, los diez años corridos desde que le conocimos en la La leva, ya sesentón habían hecho honda mella en su persona. Estaba más encorvado, más flaco, algo trémulo, y con la greña, las patillas y las cejas enteramente blancas, muy ásperas y muy largas. Pero su vestido, como su carácter, era el de siempre: el mismo gorro catalán, la misma camisa de bayeta verde sobre la de estopa interior, los mismos calzones pardos de ancha campana y amarrados á la cintura con una correa, y los mismos zapatos, sin tacones y sin lustre, sobre el pie desnudo.

Consigno este dato, porque á la sazón no era ya este traje el característico del oficio. En los años pasados desde el consabido acontecimiento, la gente marinera había ido confundiéndose en todo con la terrestre, así en ideas como en hábitos y costumbres. Lo cual no dejaba de exasperar á Tremontorio, y dábale á menudo ocasión de fulminar sus embreados apóstrofes sobre los pinturines pescadores que caían por su banda.

En una de estas ocasiones le vi yo en el Muelle. Estaba hecho una tempestad, en medio de un grupo heterogéneo y abigarrado, aunque se componía exclusivamente de marineros. La verdad es que, siendo Tremontorio el único que se hallaba en carácter allí, y, como si dijéramos, en su propia casa, parecía el intruso y el pegadizo entre tantos degenerados.

-Ya se ve, tiña-decía cuando yo pasaba, y por eso me detuve á escuchar:-dende que vais al voto y á esos pedriques con el señorío pudiente, y andáis tan empavesaos, ¿que vus ha de paicer este patache carbonero? Pus, tiña, de mi madera sois, con toa esa fantesía; y el más ó el menos de trapo, no le hace al casco tener los fondos mejores.... Ni barrunto que de ayer acá vos haya caído denguna herencia de repente, pa echarvos tanta guinda.... Onde se ve la gente es en la mar, ¡retiña!; ¡y que se diga muy recio si en más de tres duros y medio[17] que ya cuento, le he pedido á anguno remolque allí!

Replicóle uno que «el andar bien portao no quitaba fuerza ni valor á la presona».

-¡Taday, niquitrefe!-díjole Tremontorio con el mayor desprecio.-Si sois valientes entoavía y jaláis del remo como yo, es porque lo habéis mamao, y allá vos queda.... Eso es del cabildo de abajo, sépastelo bien.... ¡Retiña, qué gracia!... Pero que vos dé otro tanto la vida que traéis.... ¡Surbia vos dará!

-Y lo que usté no guipa, porque ya está fuera de combate-respondiéronle en son de zumba.

-¡Pintura, digo yo á eso!-replicó el veterano con mucho retintín;-aunque bien desaminao el ite de ese particular, ¿qué tenéis ya que recibir de naide? ¿Qué vus falta? Vusotros, el relós de plata;

vusotros, la bota fina; vusotros, el camisolín de plegues; vusotros, la cachucha de rasolís.... Pus ya, retiña, por poco más, echarvos el bastón y la casaca, y dirvos al Suizo con los señores del Muelle, á tomar chocolate con esponjao y leer los boletines de arriba.... Las rentas no han de faltarvos pa sostener el señorío, porque ya tenéis una ración de hambre y otra de necesidá.... ¡Retiña con la piojera de tres gavias!

Dijo, miró con ira á los zumbones que le rodeaban, y rompió el cerco, bamboleándose al andar, como buque de mucho porte que toma la barra seguro de llegar al puerto.

NOTAS:

[Nota 17: Más de setenta años.]

IV

Amaneció un día con el viento al Sur, casi en calma: el cielo, sonrosado con algunas nubes aturbonadas; la bahía, como un espejo; la mar, como un lago; la temperatura, á placer; el campo, verde y fragante; las flores, meciéndose sobre los tallos; los árboles, entreabriendo sus hinchadas yemas y asomando por ellas las tiernas esmaltadas hojas, que se estremecían y se desplegaban al sentir por primera vez el calor de los rayos del sol vivificante; la sonora voz de las campanas de todos los templos, llenando de armonías el espacio; y el movimiento y la circulación, interrumpidos por la solemnidad de los días anteriores, restableciéndose bulliciosos en todas las arterias de la población.

-¡Hermoso día!-exclamaban las gentes de tierra, encaminándose á continuar los suspendidos negocios, ó frotándose las manos á la puerta del almacén, ó contemplando la naturaleza desde las entreabiertas vidrieras del gabinete. Y el fervoroso cristiano que volvía del templo, lleno su corazón de místicos regocijos; y el célibe egoísta que, empuñando el roten, se desperezaba á la puerta de su casa, dispuesto á emprender el higiénico paseo extramuros; y el labrador afanoso que arreaba la yunta y dirigía el arado para abrir el primer surco en su heredad; y el bracero menesteroso ... cada cual, á su manera, saludaba con himnos del corazón aquel inolvidable Sábado de Gloria de 1878.

Así llegó el sol á la mitad de su carrera, y el afán de los hombres al descanso del mediodía. Entonces se alzaron súbitamente remolinos de polvo en las calles de la ciudad; azotó la cara de los transeuntes una ráfaga de viento húmedo y frío; oyóse el chasquido de algunas vidrieras sacudidas contra la pared; cubrió los cerros del Oeste un velo achubascado; nublóse repentinamente el sol; tomó la bahía un color verdoso con fajas blanquecinas y rizadas, y comenzó á estrellarse contra las fachadas traseras de la población una lluvia gruesa y fría.

-Un galernazo-dijo la gente con mucho sosiego.-Después del Sur, era de esperar.

Y el que tenía qué, se puso á comer; y el que había comido ya, se tendió á dormir la siesta ó á chupar el clásico cigarro delante de una taza de café.

Según la gente de tierra, no había ocurrido hasta entonces cosa que no fuera en Santander muy natural y corriente; y en verdad que no era para dejar pálido á nadie la rotura de algunos vidrios, unos cuantos paraguas vueltos del revés, tal cual sombrero arrancado de su correspondiente cabeza, y alguna que otra falda encaramada más arriba de lo acostumbrado.

Y, sin embargo, uno de aquellos instantes, pasados casi inadvertidamente para la gente de la ciudad, había producido, á la vista de ella, como quien dice, el desastre más espantoso que registran los cántabros anales.

Noticias de él fueron los alaridos que comenzaron á oírse luego por las calles, entre la gente marinera; madres clamando por sus hijos; esposas por sus maridos; hijos por sus padres; hermanas por sus hermanos. Aquello era una desolación, y sus clamores atravesaban el alma como un puñal. Corrían los desventurados pálidos los rostros y los ojos sin lágrimas, porque para los grandes dolores no existe el consuelo de ellas, buscando en los ojos de los demás una respuesta que nadie podía darles, y el contristado espectador se agregaba á ellos y los seguía como si el mismo infortunio le empujara. El rumbo de tan tristes cortejos era el Muelle, donde había ya una muchedumbre con los ojos clavados en la boca del puerto. El temporal había cesado casi por completo en tierra, y de la mar sólo se veía una parte de su furia, estrellándose espumosa y rugiente sobre las tristes Quebrantas. Conocíase una parte del desastre: lo que de él habían presenciado los pescadores de tres lanchas, únicas que hasta aquella hora habían logrado volver al puerto. Citábanse nombres y se pintaban escenas de horror y de heroísmo. Las lanchas habían llegado medio anegadas; sus tripulantes, con la palidez de la muerte en el semblante, mudos y consternados, con las ropas ceñidas al cuerpo, empapadas en agua; muchos de ellos, con el hercúleo torso desnudo. No les aterraba solamente la idea del peligro en que se habían hallado, pues de otros no menores habían salido con sereno espíritu, sino el cuadro de muerte y desolación que habían contemplado sus ojos entre la furia de la galerna.

Hablábase mucho en los apretados corrillos; oíanse los lamentos de los que ya nada esperaban y de los que temían, y no faltaba quien, para desvanecer tristes presentimientos, hiciera risueños cálculos; pero siempre flotaba sobre el llanto y las conversaciones, como respuesta á una pregunta que no se cesaba de hacer, esta frase:

¡Todas están allá!

¡Todas! ¡Nunca esta palabra tuvo sonido tan triste y pavoroso! Todas; es decir, todas las lanchas de altura estaban en la mar, y sólo tres habían vuelto al puerto.

Corriendo aquellos minutos, que parecían siglos, vióse otra, y luego la quinta, rebasando del promontorio de San Martín. Cada una de ellas fué saludada con un rumor que no puede pintarse con palabras ni con sonidos.

Cerca ya del anochecer, y después de dos horas de esperar en vano los que en el puerto lloraban, y cuando la vista más sutil no había podido distinguir desde los puntos más elevados de la costa ninguna lancha en la mar, y había tiempo sobrado para tener noticias de las que pudieran haberse refugiado en boquetes ó ensenadas, faltaban siete.

Preguntóse por ellas á todos los puertos y fondeaderos del litoral; pero aquellas preguntas se cruzaban en el camino con otras análogas que los preguntados hacían á Santander, y sólo sirvieron para dar á conocer en su horrible extensión el desastre de aquel día memorable. Desde Fuenterrabía á Cabo Mayor, había hundido el azote de la galerna en los abismos del mar, TRESCIENTOS OCHO hombres en brevísimos instantes. En este espantoso cúmulo de víctimas, tocábanle SESENTA al gremio santanderino. ¡Jamás la muerte acechó á los hombres con mayor astucia, ni los hirió con más implacable saña!

Aunque la caridad, virtud de los cielos, amparó entonces, como siempre, por igual á todos los desvalidos, cada corazón sintió lo que estaba más patente en su memoria, y la mía la ocupó toda Tremontorio.

Preguntando por él, supe que también había salido á la mar aquel día, y que era de los pocos que se habían salvado de la catástrofe, casi milagrosamente; pero que, con lo terrible del trance, los golpes y la frialdad del agua, á sus muchos años, habíase puesto á punto de morir.

No me satisfice con estas noticias, y quise verle, y lo conseguí.

Le hallé tendido en un pobre lecho, pálido, cadavérico; pero muy tranquilo y en reposo. Cuidábale otro marinero, que á su lado estaba de pie y con los brazos cruzados sobre el pecho. No me era extraño este personaje; y, en efecto, después de contemplarle unos instantes, conocí en él al Tuerto. Pero, ¡qué viejo, qué encanecido, qué anguloso y encorvado le hallé!

Como mi presencia no podía chocar allí en aquellos días en que la caridad no cesaba de llamar á las puertas de los náufragos, logré que el viejo pescador me recibiera mucho mejor de lo que yo esperaba de su rudeza habitual.

-Y ¿cómo se encuentra usted ahora?-llegué á preguntarle.

-Con el Práctico á bordo[18] desde ayer-me respondió con su voz de siempre, aunque más premiosa.

-Será por exceso de precaución-díjele, comprendiendo su náutica alegoría y deseando darle alientos.
-¡Qué precaución ni qué ... tiña!-me replicó muy fosco!-Soy ya casco viejo, vengo desarbolao, el puerto es obscuro y la barra angosta...; ¿para cuándo es el práctico, si no es para ahora mesmo?
-Tiene usted razón-le dije, viéndole tan sereno.-En estos trances se prueba el temple del espíritu.-Ya veo que el de usted no necesita remolque.
-No, gracias á Dios, que me da más de lo que merezco. Ochenta años; no haber hecho mal á nadie en una vida tan larga; haber corrido tantos temporales, y venir á morir en mi cama, como buen cristiano y al lado de un amigo, ¿no fuera cubicia y desvergüenza pedir más, retiña?
Lo admirable de estas palabras está en que eran ingenuas, como todas las que salieron de la misma boca durante tantos años.
Seguimos hablando por el estilo, cuidando yo de encomendar la menor parte de la tarea al enfermo para no fatigarle, y conduje la conversación al extremo que deseaba.
Y pregúntele, después de encauzada á mi gusto:
-Pero, ¿no hay algún síntoma, algún anuncio de esos temporales?
-¡Anuncio!...-exclamó Tremontorio mirándome, con una sonrisa más amarga que el agua de las olas.-¡Anuncio, retiña!... ¡Pues si hubiera anuncio de eso!... Está usté en su lancha como la hoja en el árbol, ni quieto ni andando; la tierra á la vista, la mar como una taza de caldo; un si es ó no es de turbonada al horizonte.... ¡Retiña!, na, porque así se puede estar un mes entero.... Este carís no es pa que naide pique las amarras.... Pues, de súpito, le da á usté en la cara un poco de brisa; oserva usté el Noroeste, y ve usté venir, echando millas, á modo de una jumera, encima de una mancha parda que va cubriendo la mar, con un rute rute, que no paece sino que el agua se despeña por las costas abajo. Al verlo y al oirlo, la sangre se cuaja en el cuerpo, y los pelos se ponen de punta; arma usté los remos, isa una miaja de trapo pa ver de correr por delante; y, ¡tiña!, antes que se dé la primer estropá, ya está aquello encima.
-¿Á qué llama usté aquello?
-¿Aquello?... Aquello, señor, yo no sé qué sea, si no es la ira de Dios que pasa; aquello es la última; la de abrir la escotilla de las culpas y encomendarse á la Virgen Santísima; la de dejar la tierra para sinfinito y clamar por los suyos los que tienen en ella las alas del corazón.
-Bien; pero, ¿qué sucede allí en esos momentos terribles?
-Y ¿lo sabe anguno, por si acaso?... ¡Retiña!; faltan ojos y tiempo pa mirarlo.... Está usté en un jirvor de espuma, que zarandea la lancha como si fuera cascara de nuez; ese jirvor se levanta, se levanta..., y vuelve á bajar; y al bajar, cae sobre usté; y al caer, usté no sabe si caen peñas ó qué cae, porque quebranta y ajoga al mesmo tiempo; y al abrir usté los ojos, ¡tiña!, ni hombre, ni lancha, ni remo, ni costa, ni cielo, ni ná. ¡Allí no hay más que estruendo y golpes, y espuma y desamparo!...; ¡ni voz para clamar á Dios, porque en aquella tremolina no se oye uno á sí mesmo! Un trastazo le echa á pique, y otro le saca á flote, la cabeza se atontece, y el que mejor sabe anadar, trata de olvidarlo pa acabar cuanto antes.
-Pues á usted de algo le ha servido el saber nadar, puesto que logró salvarse donde tantos otros perecieron.
Miróme el hombre con torvo ceño, y díjome con profundísima convicción:
-¡Ni pizca, tiña!
-¿Cómo salió usted á tierra, si no?
-Porque Dios quiso, y ciego será quien no lo vea.
Metióme en mayor curiosidad esta respuesta, y rogué al valiente pescador que me contara el suceso. Resistióse á complacerme, con bruscas evasivas, y entonces tomó parte en la conversación el Tuerto, y me dijo:
-Verá usté lo que pasó, señor, porque juntos nos salvamos los dos. Llevónos la galerna, en un decir Jesús, á dos cables de San Pedro del Mar; y cuando contábamos que no pararíamos hasta embarrancar en la arena, un maretazo, como yo no he visto otro, nos puso la lancha quilla arriba. Al salir yo á flote, de todos mis catorce compañeros no quedaba más que éste, á unas seis brazas de mí.

Á los demás-añadió el Tuerto con voz trémula y muy conmovido,-no he vuelto á verlos hasta la hora presente. Como la lancha había quedado entre dos aguas, tuve la suerte de agarrarme á ella; pero ese infeliz se vió sin otro amparo que sus remos naturales, y no era poco, porque, á saber anadar, no hay merluza que le meta mano. En esto, la mar nos fué atracando el uno al otro; y ya estábamos al habla, cuando la suerte le puso un remo delante. Agarróse á él y descansó una miaja. Pero notaba yo que no se valía más que de un brazo para agarrarse, y no sacaba el otro hacia el remo, ni le movía para ayudarse.-«¡Anade y atráquese-le gritaba yo,-hasta que llegue á darle una mano, que dispués ya podrá agarrarse á la lancha!.-¡Qué más quisiera yo que poder anadar, retiña!-me respondió.-Pues ¿por qué no puede?-Porque me jalan mucho los calzones. Paece que tengo toa la mar metida en ellos; y á más á más, se me ha saltao el botón de la cintura.-¡Arríelos, puño!-¡Tiña, que no puedo!-¿Por qué?-Porque esta mañana se me rompió la cinta del escapulario, y le guardé en la faldriquera.-¿Y qué?-Que si arrío los calzones, se va á pique con ellos la Virgen del Carmen[19].-¿Y qué que se vaya, hombre, si no es más que la estampa de ella?-Pero está bendita, ¡retiña!; y si ella se va á fondo, ¿quién me sacará de aquí, animal!» Hay que tener en cuenta, señor, que la mar era un infierno, y tan pronto nos sorbía como nos soltaba. Á cada palabra un maretazo nos tapaba el resuello, ó nos cubría con más de diez brazas; y al salir á flote, no hallaba uno quien le respondiera, ó asomaba por onde menos era de esperar. Dios quiso que no nos separáramos cosa mayor en aquel tiempo, que fué mucho menos del que yo empleo en contarlo; porque la sola vista de otro ser humano le anima á uno á bregar en tales casos. ¡No sabe usté la agonía que se pasaba en el instante en que al salir á flote se veía uno solo! Volviendo al caso, digo que al hablar este compañero las últimas palabras que yo he repetido, vínose encima de mí sin saber cómo, y agarróse á la lancha. Al mismo tiempo se alzó á barlovento una mar como no ha visto igual hombre nacido: pensé que aquél era el fin, no de nuestras vidas, sino del mundo entero; desplomósenos encima, y para mi cuenta, entonces, allí fenecimos, porque ni más vi, ni más oí, ni más sentido me quedó que una chispa de él para acabar una promesa que estaba haciendo á la Virgen del Mar (y cumplí al otro día, como era justo). Pero, á lo que paece, aquel desplome de agua nos echó á tierra con la rompiente, porque allí nos alcontramos los dos al volver del atontamiento, cerca de unos baos de la lancha y con astillas de ella entre las manos. Vino gente, nos recogió, nos dió abrigo, y aquí nos trajo: al señor, en el estado en que usté le ve, ó poco menos; y á mí, como si nada hubiera pasado, que de algo vale el no ser viejo y haber sorbido mucha desgracia. Lo cierto es, señor, que si el estar los dos vivos no es un milagro de Dios, no he visto cosa que más se le asemeje.

-¿De modo que usted-dije al Tuerto con la intención de saber algo de su vida desde que volvió del servicio,-ha dejado su casa por venir á cuidar á su amigo?

-Mi casa es ésta-respondió secamente el Tuerto.

-¿No tiene usted familia?

-Me queda un hijo, que anda navegando en un vapor; todo lo demás está ya en el otro mundo..., no contando al señor, que ha sido un padre para mis hijos y para mí.

Muy poco más duró nuestra conversación. Al despedirme, tendí la mano á aquéllos heroicos y honrados marineros, y dije al moribundo Alcides del Cabildo de Abajo:

-Hasta la vista, amigo.

-Y ¿por qué no, tiña!-me respondió, dando á mis palabras mayor alcance del que yo les había dado.-Mareantes sernos todos de la mar de acá, y en rumbo vamos del mesmo puerto. Si el diablo no nos le cierra, yo mañana y usté otro día, en él hemos de fondear.

-Quiéralo Dios así-repuse desde lo íntimo de mi corazón, pensando en las virtudes de aquel hombre admirable.

NOTAS:

[Nota 18: Recibido el Viático.]

[Nota 19: Hecho y dicho rigorosamente históricos.]

V

Dos días después, subía por la cuesta de la Ribera un carro fúnebre conduciendo un ataúd enorme, y seguido de numeroso cortejo. Pregunté, y supe que en aquel ataúd iba el cadáver de Tremontorio. ¡Dios sabe lo que pasó entonces por mi alma! El cortejo se componía, casi exclusivamente, de gente marinera; y preciso fué que me lo advirtiesen para que yo cayera en ello; pues, á juzgar por el vestido, lo mismo podían ser aquellos hombres jornaleros de taller, ó caldistas al menudeo: tanto abundaba entre ellos el hongo fino, la americana, la gorrita de seda, el pantalón ceñido, y hasta los botitos de charol. Ni huellas del traje clásico de los días de fiesta de los castizos mareantes: la ceñida chaqueta y los pantalones y la boina de paño azul obscuro, ésta con profusa borla de cordoncillo de seda negra; corbata, negra también, y también de seda, anudada sobre el pecho y medio cubierta por el ancho cuello doblado de una camisa sin planchar; zapato casi bajo, y media de color. El Tuerto, que iba materialmente embutido entre las dos ballestas traseras del carro, era el único que recordaba un poco lo que él mismo había sido antes. La raza indígena pura, del mareante santanderino, tal cual existía aún, desde tiempo inmemorial, diez ú once años ha, iba en aquel ataúd á enterrarse con Tremontorio, porque bien puede asegurarse que éste fué el último de los ejemplares castizos y pintorescos de ella.

Justo es, por tanto, que yo le registre en mi cartera antes de que se pierda en la memoria de los hombres.

Sobre los restantes del gremio ha pasado ya el prosaico rasero que nivela y confunde y amontona clases, lenguas y aspiraciones.

La filosofía lo aplaude y lo ensalza como una conquista. Hace bien, si tiene razón; pero yo lo deploro, porque el arte lo llora.

1880.

EL ESPÍRITU MODERNO

I

Hace doce años[20], hallándome de visita en casa de una señora respetable (adjetivo con que se expresaba entonces en Santander cuanto de finura, prosapia, posición social y talento cabía en una mujer), hablaba con ella de la vida del campo, en el cual acababa yo de pasar unos días.

-¿Es posible-me decía la culta dama-que una persona de cierta educación se resigne á vivir en la soledad de una aldea?

-Sí, señora-le respondí yo,-y encontrando en ella goces tan grandes como los que proporciona la ciudad.

-No lo creo. Empiece usted por las malas condiciones de la habitación.

-Perdone usted, señora: la casa de una persona acomodada de aldea es más espaciosa, y hasta más cómoda, que la mejor de la ciudad.

-¿Qué está usted diciendo?... Las casas de aldea.... ¡Jesús!, unas tejavanas miserables, obscuras, lóbregas..., sin un mal balcón....

-Tres tiene la en que yo nací..., y bien grandes, por cierto.

-¿Es posible?

-Y en el menor salón de aquella casa cabe muy holgadamente ésta en que ahora estamos.

-Usted se burla.

-No vendría muy al caso.

-Pues digo bien. ¿No estoy yo cansada de ver casas de aldea en Miranda, en Cueto, en San Juan?... Y eso que, según me han dicho, estas casas son palacios, comparadas con las de las aldeas del interior.

-Vuelvo á repetir á usted que la mía, si no tan lujosa como ésta y otras semejantes, es bastante más cómoda que todas ellas, pudiendo también asegurar, pues las he visto, que hay casas de aldea en esta provincia que contienen cuanto puede apetecer la persona más escrupulosa y exigente.

-Yo no quiero ponerlo en duda; pero no extrañe usted que me cueste trabajo creerlo, porque ¡me han contado tales horrores de la aldea!...

-Ya se conoce que usted no ha vivido en el campo.

-¡Yo vivir en el campo! La idea solamente me hace temblar.

-Pues crea usted, señora, que no hay motivos para ello.

-¡No diga usted que no, por Dios! Aun cuando las habitaciones sean palacios, aquella soledad, aquella gente tan ordinaria..., el cencerro del ganado, aquellos callejones llenos de zarzas, de charcos y bichos venenosos...; ¡qué desconsuelo¡... Después, de noche, el bufar de las lechuzas, los ladrones..., ¡horror! ¡Pasar yo una semana en la aldea!... ¡Ave María Purísima!... Mire usted, hasta el pasear por el Alta me pone de mal humor, porque se me figura que me va á faltar tiempo para bajar de día á la ciudad.... Nosotros, los que hemos nacido en ella, desengáñese usted, no podemos acostumbrarnos á salir de nuestras calles empedraditas, de nuestros paseos, de nuestras reuniones.... ¡Es todo tan ordinario en la aldea!

-Muchas gracias por la parte que me toca.

-¡Oh, no me haga usted la injuria de creer que he querido agraviarle!... No hay regla sin excepción.... Pero compare usted la gente del campo con la de la ciudad.

-Efectivamente: si la blancura del cutis, el esmero en el corte del vestido y otras virtudes semejantes, son las que más realzan el mérito de una persona, confieso que las que, por gusto ó por necesidad, viven en la aldea perpetuamente, están muy por debajo de las que habitamos en la ciudad[21].

-No trataré yo de discutir ese punto; pero lo cierto es que por algo se dice de la aldea que empobrece, embrutece y envilece.

-Ya; pero como el autor de esa barbaridad, y usted perdone la franqueza, no se cansó en ponerla en tela de juicio....

-No le diré á usted que sea absolutamente cierto; pero algo tendrá el agua....

-Esta cuestión es de gustos, señora, y en vano nos cansaremos ventilándola. Ya sé que á ustedes, los indígenas de la ciudad, no hay que hablarlos de la aldea: ser aldeano es casi un crimen en Santander.

-No diré yo tanto; pero lo que sí aseguro es que no arrastrará usted á un santanderino legítimo á la aldea, ni por ocho días, aunque le prometa en ella la suprema felicidad.

-Me guardaré muy bien de proponérselo, porque me consta, sin género alguno de duda, que esa opinión es la de toda la buena sociedad de Santander, de la que es usted tan digno miembro.

-¿Me adula usted?

-No, señora: le hago justicia.

-Por supuesto que no me hará usted la ofensa de aplicarse nada de cuanto he dicho contra la aldea.

-Crea usted, por mi palabra, que me tiene ese punto sin cuidado, máxime cuando estoy convencido de que no ha de tardar usted mucho en variar de opinión.

-¿Respecto á la vida de aldea?... Le aseguro á usted que no.

-¡Bah!

-¿Y en qué confía usted para eso!

-En que hasta hoy está siendo Santander la primera aldea de la provincia, por sus costumbres, por sus pasiones y por un sinnúmero de pequeñeces y de miserias....

-¿Está usted vengándose de mí?

-Líbreme Dios de semejante tentación.

-Es que no veo yo un motivo para que de repente se cambien nuestras costumbres, como usted lo asegura.

-¿No cree usted que solamente el ferrocarril ha de alterar notablemente la fisonomía local de

Santander?

-Y á propósito, ¿qué hay de ese proyecto?

-Que ha llegado á ser casi una realidad, y que muy pronto se van á empezar las obras.

-¡Dios quiera que con ellas no se ponga en un conflicto á la población!

-No comprendo....

-Por de pronto ya se nos ha llenado el pueblo de gente extraña...; ¡ay, qué tipos!

-Señora, ingleses muy decentes, la mayor parte, y muy elegantes.... En cuanto al resto de ellos, para trabajadores los encuentro bastante más aseados que los de acá.

-Sí, sí, lo que es apariencia.... Pero vaya uno á fiarse en galgos de buena traza.... Dígame usted á mí lo que son ingleses. ¡Cada vez que recuerdo la legión que vino á Santander cuando la guerra civil!... Desengáñese usted: los ingleses son hombres sin religión, y está dicho todo.

-Es verdad que no profesan la nuestra; pero tienen otra que para ellos es tan buena, y leyes, educación ... y conciencia, como nosotros....

-¿Sería usted capaz de admitirlos en su casa?

-Lo que le aseguro á usted es que por el solo motivo de ser ingleses no los rechazaría.

-Pues no es esa la opinión general de Santander.

-Ya lo sé, y lo lamento.

Tal fué, en substancia, mi conversación con la respetable señora que, desgraciadamente, no puede hoy reñirme por esta delación, doce años ha, es decir, cuando en Santander era de buen tono no haber pisado jamás el campo; cuando los que en él hemos nacido, teníamos que negar la procedencia en estos salones para no producir entre la gente «fina» cierta prevención que, con frecuencia, rayaba en repugnancia; cuando hasta por las personas de más alta jerarquía se llamaba judío á todo extranjero que tuviera las patillas rubias, ó la pinta sospechosa; cuando, en fin, entregado aún este pueblo á sus propios y naturales recursos, atravesaba el período más crítico de su amaneramiento.

Poco tiempo después se fueron estableciendo líneas de vapores entre este puerto y otros de Francia é Inglaterra; las obras del ferrocarril comenzaron á desenvolver en su derredor el ruidoso movimiento de la industria moderna; las máquinas, las razas, los idiomas extranjeros, invadiendo el terreno de los sacos de harina y de las clásicas carretas, lograron aclimatarse entre ellos; y ya comemos á la francesa, hablamos inglés, circulan por estas calles los géneros de comercio en pesados exóticos carretones; el labrador de Cueto ó de Miranda arrea su ganado á la voz de «¡allez!» con preferencia al indígena «¡arre!» Los niños de pura raza inglesa, con los brazos descubiertos hasta el hombro, mal sujetas sus madejas de dorados rizos por el gracioso gorrito escocés, juegan en la alameda segunda á las canicas con los granujillas de Becedo; y mientras éstos, para ventilar la legalidad de una jugada, detienen á los primeros con un «stop a little, please», pronunciado con la precisión más británica, los nietecillos de John Bull, para que les sea permitido «quitar estorbos», se expresan con un «sin féndis», ó manifiestan su enojo con un «no jubo más» que envidiaría el callealtero de más pura raza. La moderna necesidad de los baños de mar, dejando despoblado á Madrid los veranos, llenó de madrileños nuestra capital; y su buen tono, convencido de que para vivir á la moda era preciso salir á bañarse dió en irse á Ontaneda á remojarse en sus nauseabundas aguas; pues no era cosa de largarse á otro puerto de mar cuando tenía uno de los mejores en su casa. El objeto era salir; la calidad de los baños importaba poco. Estas expediciones fueron aficionando á los santanderinos al veraneo; y este año dos familias, y el siguiente cuatro, y el siguiente ocho, y así sucesivamente, fuimos á parar á que los que pasaban julio y agosto en la ciudad, tenían vergüeza de confesarlo en septiembre á los que volvían tostados por el sol de nuestra campiña.

Para no cansarte, lector: hoy se cree rebajada en la opinión pública la familia acomodada de Santander que no tiene una casita de campo para pasar el verano en ella, ó siquiera una huertecilla en las inmediaciones, que dé, por lo menos, espárragos y flores en la primavera, y fruta en agosto, para poder decir al vecino:-«¿Usted gusta?: son de mi huerta.» El desdichado que ni esto tenga, alquila su choza al primer labrador de la comarca, y en ella tiene que resignarse á pasar el verano, si quiere ser considerado durante el invierno como hombre de pro.

-¡Dichoso usted!-me han dicho algunos que pocos años hace me miraban con cierta lástima, porque no era santanderino legítimo;-¡dichoso usted que puede pasarse la mitad del año en la aldea!

Para cuando se pongan en duda estas palabras, me reservo el recurso de citar pueblos enteros, como el Astillero de Guarnizo, compuesto de casas de campo, construidas, de cinco años á esta parte, para residencia de verano de familias de Santander.

Si la señora respetable á quien me he referido más atrás resucitara hoy, no creería el cambio que han sufrido las costumbres de los de su comunión social.

Pero vamos á cuentas. No estoy censurando esta nueva afición de mis paisanos, que ya raya en manía; consigno un hecho sencillamente.

Dos observaciones debo hacer, siempre con la mejor intención, para gobierno de mis lectores:

La distancia más larga desde el centro de Santander al campo, se anda, á pie, en diez minutos.

La localidad que abandonan en verano las familias que se van al campo, la aceptan como residencia campestre los que huyen de otras capitales á la nuestra.

Aunque de la unión de estas dos verdades resulta una consecuencia que no aceptarían de buena gana los neocampestres montañeses, yo quiero prescindir de ella; pues vuelvo á repetir que estoy consignando hechos, y esto con el objeto de demostrar la gran revolución operada en las costumbres de la sociedad de Santander en muy poco tiempo. No se extrañe, pues, que me haya detenido á apuntar algunos detalles que, á primera vista, parecen ociosos.

NOTAS:

[Nota 20: No se olvide que esto se escribía en 1864. (Nota del A. en 1885.)]

[Nota 21: Por distraído que el lector sea, habrá observado que, entre el principio y el fin de este libro, cambia bastante el modo de ver y de sentir el autor la vida campestre. Tiene esta inconsecuencia su disculpa en que las ESCENAS no se escribieron con un plan determinado ni en una sola sentada, ni son obra de la madura reflexión del filósofo, sino el fruto de los ocios de un muchacho impresionable. (Nota del A. en 1885.)]

II

In illo tempore, es decir, los mismos doce años ha, pasé yo una temporada en la lindísima villa de Comillas. Camillas, lector, en la costa, á seis leguas al Noroeste de Santander, tendida sobre el lento declive de un cerro, arrullada por un lado por el inquieto mar de Cantabria, y protegida por los demás por una suave cordillera de pintorescas colinas, era una población verdaderamente deliciosa, no por sus condiciones topográficas solamente, pues bajo este aspecto hoy es mucho más bella que entonces, sino por las especialísimas que concurrían en el carácter de su pequeña sociedad.

Empecemos por decir que sin una sola vía de verdadera comunicación con el resto del mundo, y á cinco leguas de distancia de la carretera nacional, era punto menos que inaccesible al trato de la moderna civilización.

Este aislamiento perpetuo, tratándose de familias enlazadas entre sí, como aquéllas, por vínculos de parentesco ó de una amistad íntima, había impreso en su vida el carácter de unidad y de sencillez, verdaderamente patriarcales, que seducía á los pocos forasteros que hasta allí llegaban. La clase acomodada, muy numerosa en proporción de la pequeñez de todo el vecindario, era lo suficiente ilustrada para hacer agradabilísimo su trato, sin el refinamiento que hoy distingue á la culta sociedad, con grave deterioro de los puros y santos afectos; y aunque los hijos de estas familias salían á las universidades y viajaban, llevando siempre consigo tan bello recuerdo de la madre patria, cuando á ella tornaban deponían de buen grado los resabios adquiridos en el mundo, y volvían á ser sencillos comillanos. De este modo, aquella sociedad era siempre apacible, cariñosa y hospitalaria.

Por mi parte, unido por estrechos lazos de parentesco á muchas de sus familias, creo tener en esta sola circunstancia motivo sobrado para evocar con satisfacción estos recuerdos. Para pagar con ellos las horas de verdadero placer que aquel pueblo me ha proporcionado no serían bastante.

Una noche oí decir á una venerable mujer que ya pasaba de los sesenta años, que su mayor satisfacción sería ver un coche.

Otra señora, tan anciana como ella, le respondió:

-Dios te libre de esas tentaciones. Yo quise una vez salir á ver un poco el mundo; y, con intención de no parar hasta Santander, llegué á Torrelavega. Era día de mercado, y estaba la villa, ¡madre de Dios!, que daba miedo. ¡Cuánta gente! ¡Qué ir y venir bestias, carros y diligencias! Te aseguro que aquello me espantó; díjeme: «esto no es para mí...»; y volvíme á casa dando gracias á Dios por la paz que quiso concedernos en este bendito rincón.

Para dar una idea del color verdaderamente local de la población comillana, bastan estos dos ejemplos.

La clase del pueblo, compuesta casi en su totalidad de marineros y pescadoras, era morigerada y nobilísima en sus instintos. Para ella el mundo era Comillas y su mar; y el mejor placer, después de una misa solemne con «el órgano nuevo», oir los relatos de algún licenciado de barco de Rey.

Los mayores títulos de gloria de los comillanos eran haber dado la villa tres Arzobispos[22], muchos notabilísimos marinos y varios capitalistas riquísimos que, aunque residentes en Filipinas, Cádiz y otros países tan apartados, demostraban á cada paso, con limosnas y presentes de todos géneros, su amor al pueblo de su naturaleza; y sobre todo, haberse construído el magnífico templo que se levanta en la plaza, que, acaso, en su género, es el mejor de la provincia, á expensas de los mismos comillanos.

Un proverbio popularísimo entre ellos acabará de dar á conocer hasta qué punto vivían dentro de sí mismos y en sus elementos naturales, y lo lejos que estaban de pensar en que pudieran contagiarse algún día del carácter moderno. Este proverbio era el siguiente:

«Comillas será Comillas
por siempre jamás, amén».

He dicho era, porque supongo que en la actualidad no se atreverá á repetirle, con fe á lo menos, ningún hijo de aquel pueblo. Veamos en qué me fundo para creerlo así.

Seis años hace volví á Comillas. Una cómoda y ancha carretera había sustituido á la escabrosa y angostísima senda antigua: y en lugar de cabalgar sobre el peludo y escueto jamelgo que antes conducía por ella al viajero, tomé un mullido asiento en una de las diligencias que se han establecido entre Torrelavega y la villa de los tres Arzobispos.

Á medida que á ella me aproximaba, iba desconociendo más y más el terreno, hallándole descarnado en muchos sitios, revuelto en otros, poblado de trabajadores y cruzado por zanjas, trainwais y túneles á cada instante. Buscando con mis ojos la primera casa del pueblo, que antes se destacaba sola, como un centinela avanzado de él, tuve que detener la mirada bastante más atrás, en un edificio del moderno estilo industrial, que arrojaba á borbotones por una alta chimenea el humo espeso del carbón de piedra. Era uno de los hornos de calcinación del mineral de calamina que á la sazón se extraía (y sigue extrayéndose) de las entrañas de los cerros inmediatos.

Más adelante, caras barbudas con el sello francés más puro; otras medio ocultas bajo la boina vasca, y otras indígenas, pero todas veladas por el polvillo amarillento de la calamina, pasaban rápidas por delante de las ventanillas del coche, que al cabo penetró en la primera calle de la población. Aquí, como en la carretera, mil objetos que llamaban mi atención por lo inesperados. En el portal en que en otros tiempos se sentaba á tejer sus redes un pescador, alisaba el mango de su azadón un fornido vizcaíno; en el balcón en que antes vi á la familia de un pobre labrador desgranar las panojas de la última cosecha, fumaba en larga pipa un belga, calzado con altas botas de cuero; y en lugar del cobertor tradicional y las madejas de estopa, colgaban de la soga de la solana las bridas de un caballo y ancho gabán impermeable; á la puerta de una taberna estropeaba el castellano el tabernero para convencer á un alemán «cerrado», de que lo que le había vendido por gin no era, como parecía, rescoldo; en la plaza, donde paró el carruaje, circulaban entre la boina de los vascos y el gorro verde y colorado de los marineros de la población, la leve pamela de la Fuente Castellana, y entre la camiseta de bayeta verde y la blusa azul de los obreros, el brillante gabán de seda sobre el esbelto talle de las hijas del Manzanares y del Sena. Hablábase en un grupo el vascuence, en otro el francés, aquí el alemán y allá el inglés; y para colmo de mi sorpresa, el sombrío palacio de los Trasierra, sobre el punto más elevado de la población, y en otro tiempo cerrado y misterioso, como si dormitara entre los recuerdos de su época, había abierto anchas puertas á la moderna luz y engalanado sus fachadas; y no descansaba como antes sobre escombros y zarzales, sino sobre ameno y florido campo; cultivado por diestro jardinero.

En los pocos días que pasé en Comillas busqué en vano lo que tan placentera me había hecho en otro tiempo mi residencia en la misma villa. Todo se hallaba transformado allí. El pequeño puerto, casi inaccesible antes á las lanchas pescadoras, se había reformado, penetrando ya en él buques de muchas toneladas y sobre el muelle en que únicamente se pesaba el pescado fresco en modesta romana, crujían las grúas y se revolvían con dificultad carros, básculas y trabajadores. Una cómoda carretera facilitaba la subida desde este punto á la población, y desmontes, murallas y demarcaciones, anunciaban nuevos proyectos de considerables reformas.

Lo mismo que el de la villa, el carácter de su sociedad era nuevo para mí. Touristas madrileños, hombres políticos y altas jerarquías militares, damas modeladas en el más genuino troquel del mundo moderno, invadían los salones en que ya se cantaban dúos y cavatinas, y se bailaban lanceros y cuadrillas, y se amaba y se coqueteaba según la flamante escuela.

El Comillas clásico no existía ya: lo que yo estaba viendo era un pueblo industrial como otro cualquiera, favorecido, durante el verano, por una escogida sociedad de forasteros que habían impuesto á la clase indígena acomodada sus costumbres, como la industria había reducido á sus exigencias los hábitos patriarcales de la masa popular.

Un francés encontró en una ocasión un pedrusco de calamina sobre aquellos terrenos; indagó con cuidado, dió con un filón poderoso, formóse una sociedad explotadora..., y he aquí la causa de tan repentina como radical transformación.

Y júzguese, en vista de lo que antecede, si podrá decirse hoy de buena fe, como ayer se decía, por algún comillano del antiguo régimen, que por casualidad pareciese, desorientado entre el actual movimiento de su pueblo,

«Comillas será Comillas
por siempre jamás, amén».

NOTAS:
[Nota 22: Hoy, con la reciente elevación del señor don Saturnino Fernández de Castro á la Silla episcopal de León, son cuatro los prelados hijos de Comillas. (Nota del A. en 1876.)]

III

Con el hallazgo del filón de aquella comarca, excitóse en alto grado la ambición de los montañeses; y errando muchos de breña en breña y de monte en monte, cavando aquí y revolviendo allá, resultó que la provincia entera era un verdadero tesoro de calamina, y que lo único que se necesitaba para que todos fuésemos ricos, era dinero para explotarle. Por eso desde las montañas de Liébana hasta el valle de Reocín se denunciaron las entrañas de la madre tierra; y buscando todos en ellas riquezas á montones, perdieron muchos las que tenían, y ganaron pocos, entre litigios y peleas, bastante menos de lo que habían soñado.

Excusado es decir que los pueblos donde entró la piqueta del minero, han perdido, aunque no en tan alto grado como Comillas, su verdadero carácter local, y amoldádose á otras costumbres. Torrelavega, la primera y más linda villa de la provincia, aunque sobre la carretera nacional y conteniendo desde muchos años hace un comercio considerabilísimo, y, por consiguiente, de población menos típica que otras de la Montaña, ha perdido también los pocos rasgos que la distinguían, cediendo á la influencia minera, y más aún á la del ferrocarril que penetra en su jurisdicción. Hoy es esta culta y bonita población una digna sucursal de Santander.

Por regla general, y para no molestar al lector, conste que allí donde el camino de hierro, ó las industrias minera y fabril han penetrado; las costumbres clásicas montañesas no existen ya, ó existen muy ajustadas al espíritu moderno. Pero estas localidades son rarísimas todavía en la provincia, por más que en toda ella corra ya cierto airecillo de ilustración...; y ahí está mi humildísimo pueblo, á dos brincos de Santander, que no me dejará mentir; Polanco (que de algo le ha de servir en este caso tener el hijo alcalde, para darse tono); Polanco, digo, donde las mejores mozas se avergüenzan de vestir la plegada saya de paño rojo de ayer, y se ponen el desgarbado vestido de efímera indiana, sobre ¡pásmese el orbe!, sobre barruntos de miriñaque.

Y con esto hemos llegado al verdadero asunto de estas últimas páginas.

Es muy posible que algún lector de mi libro, al distraer sus ocios por las bellas praderas de la Montaña, quiera buscar en ellas los modelos de las escenas campestres que yo he pintado. Si no quiere cansarse en vano, si realmente desea encontrarlos, tenga presente cuanto queda dicho en las anteriores líneas de este capítulo: huya de toda comarca en que haya un paso de nivel, un túnel, una fábrica de tejidos al vapor ó un horno de calcinación. Por allí ha pasado el espíritu moderno y se ha llevado la paz y la poesía de los patriarcas.

Con esta precaución respondo de que encontrará muy pronto á tío Juan de la Llosa y compañeros de robla, al mayorazgo Seturas y convecinos, y á cuantos personajes de su estofa he tenido el honor de presentarle. Pero es preciso que no tarde mucho en emprender la expedición. Al paso que hoy caminamos, dentro de pocos años la industria habrá invadido completamente estos pacíficos solares, y entonces ya no habrá tipos. La civilización moderna tiende á este fin, sin duda alguna. Los pueblos ilustrados ya no tienen costumbres propias. Los de la Montaña, cuando acaben de ilustrarse, no han de ser menos que ellos.

En ese día alcanzará algún éxito este libro. Vivos hoy los originales de los retratos que encierra, y desprovisto de galas y de primores que le hagan, por sí solo, aceptable á los ojos del público, como depósito fiel de las costumbres de un pueblo patriarcal y hospitalario, no carecerá de atractivo para la curiosidad de los nuevos explotadores del suelo virgen que me le ha dictado.

www.ingramcontent.com/pod-product-compliance
Lightning Source LLC
Chambersburg PA
CBHW060625290526
45793CB00001B/152